江戸遺跡研究会編

江戸の大名屋敷

吉川弘文館

大名屋敷の開発・造成

船入場の造成と変遷（東京都教育委員会提供）

仙台藩上屋敷の船入場．何度も造成，改築が繰り返された結果，石垣が幾重にも重なって検出された．写真上方が東京湾．

加賀藩本郷邸東域の造成（東京大学埋蔵文化財調査室提供）

加賀藩本郷邸東域の埋没谷上の緩斜面地では，ひな壇造成に始まり，全体的平準化へと盛土造成による開発が続いた．

大名屋敷の空間

仙台藩上屋敷御殿空間建築遺構（東京都教育委員会提供）

御殿建物に関する広大な礎石群とそれに付随する石組排水溝が検出された．礎石の拡がりからも御殿の大きさが実感できる．

加賀藩本郷邸詰人空間長屋建築遺構（東京大学埋蔵文化財調査室提供）

天和２年の火災で焼失した長屋跡で，間口２間，奥行き３間を１戸単位としている．玄関脇には炉と土間が設けられ，井戸，厠，流しは共同だった．

大名屋敷の施設

加賀藩上屋敷厩跡（東京大学埋蔵文化財調査室提供）

長方形の便槽を囲む 180cm 四方の区画を 1 単位としている.

加賀藩上屋敷能舞台跡（東京大学埋蔵文化財調査室提供）

加賀藩本郷邸奥御殿に造られた能舞台．音響効果を高めるため舞台下全面に漆喰が貼られている.

尾張藩下屋敷滝跡（新宿区教育委員会提供）

尾張藩戸山邸内庭園で検出された「龍門瀧」石組遺構．泉水の水を一旦堰き止めて滝壺へ落とす.

仙台藩上屋敷櫓跡（東京都教育委員会提供）

1 辺 620cm の矩形建物．最低 3 回の建て替えが行われている.

尾張藩上屋敷竈跡（東京都教育委員会提供）

赤枠の円形部分が竈で，第 5 次御殿期絵図面の「御台所」に比定される.

仙台藩上屋敷上水井戸と木樋（東京都教育委員会提供）

海水の影響を受ける湾岸地域の大名屋敷では，上水道網が整備されていた.

大名屋敷で使われた食器

仙台藩上屋敷出土染付大皿（東京都教育委員会所蔵）

御殿空間で催された宴で使用された大皿で1遺構より多量に出土した．年中行事，人生儀礼などに伴う宴で使用された食器と考えられる．

尾張藩上屋敷出土陶器碗（東京都教育委員会所蔵）

器面には鉄絵で「小」と書かれている陶器小形碗．藩邸内御小納戸役で調度として供用された茶碗と考えられている．

大名屋敷に葺かれた金箔瓦

加賀藩本郷邸出土金箔瓦（東京大学埋蔵文化財調査室所蔵）

左：鬼瓦，中上：軒丸瓦，右上：軒平瓦，中下・右下：鯱瓦．下屋敷時代の本郷邸御殿建物に葺かれていた瓦で，鬼瓦と軒丸瓦には，加賀藩の家紋，梅鉢文が認められる．

はしがき

本書は、二〇〇六年十一月に行われた江戸遺跡研究会第二〇回大会の研究発表を基に編集されている。当会では毎年一回、テーマを決めて大会を開催している。二〇〇六年度には、徳川御三家の江戸屋敷跡を抱える千代田、新宿、文京の三区の博物館・資料館によって、御三家の江戸屋敷を対象とした共同展示が行われた。こうした企画が組まれたのは、各江戸屋敷の発掘調査の成果が大きく実を結び始めたからにほかならない。「江戸の大名屋敷」と銘打った当会第二〇回大会は、この三館展示との共同企画として行われたものである。

江戸遺跡の中でも、大名屋敷跡を対象とする発掘調査は最も盛んに行われている。特に、一九八〇年代から始まった東京大学本郷構内の発掘調査によって、加賀藩江戸屋敷ほかの遺構が順次明るみに出され、その分析を通して江戸遺跡の研究が飛躍的に進んだことは周知のとおりである。また、一九九二年から二〇〇一年にかけて、東京都埋蔵文化財センターによって汐留遺跡の発掘調査が行われて、芝口の伊達家・脇坂家などの屋敷の全貌が明らかにされ、一九九一年からは同じく尾張藩の市谷邸の広範囲に及ぶ発掘調査が開始された。

もちろんこうした大大名家を対象とした広域調査以外にも、多くの地点で上屋敷、中屋敷、下屋敷あるいは抱屋敷などを対象とした大小の発掘調査が行われて、今まで知り得なかった多くの情報が集積されてきた。こうした成果を取り込みながら、当会でも第一三回大会で「江戸と国元」と銘打って、江戸藩邸と国元の調査成果を比較するなど、直接・間接に大名屋敷に関わる問題を取り上げてきた。今回の第二〇回大会は、初めて大名屋敷を正面から取り上げた企画で、いずれ通るべき関門に遅まきながら到達したというところである。

いうまでもなく、江戸における大名屋敷の集中・整備は、強固な封建制度を具現するための参勤交代制度と一体として捉えられ、それ自体が江戸という都市の最大の特色を表しており、近世日本を考える上で重要なテーマでもある。こうした制度や大名屋敷の経営、すなわち政治・経済的な側面については、近世史学の中でも早くから取り上げられてきた。しかし、意外にも屋敷の具体的な構造や使われ方、それらの変遷などについては、一部の建築史学の分野などを除いてはあまり議論の対象とされてこなかったというのが実態であろう。

一方、近年の大名屋敷の発掘調査成果に基づく考古学からの発信によって、屋敷そのものはもとより、江戸時代の大名や都市江戸との関わり、さらには国元を含めたさまざまな問題が提起されつつある。徐々にではあるが、文献を中心とした研究者の中にも、発掘成果を研究に取り入れていこうという動きも現れてきた。テーマがあまりにも大きいため、本書に収録されているのは発掘調査から明らかになった課題の一端に過ぎない。しかし、本書がこうした課題を知るきっかけとなり、さらなる議論の敲き台になれば望外の喜びである。

二〇一〇年十一月

江戸遺跡研究会

世話人代表　古泉　弘

目　次

江戸の大名屋敷跡——江戸城外郭での屋敷整備——

後藤宏樹

はじめに

慶長九年（一六〇四）に徳川幕府が江戸に開かれると、江戸城とともに都市江戸の整備が行われる。江戸城の整備は、寛永十三年（一六三六）の外堀普請によって一応の終結をみるが、その後玉川上水整備や江戸周縁の開発を担う築地奉行任命、さらには明暦大火後の再整備など、一七世紀中頃に至るまで都市の再整備や拡大が続いていた。慶長～元和年間という江戸時代前期の江戸城下は、寛永九年の「武州豊島郡江戸庄図」が示すように、その範囲は江戸城東方を主体としていたが、寛永十三年を契機として江戸城西方が郭に取り込まれると、都市の拡大は顕著となる。寛永二十年頃に制作された「寛永江戸全図」（本書三五ページ図5・大分県臼杵市教育委員会所蔵）は、寛永十三年の江戸城外堀構築直後の都市域を窺う資料である。この絵図は北東から浅草寺―王子―中野―白金―品川と、かなり広範囲を描いており、江戸前期には既にこの地域まで江戸の都市域として認識されていたのであろう。しかし、江戸城外郭内は屋敷地で占められているものの、その周辺地域でも谷間など居住環境の悪い場所では所々に明地や百姓地、水田がみられることも、明暦三年（一六五七）の大火前の状況を示している。

こうした江戸の都市拡大は、大名屋敷賜邸によるところが大きい。例えば、江戸城外郭門のひとつ赤坂門の縄張りを定めるときに、その位置をめぐって普請役を担った福岡藩黒田家と老中井伊直孝との論争があった。そのなかで外堀構築の意図が郭内を広くするためであることが示されている。つまり郭の拡大は、寛永十二年に定められた参勤交代の制により、足りなくなってきた大名屋敷地確保の要請に対応するものであったとも思われる。

参勤交代制が定着すると、江戸には二〇〇を超える全国の大名の江戸屋敷が置かれ、家臣団の集住が定着する。それらは、一般に江戸城に近い位置から上屋敷、中屋敷、下屋敷と称され、複数所持していた。その分布は、藩主居屋敷である上屋敷が江戸城外郭およびその周辺、上屋敷罹災住居あるいは藩主隠居屋敷、世嗣屋敷である中屋敷が外郭の外縁に位置し、藩主別邸である下屋敷は、広大な敷地を必要としたために郊外に置かれる場合が多かった。下屋敷には、海浜の蔵屋敷、味噌醸造工場が置かれた仙台藩品川屋敷、さらには屋敷交換のための不動産としての屋敷など、さまざまな利用方法を有していた。図1は、いわゆる江戸市中である御府内での幕末期の大名屋敷分布を示したものである。この図が示すとおり、現在の都心区と呼ばれる地域の多くは、かつて大名屋敷の敷地であったことがわかる。そのため、江戸遺跡の多くが大名屋敷跡を対象としているのもこうした理由からである。

本稿は、江戸城外郭を中心とした大名屋敷の発掘調査事例をもとに、初期の大名屋敷の様相やその配置の特徴、屋敷造成などが都市整備や拡張に果たした役割を考えてみたい。

一　防御施設としての大名屋敷

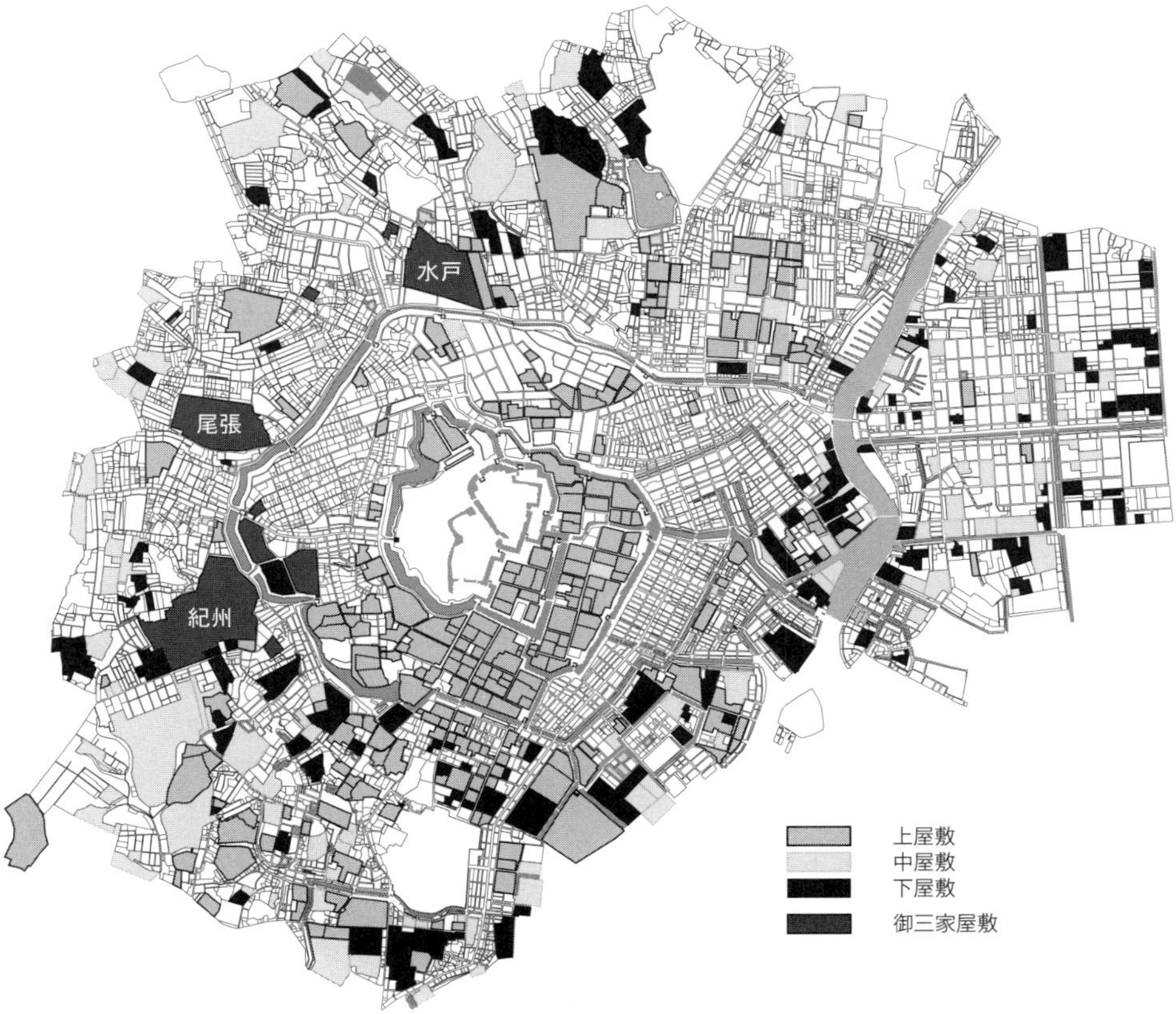

図1　江戸御府内での大名屋敷分布図（上屋敷，中屋敷，下屋敷の分布）

冒頭に示したように、大名は江戸に複数の屋敷を所持し、その性格などから江戸城に近い順に上・中・下屋敷と呼ばれていたが、実際には図1にあるように幕末にはモザイク状に分布していた。この図では、藩主居屋敷である上屋敷が、江戸城外堀の内側を中心としながらも、その外側に広がっていたことがわかる。外郭内では、番町の旗本屋敷とともに紀尾井町、永田町が譜代大名の屋敷地、霞ヶ関や丸の内といった江戸城東方の低地には有力外様大名の屋敷地があり、大手門外から西の丸下という江戸城直下には幕閣大名の役屋敷が配されている。このように大名配置に地域的なまとまりがあった。

そのなかで徳川御三家の屋敷は、当初江戸城内郭にある後の吹上に居を構えていたが、明暦三年（一六五七）の明暦大火によって、尾張は市谷、紀州は四谷、水戸は小石川に移転した。これらは、新たに江戸城下に取り込まれた江戸城北西部に位置し、江戸城外堀に接し、街道に面した外郭門の近くに広大な屋敷を割り与えられている。こうした屋敷の配置は、江戸の防備という都市計画上の措置とも考えられる。江戸初期の天正〜慶長前期に井伊直政の西の丸端の外桜田、酒井忠世の大手土橋、青山忠成の赤坂青山宿、内藤清正の内藤新宿といった徳川家有力家臣の譜代大名の屋敷も江戸防備のためと考えられている。以下では、江戸防備を意識した大名屋敷の事例を取り上げる。

1　櫓を配置した延岡藩内藤家上屋敷、榊原家の屋敷（天正期から慶長期）

①　榊原家中屋敷（龍岡町遺跡）

榊原家は、井伊、本多、酒井家とともに徳川四天王に数えられた名家であり、初代康政は武功派として徳川政権の中枢を担った。榊原家の史料「稃定録《ふじようろく》」によると、家康入国直後の天正十八年（一五九〇）に拝領した池之端屋敷（中屋敷）は、奥州道の江戸の入口を守る「平山城」として家康から直々に下賜されたという。この地は、不忍池を見下

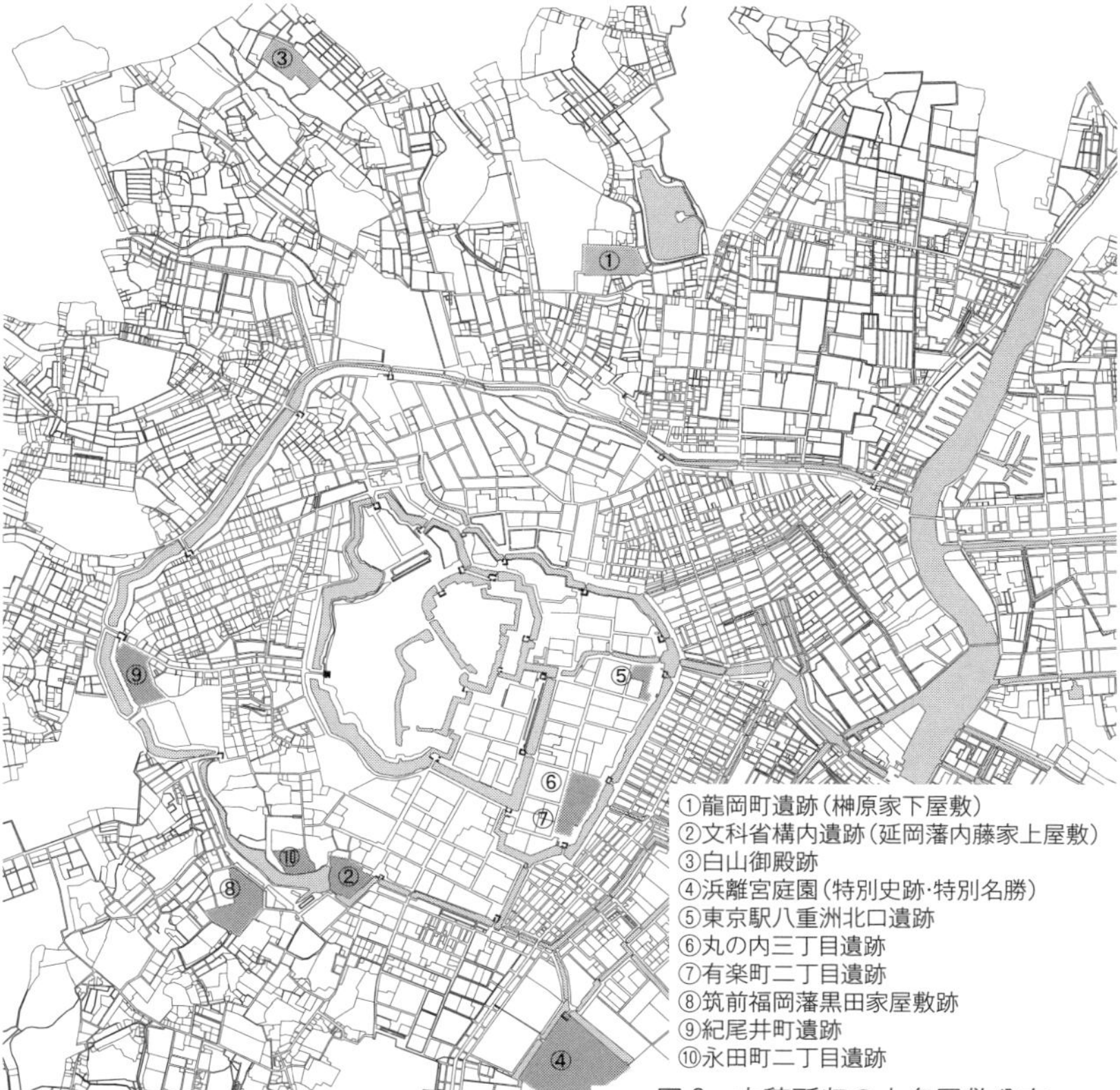

図２　本稿所収の大名屋敷分布

ろす台地縁辺の要害の地に立地する。

榊原家は、家康入国直後に館林に領地を与えられており、奥州方面への守りの意味で、江戸でも奥州街道沿いに屋敷を与えられたのであろう。江戸城外郭の小石川橋門内にも江戸前期に上屋敷を与えられていることから、これらの配置は江戸初期の江戸北方の守りを示すものと解される。

②　内藤家上屋敷跡（文部科学省構内遺跡）

一方、江戸城外郭南方の出入口ではいかがであろうか。江戸初期には外桜田門が小田原口といい、その南方の虎ノ門とともに小田原道の起点にあたる。この道筋は、古くは古代東海道、中世の鎌倉街道下ッ道に由来するといわれ、霞が関の地名が示すように古くから開

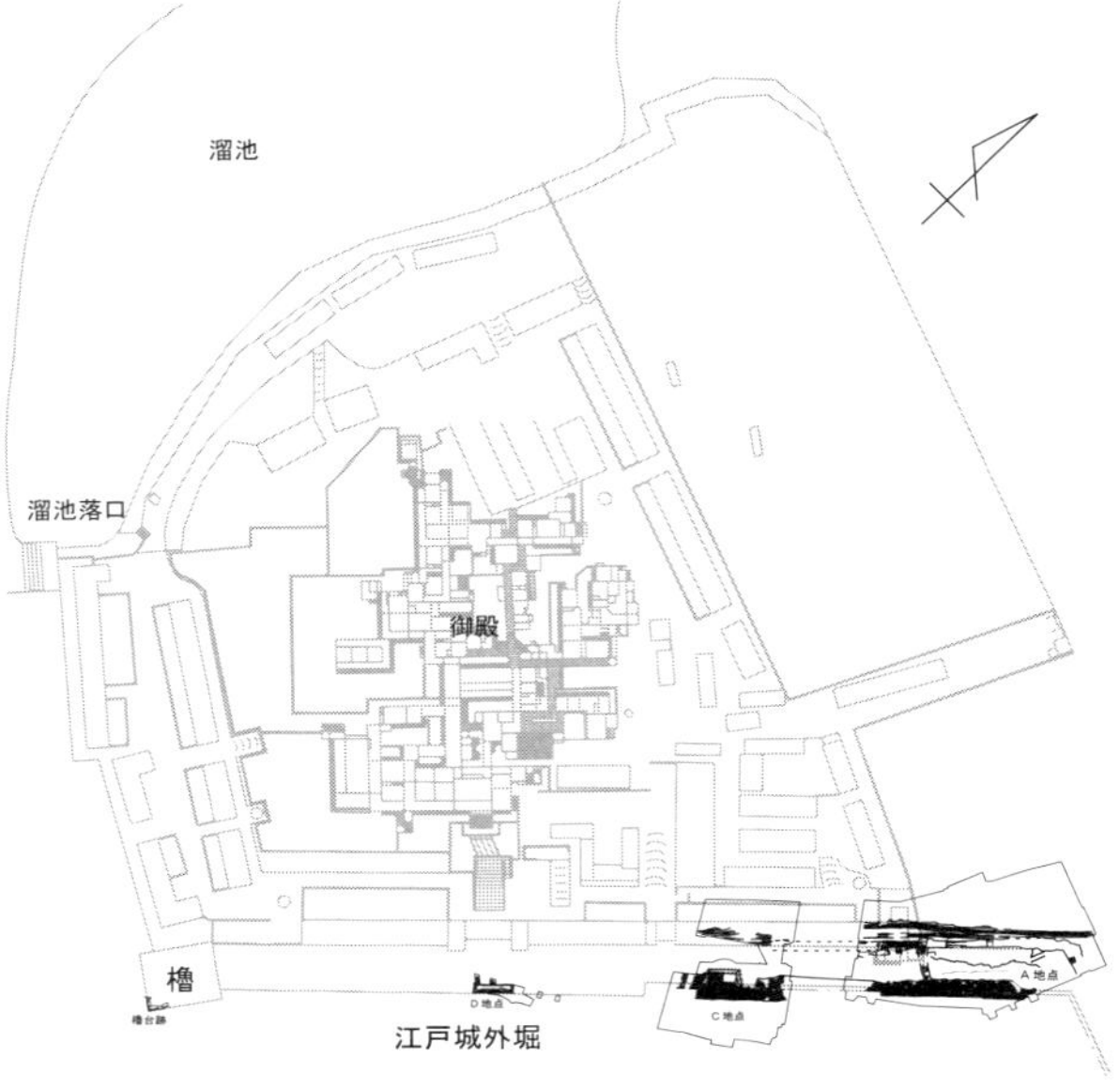

図3　延岡藩内藤家上屋敷絵図
原図：明治大学博物館

けた地域であったと考えられる。その道筋に面し、虎ノ門を見下ろす高台に日向延岡藩内藤家上屋敷が立地する。

内藤家の藩祖家長は数々の軍功により家康の信頼を得た人物で、入国翌年の天正十九年に溜池端に屋敷を下賜された。屋敷拝領にあたっては、家康が直々に駕籠を降りて杖先で屋敷境を定めたという。その後、家光の時代には、寛永三年（一六二六）、同七年、同八年の三回にわたってこの屋敷で御成が行われている。この屋敷は、溜池に張り出した標高一五メートルの高台に立地し、江戸城防備のための要衝であった。それを示すように、この屋敷は江戸城外郭の一画である溜池に隣接し、屋敷内には外堀に向かって建つ二棟の隅櫓がある。この櫓と外張御門は江戸時代を通して幕府から内藤家に依託されていたことから、江戸城外郭を一体化させた出城的な機能を持つ屋敷といえよう。江戸城の縄張りとしては、本丸の蓮池門周辺の虎口、西の丸の的場曲輪といった江戸城南西方向の台地突端部に虎口を設けており、この地への防備体制の強化が見て取れる。おそらく、当該屋敷もこうした江戸城防備に対応するものであろう。

遺跡発掘調査では、寛永十三年の江戸城外堀普請に先立つ一七世紀初頭には、屋敷区画を示す溝（水路）が発見され、その溝から堀に流すための暗渠が確認された。慶長十一年（一六〇六）には、雉子橋・虎ノ門間の外郭石垣を築いたという記録が残ることから、この地域の外堀は、慶長期から存在したことがわかり、内藤家の屋敷とともに、この地域は江戸城や城下の防備の要所であったと推定される。

2　大規模な堀と櫓を配した白山御殿と枡形門を配置する浜御殿（承応年間）

白山御殿と浜御殿とも四代将軍徳川家綱の弟にあたる大名の下屋敷であり、大規模な堀や石垣、櫓、枡形門を配した屋敷であった。江戸城に対して一種の出城的な屋敷とも考えられる。ともに一六五〇年代の承応年間に屋敷を拝領した点が特徴である。つまり、承応年間を含めた一七世紀中葉は、都市拡張や都市インフラの再整備など惣城下町としての江戸が確立する時期であり、各大名の参勤に伴う家臣団の江戸流入によって、都市の拡大とともに人口の増加が想定される。

以下のふたつの屋敷は、慶長期から寛永期に設定した江戸城外郭からさらに外延に広がる都市を象徴的に表す屋敷ではないだろうか。

①　白山御殿跡の堀

慶安四年（一六五一）に館林城主となった徳川綱吉は、中仙道沿いに承応元年（一六五二）、寛文二年（一六六二）、同六年の三度に分けて屋敷を拝領したという。「御府内備考」などによると、屋敷の構造は、周囲に堀を巡らして土手や石垣を築いて塀、楼門、櫓があった。堀幅は一〇間あり、大手門の内側には石垣を二重に築いていたという。御櫓大手御門は門番を寄合衆が代わる代わる務めたという。文京区および東京大学埋蔵文化財調査室による発掘調査では、

図4のように幅一六メートル、深さ二・五メートルという大規模な堀跡が発見された。なお、この屋敷は、綱吉が逝去すると、正徳三年（一七一三）に廃館となり、その跡地は旗本屋敷や薬園となって現在の小石川植物園に至る。

ところで、白山御殿の北方に位置し、同じ日光御成街道・中仙道沿いに伊勢津藩藤堂家下屋敷がある。この屋敷は、明暦三年の大火後に下屋敷として拝領した屋敷で、遺跡調査によってこの屋敷は幅五メートルにも及ぶ大規模な堀で区画されていたことが確認された（小川氏論文参照）。やはり、江戸防衛のため主要道を望む高台に、こうした屋敷を築いていたと考えられないだろうか。

② 浜御殿

屋敷は、保科家と伊達家の屋敷である汐留遺跡の東方の海岸際に位置し、一六三〇年代頃の寛永期まではこの地は芦原であった。この屋敷は、承応三年に甲府宰相である徳川綱重の下屋敷となり、その後寛文四年

図4　白山御殿跡での発掘調査地点

に拡張され四万坪という広大な敷地を持つ屋敷となった。宝永元年（一七〇四）に綱重の子綱豊が七代将軍家宣になると、この屋敷は、将軍別邸「浜御殿」となり、浜大手門と中之御門というふたつの枡形門を配置する屋敷となった。本屋敷は、汐入の庭園として特に有名であるが、江戸城外堀が海出方向に繋がる位置にあり、浜大手門といった枡形門を備えた出城的機能を持つ屋敷であったと考えられる。

3 小結

以上のように、城や都市を守るための防御施設としての大名屋敷の事例をあげた。天正期に割り与えられた有力譜代の屋敷配置は、主要道との関係などがあげられる。

家康入国当時の江戸は、半蔵門を起点とする甲州道、大手門から本町通りという江戸の主要道となる奥州道、外桜田を起点とする小田原道（慶長九年に日本橋が開架されると、この橋を起点とした東海道となる）などがあり、それに中山道と日光御成道を加えた五街道が江戸を起点とする主要道として成立した。奥州道浅草門内には代々関東郡代を勤めた伊奈家、中山道筋違門内には寛永期まで大老を勤めた土井家、甲州道四谷門内は尾張藩とその付家老である成瀬家が置かれ、ここに寛永期以降主要道と外郭門の防備のための譜代大名の配置をみることができる。

ここでは、さらに溜池に面して櫓を有する内藤家上屋敷、海手への防御機能を持つ浜御殿のように、江戸城外郭とともに屋敷が配置された事例や大きな堀や楼門、櫓を配する白山御殿といった大名屋敷の事例をあげた。これらは特殊な屋敷の事例ではあるが、親藩や有力譜代大名の江戸屋敷配置が江戸防備という視点を忘れてならないことを示している。

二　江戸初期の大名屋敷跡——屋敷の構造変化と都市空間の整備——

現在の千代田区丸の内は、江戸時代には大名小路とも呼ばれ、主要な大名の屋敷地として、いち早く江戸城郭内に取り込まれた地域である。ここでは、慶長期から寛永期（一六〇〇〜三〇年代）に至る江戸城築城時における、この地域の大名屋敷跡の構造、特に屋敷境での遺構分布の特徴に着目したい。

1　大名屋敷の空間構成

吉田伸之氏によると、大名江戸屋敷の構成は、藩主居住や政務など藩邸中枢機能を有す「御殿空間」と家臣団の居住空間である「詰人空間」の二元構造を持ち、二重に閉じた構造を持っていたという（吉田一九八八）。尾張藩麴町邸絵図（図5）は、一七世紀中葉の享保期の麴町邸を記した屋敷絵図である。この図によると、屋敷中央部に御殿空間が大きな敷地を占め、南向きの表門前には表御殿が、北側には奥御殿が配置されている。屋敷周縁には全域に家臣の居住空間である表長屋を配置し、北端では厩と馬場、西端では馬場が、御殿空間とは塀などで区切られている。一万坪を有するこの屋敷は、御殿を主としながらも屋敷周縁の狭い空間を利用して江戸詰や勤番（藩主の参勤交代で在府する藩士）の家臣を収容していた。長屋の一区画は、奥行二間半（約四・五メートル）、間口三〜八間（五・四〜一四・四メートル）でおよそ七坪から二〇坪余りとなり、奥に二、三間の庭を有し、花が植えられ穴蔵が掘られていたという。

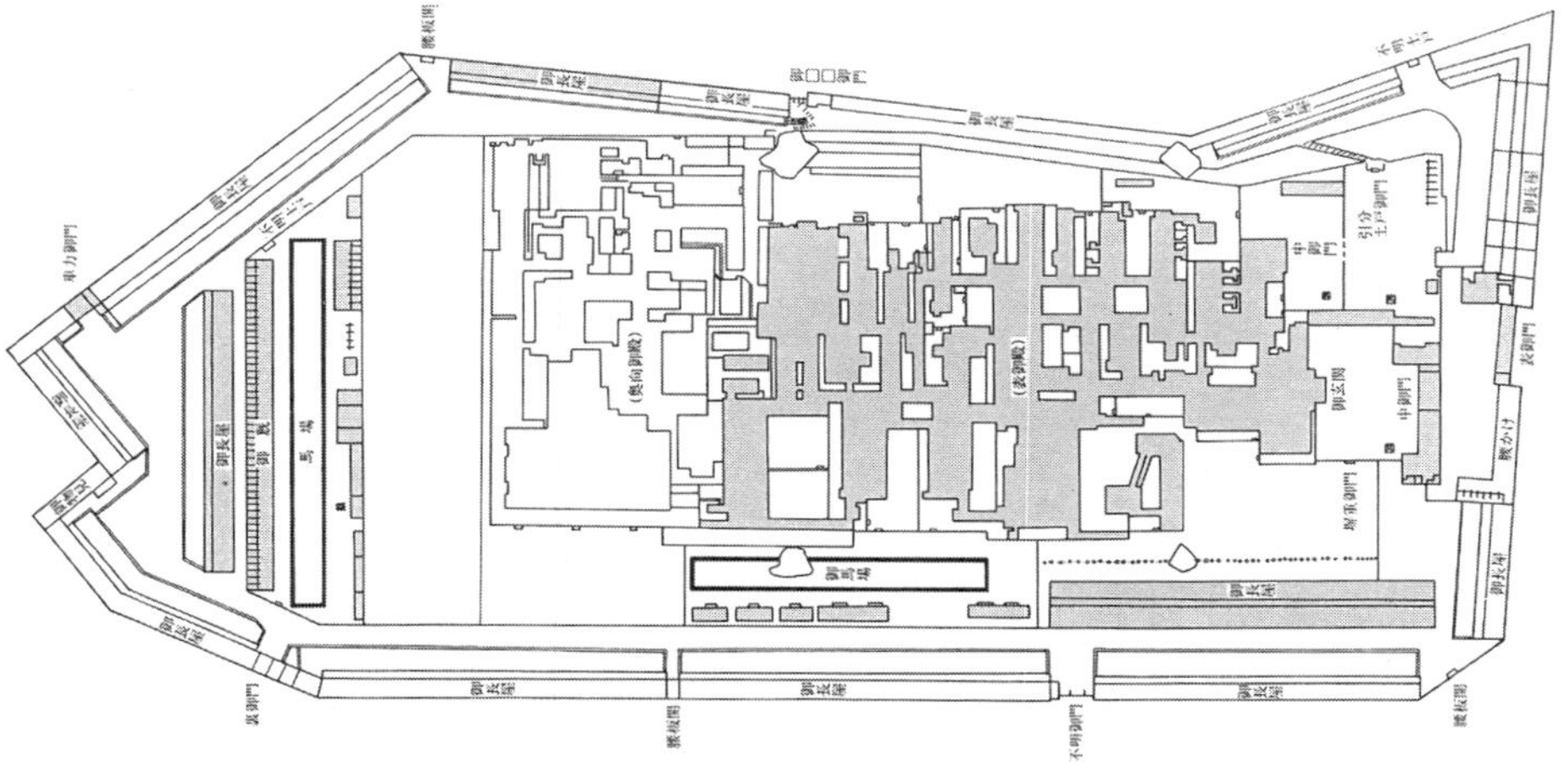

図５　尾張藩麴町邸（享保期）の空間配置

2　丸の内での大名屋敷の事例

①　東京駅八重洲北口遺跡

呉服橋門内の外堀沿いにあり、北方には中世の高橋と推定される常盤橋が位置する。発掘調査によって一六世紀末には堀で区画されたキリシタン墓群があったが、一七世紀代のごく初頭に盛土が行われて近世の大名屋敷となる。慶長期と考えられる2―1期の屋敷跡（図6―A）では溝や石垣（図7）に区画された屋敷となり、溝の内側には塀の柱穴と考えられるピットが並ぶ。また、入口施設の可能性のあるピット群や屋敷境の建物址とも推定されるピット群が確認される。なお、北側屋敷では、道路に敷設された玉川上水以前の石組による水道が引き込まれ井戸を配している。

寛永十三年（一六三六）頃の2―2期になると、石組下水（図7）と表長屋と考えられる礎石群が広がり、表長屋の背後には雨落溝と思われる小形の石組遺構が出現し、幕末までこうした遺構分布が継続される。さらに上水道は、2―4期には玉川上水が裏門から引き込まれ、表長屋の背後を巡っている（図6―

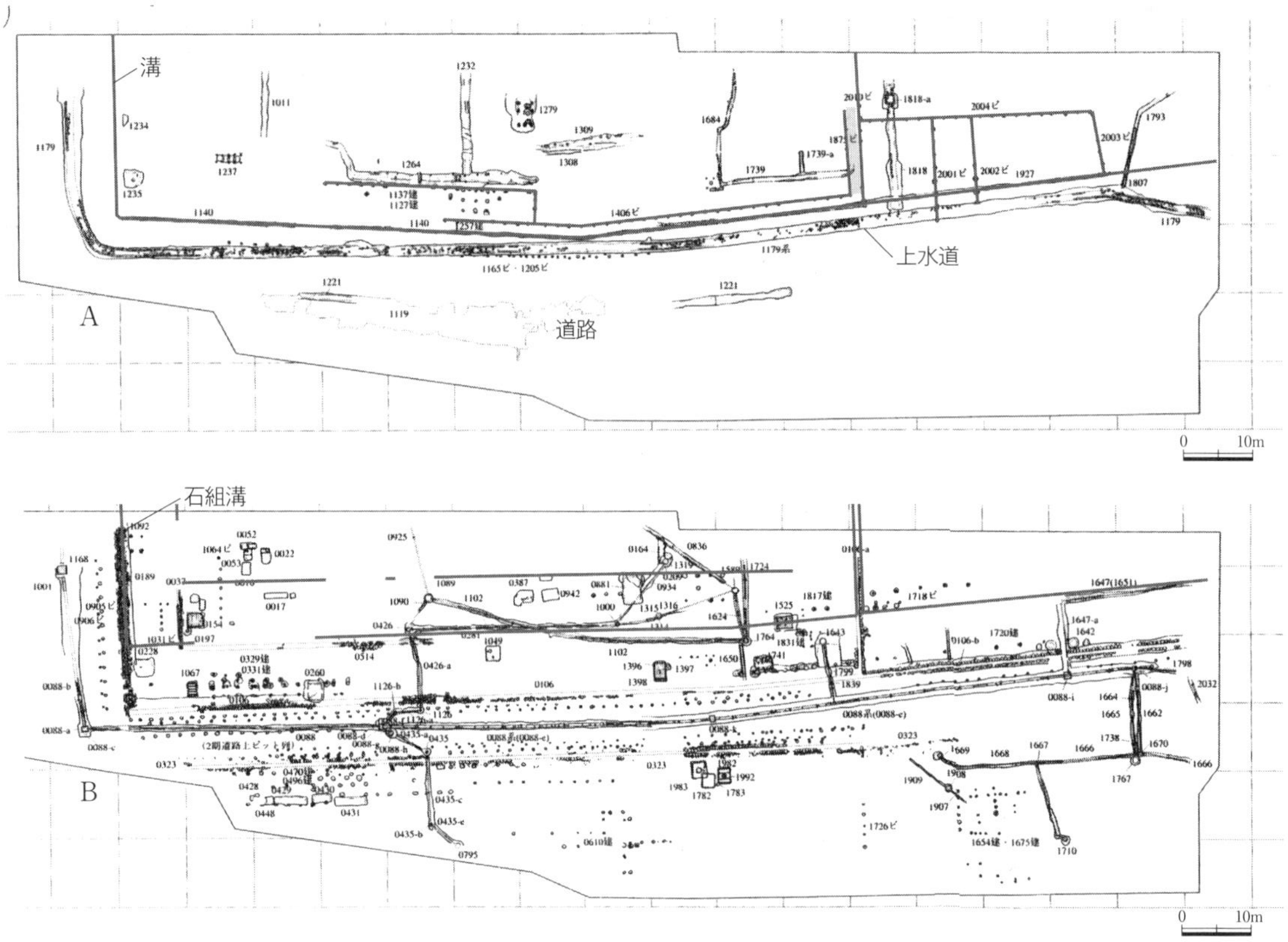

図6　東京駅八重洲北口遺跡遺構分布図
（A：2－1期、B：2－4期）

B）。

② 丸の内三丁目遺跡

当該遺跡は、大名小路に面した大名屋敷跡にあたり、元禄十一年（一六九八）の火災以降の土佐高知藩山内家と阿波徳島藩蜂須賀家の上屋敷に該当する。それ以前の調査地点は、北西隅から時計回りに山内家、豊後佐伯藩毛利家、豊後府内藩竹中家、旗本の青山家、伊勢長嶋藩福島家、旗本彦坂家の四家の上屋敷があった。

遺跡発掘調査によると、おおむね五面の生活面が確認され、そのうち対象とする元禄十一年以前は、第3から5面の三面が該当する。屋敷跡としては、26号溝以北の山内家と以南の毛利家、福島家である。

第3面（図8、10）は標高一～一・二メートルの生活面で、元禄期の火災直前にあたる。山内家屋敷では屋敷境である石組下水（26号溝）に沿って東西に長い奥行四間ほど（約七・二メートル）の礎

図7　東京駅八重洲北口遺跡の遺構（千代田区教育委員会提供）

左：2―1期の屋敷境の溝（手前）と石垣（奥）
右：2―4期の屋敷境石組溝

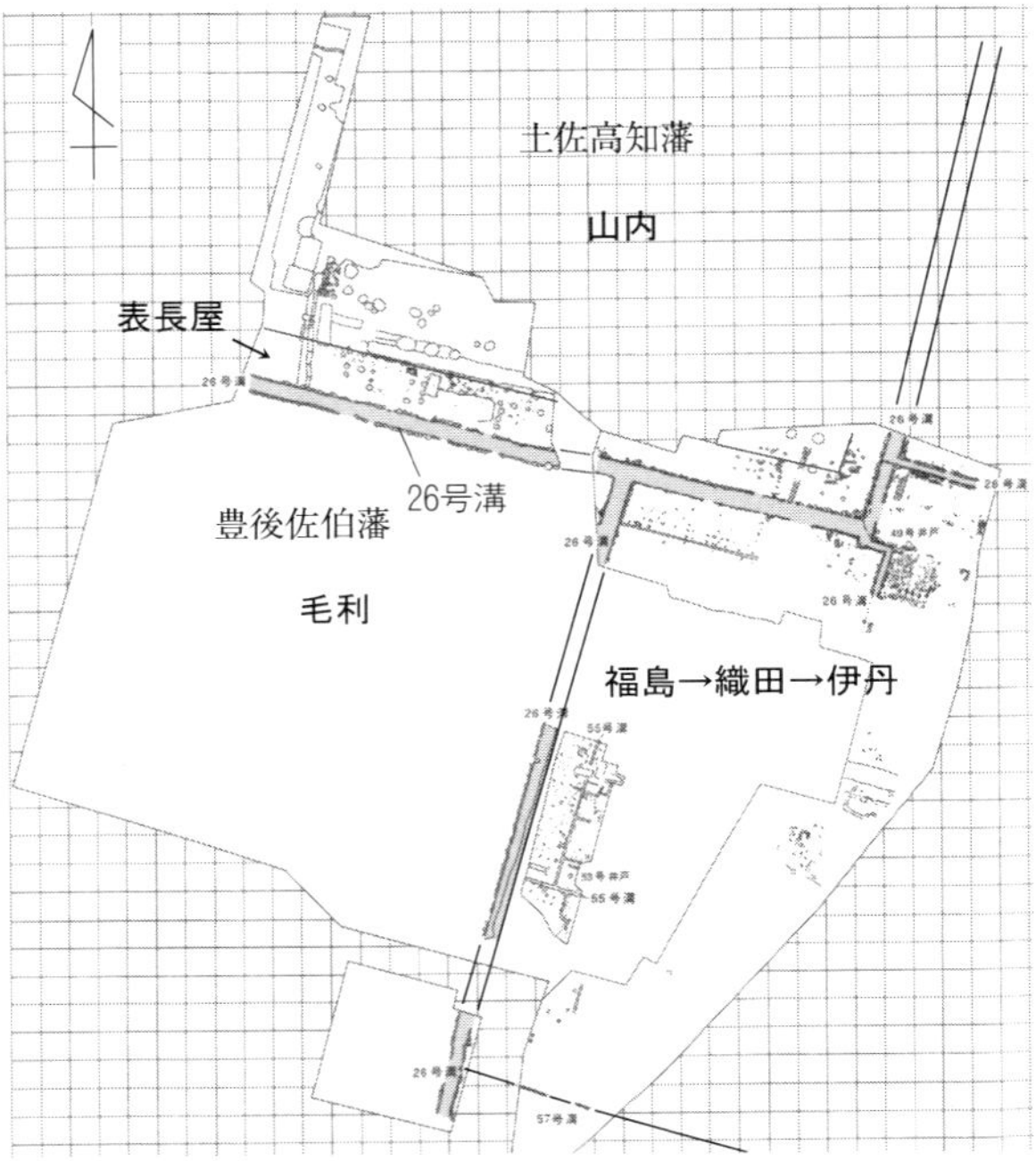

図８　丸の内三丁目遺跡　第３面遺構分布図

石建物址があり（図10）、その背後に塀と思われる掘立柱列（1号柱列）と木組下水（89号溝）がある。また、屋敷内から26号溝に排水するための木組下水がいくつかみられる。同様の遺構分布は、26号溝以南の福島家の屋敷でも認められており、この時期の屋敷は、屋敷境界に表長屋を配置する構造となっていたと考えられる。なお、元禄の火災に際して建物の整理跡と考えられる15号瓦溜は、表長屋と長屋を巡る塀の間の空閑地を利用して瓦を廃棄したものと考えられ、長屋の玄関前に空地があったと推定される。

　第3面の下部にある第4面は標高〇・六メートル、第5面は〇～〇・五メートルで確認された遺構である。第5面の山内家屋敷では屋敷境（26号石組溝よりも古い素掘りの溝のある可能性がある）に平行する塀跡と推定される5号ピットがあり、毛利家屋敷では溝に接して塀と思われる掘立柱列がある。塀の内側には多数の土坑があり、多量の遺物を包含することから、ゴミ穴と考えられる。特に52号土坑は杭と板で土留施設を作り、陶磁器や木製品の他に木くずや貝などを徐々に廃棄し、埋没していった遺構である。すなわち、屋敷境に塀を巡らし、その内側は空閑地であった可能性を示している（図11）。出土遺物によって、本遺構は一六一〇年代に位置づけられる。以上、3面や

4面に該当する一七世紀初頭の屋敷は、その外周に表長屋を巡らしていない可能性がある。

③　有楽町二丁目遺跡

木簡の紀年名から慶長十六年（一六一一年）を中心とする時期から一六四〇年代までの遺跡で、桑山伊賀守（井伊兵部）と羽柴美作（堀玄蕃）の屋敷跡となる。屋敷境は幅三メートルほどの溝で、両屋敷とも屋敷境に大きなゴミ穴が掘られる。堀家の屋敷では、溝状遺構の脇には、細長い空間帯と思われる部分が設けられ、その南側に板組下水溝があり、塀の柱と考えられるピット列が溝に沿って走る。つまり、大形の溝沿いに道があり、その脇に小さな溝と塀が立って屋敷境界としていた可能性が考えられる（図12）。

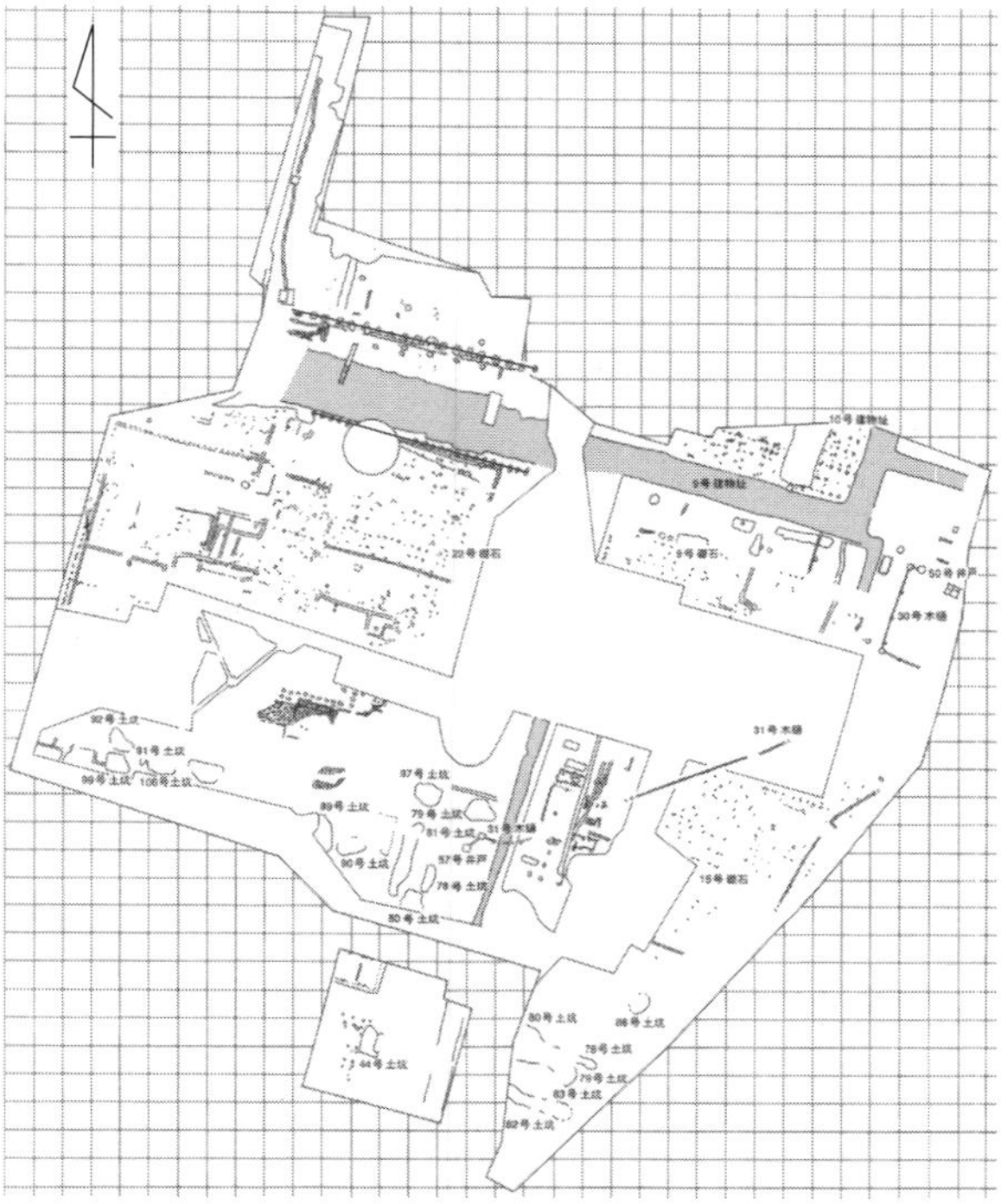
図9　丸の内三丁目遺跡　第4面遺構分布図

3　小　結

このように江戸初期に郭内に取り入れられた丸の内地域の大名屋敷跡では、一七世紀前葉に活発に盛土等の造成が施されながら屋敷が整備され、その過程で多くのゴミ穴が掘られ、多量の食物残滓や生活用具等が廃棄されていたことが分かった。これは、江戸の中枢部でさえもこの時期まで塵芥廃棄処理システ

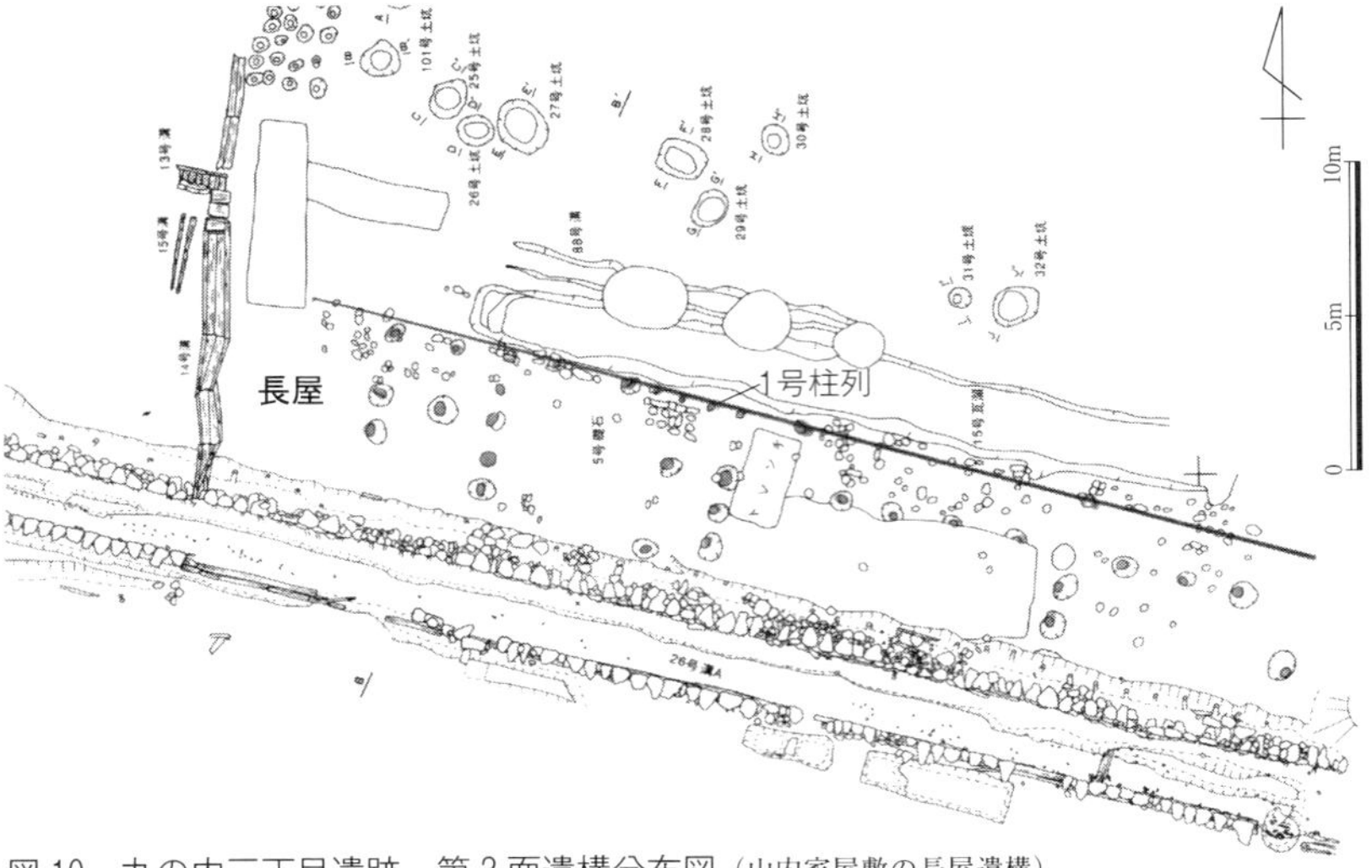

図 10　丸の内三丁目遺跡　第 3 面遺構分布図（山内家屋敷の長屋遺構）

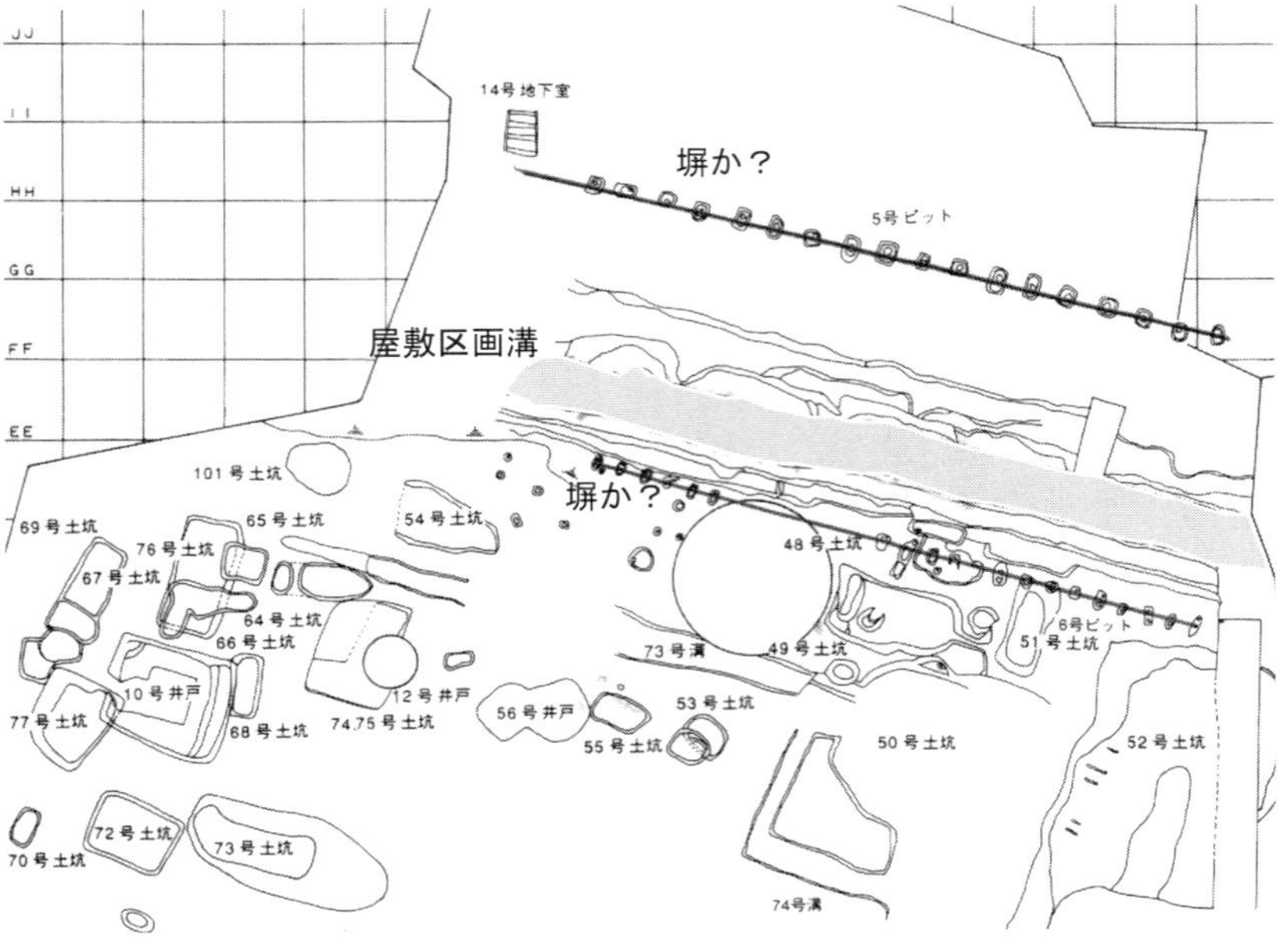

図 11　丸の内三丁目遺跡　第 5 面遺構分布図（毛利家屋敷）

ムの整備が行き届いていなかったことを裏付けるもので、また屋敷内にゴミを廃棄できるほどの空地が設けられたことも示している。その中でゴミ穴の分布が屋敷境に顕著である点は、この地域が空間帯となっていたと考えられ、後に表長屋が整備されていくことが確認される。

すなわち、江戸初期には堀あるいは溝で区画されて屋敷境に塀を巡らせるものから、屋敷区画に石組下水溝が設けられ、表長屋が成立する。宮崎勝美氏（宮崎一九九四）によると、大名屋敷の表長屋は、城の多門や陣小屋の系譜を引く「防御施設」であるが、むしろ江戸屋敷では、限られた敷地に多くの家臣団を収容するための施設があったと推定され、その契機が江戸に住む家臣の増加による拝領屋敷不足に対応するものであったという。丸の内での大名屋敷跡はその過程を示す可能性があり、その画期が八重洲2―1期や丸の内三丁目52号土坑といった慶長後期から元和期（一六一〇～二〇年代）に位置づけられる可能性がある。

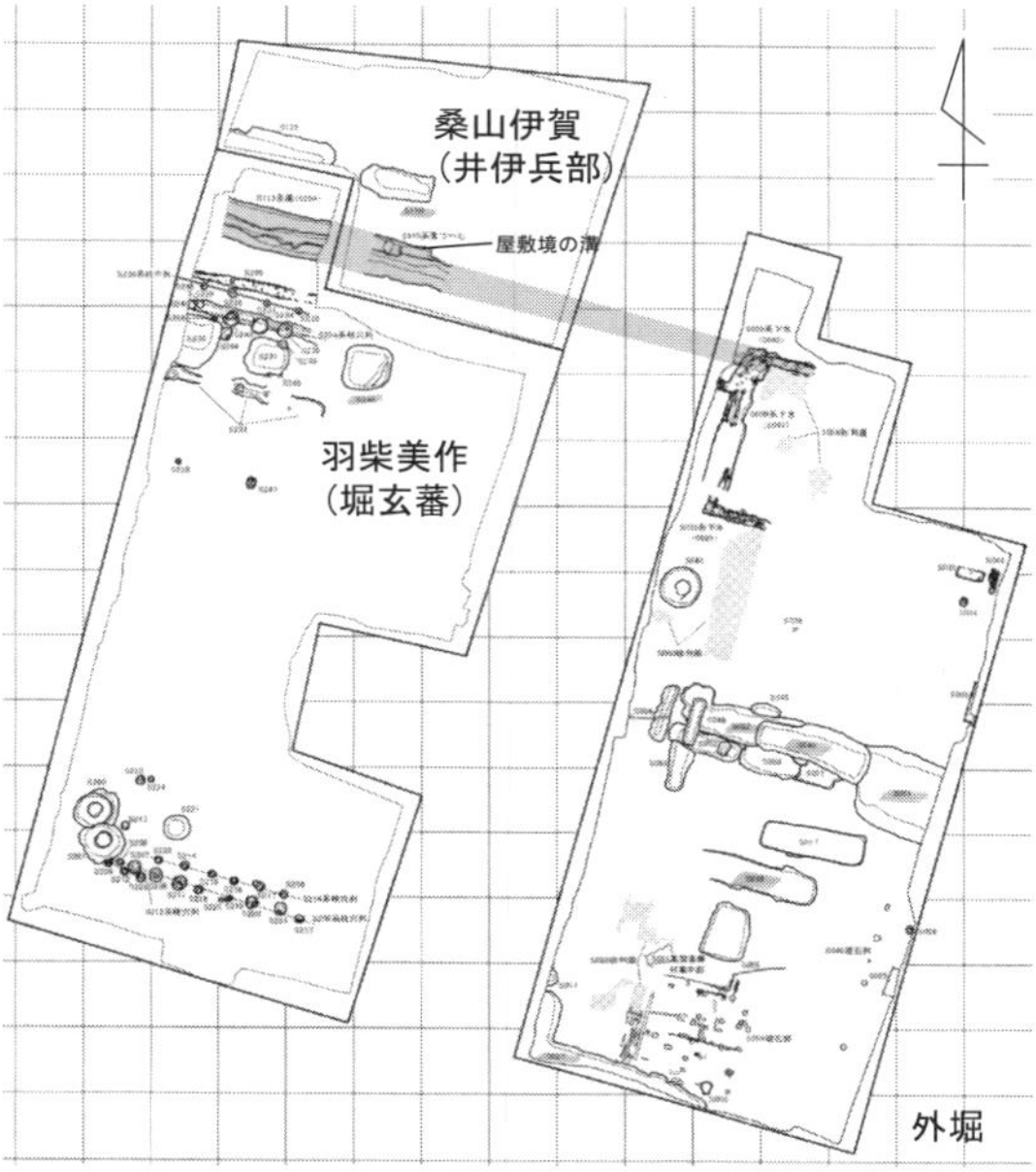

I期　1606年～1630年代終わり頃

図12　有楽町二丁目遺跡　I期遺構分布図

三　都市の拡大と大名屋敷の築造――溜池の谷を中心として――

1　溜池谷周縁の土地利用（明治期の地図を通して）

江戸城東方の低地では方形あるいは長方形の屋敷区画となり、割合整然とした街区が多いのに対して、台地では番町の整然とした町割は別として、多くの谷による斜面地に遮られていたため、その町割は地形に応じたものになっていたことがわかる。これは、江戸初期の大名賜邸で形成された大名小路、家康入国時に割り与えられた番町地域、神田や日本橋の町地といった、江戸初期に整備された街区は、割合整然とした街区を形成していたが、寛永期の天下普請以降西方に広がる江戸の都市形成は地形に即応していたとも読み取れる。

ここでは、溜池谷周辺の起伏が激しい地域の町割りを明治期の地図を参照しながら、台地、低地、斜面地の土地利用を捉え、次項では発掘調査による大名屋敷地の確保をみていくこととしたい。

図13は、溜池の谷周辺の地形と屋敷配置を示したものである。この図で捉えられることは、大名屋敷、旗本屋敷、町家がモザイク状に分布していることで、江戸城外郭でみられる明瞭な地域性とは異なり、起伏の激しい地形を活かしてさまざまな町並みが展開していることである。まず、赤坂田町など一七世紀中葉に整備された町家は、谷下の最も低い地域にあたり、広い台地面を確保できる地域は、大名屋敷に割り与えられている。また、溜池の谷につながる細長い谷は中央に道を配してその両脇に旗本屋敷としている。谷の中央に道を通すことで、奥行きを一定にするという、番町の町割に共通する都市計画としている点も特徴である。さらに旗本屋敷の裏手には池があり、そこから延び

図 13　溜池周辺の地形図と屋敷分布

る水路によって、谷下の湧水などを利用し庭園を造っている可能性がある。

一方、大名屋敷では、溜池右岸の台地には、北から紀州藩赤坂邸（中屋敷）、広島藩浅野家中屋敷、福岡藩黒田家中屋敷が広い台地面を利用しながらも谷下も一部を取り込んで屋敷としていた。屋敷の空間構成は、台地部の広い空間を御殿部とし、紀州藩邸では赤坂川を取り込んで泉水とし、谷内の湧水を利用して庭園を築いていた。次に具体的な遺跡の事例を示して溜池の谷に面した大名屋敷築造をみてみたい。

2　台地部の大名屋敷の造成

①　福岡藩黒田家中屋敷跡

当該屋敷は溜池の谷（赤坂川）の河口付近と低地に面した台地端部に立地している。その高低差は、六〜八メートルの崖を介しており、明治前期の地図によると低地には鴨場の池がみられることから、黒田家屋敷時代にも庭園などがあったと考えられる。発掘調査の地点は台地部にあたるが、発掘調査によって元々は谷地形となる場所を埋め立てて平坦面を造っていたことがわかり、複雑な原地形を造成によって屋敷としていたことがわかった。

その造成方法は、台地の高いところを削り、また土取穴を設定して低い谷を埋めている。その厚さは五メートル以上におよび、少なくとも九回の工程によって埋め立てられていた。この造成は、絵図や史料等によって、寛永十三年（一六三六）の外堀普請に伴う可能性が高く、外郭整備にあわせて屋敷の整備も行われたと考えられる。

②　紀尾井町遺跡

遺跡は紀州藩麴町邸の一部にあたる。当該屋敷は、ほぼ台地上に立地するが、屋敷東端には溜池谷の支谷が入り込み、南北に連なる崖線が存在する。紀州藩では、この低地を庭園などに利用していたと推定される。発掘調査の結果、この崖線は蛇行していると考えられ、紀州藩邸以前に拝領していた土岐家と本多家の二家の譜代大名屋敷を築造するときに、図14のように緩やかな斜面地を切土と盛土をして、屋敷境界に幅一〇メートルに及ぶ大溝を作り屋敷を築いたことが明らかとなった。

こうして、厚さ一〇メートルに及ぶ盛土によって、新たな急傾斜の崖線を設けて高台と低地に立地する屋敷とした。この造成に利用した想定土量が約一万立法メートルにも及ぶ可能性があることや、低地に堆積する泥、台地を深く切り込まなければ確保できない白色粘土など多様な土砂を利用していることから、この造成は寛永十三年の江戸城外堀構築に合わせて工事が行われた可能性が高いと推定される。

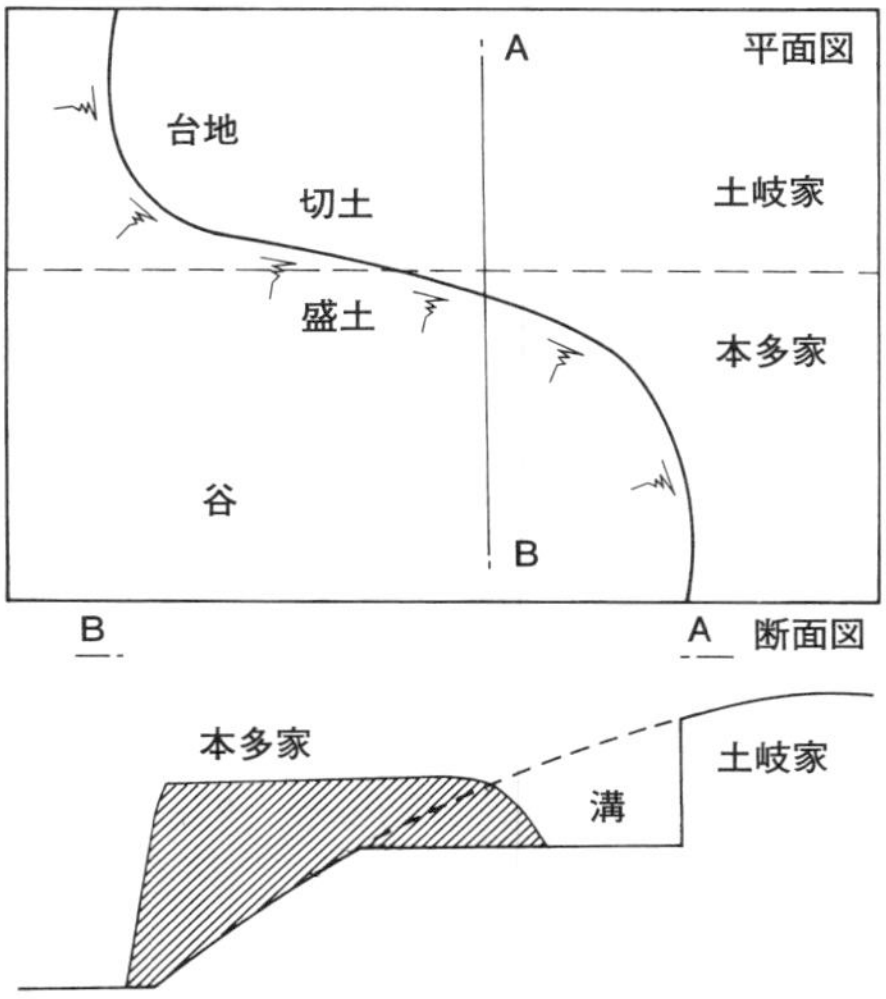

図14　紀尾井町遺跡の造成模式図

③　永田町二丁目遺跡（首相官邸内遺跡）

溜池河口左岸の高台に面した遺跡で、縄文、弥生時代中期の集落跡とともに丹後峰山藩京極家と越後村上藩内藤家の上屋敷跡が発見された。調査地は高台のある平坦面だが、江戸時代の整地層下部に東西方向に延びる埋没谷を埋めるロームと黒色土を互層にした人為的な盛土が確認された。この盛土の時期は明記されていないが、この谷の近くに二家の屋敷境が位置することから、埋没谷を利用して最初の屋敷割をした可能性がある。

④　文部科学省構内遺跡

溜池河口左岸に面し、永田町二丁目遺跡の東方に位置する半島状に突き出た台地斜面に立地する。この遺跡からは、江戸初期の日向延岡藩内藤家上屋敷の遺構と江戸城外堀跡が発見された。遺跡で確認された造成方法としては、一七世紀ごく初頭に台地斜面部を切土して平坦にして雛壇状の屋敷地とし、さらに寛永十三年の江戸城外堀構築に合わせて屋敷内も二・五〜六メートルもの大規模な盛土が施された。

3 小結

以上のように溜池の谷周辺の台地では現在平坦な地形であっても、谷などが複雑に入り組んだ地形を切土や盛土をして平坦面を人工的に作り上げていたことが多くの遺跡で確認されている。その年代は、おおむね一七世紀前葉に位置づけられ、特に寛永十三年の江戸城外堀普請を契機としていたことが考えられる。こうして、一七世紀代には先に見た地図のような屋敷の配置が整備されることとなる。

四 まとめにかえて——大名屋敷研究における考古学の果たす役割——

冒頭に記したように、本稿では大名屋敷跡の課題のなかで主に屋敷造成が都市空間の整備に果たした役割を取り上げた。江戸城外郭内の事例として丸の内地域を取り上げて一六世紀末から一七世紀ごく初頭の様相、寛永十三年（一六三六）に江戸城外堀普請が行われる溜池周辺地域の屋敷整備の事例をおった。江戸の都市史のなかで大名屋敷跡発掘調査が果たす役割は、こうした都市の整備との関連だけではなく、その他にも屋敷内空間構成や屋敷造営に際して国許との技術交流、屋敷内の食生活などさまざまな研究課題を私たちに提供してくれる。本稿のまとめとして、江戸時代初期の遺跡を基盤とした大名屋敷研究視点の一端を列記しておきたい。

① 江戸城、城下町防備という視点

本稿では、大名屋敷の配置や構造を地形との関連性や城・都市の防備という視点で捉えた。当然これだけの要素で屋敷配置や構造を説明することはできないが、江戸初期の大形の堀・溝や櫓を持つ屋敷は、独立性の高い大名居館を示しており、その配置は主要道の守りなどを意識していたものと思われる。かつて筆者は、徳川御三家の屋敷配置と江戸初期上水整備との関係を指摘したことがある（後藤二〇〇九）。徳川御三家とは、家康九男義直を祖とする尾張徳川家、十男頼宣を祖とする紀州徳川家、十一男頼房を祖とする水戸徳川家をいい、諸大名の最上に位置し、将軍家継嗣の家として親藩大名であった。尾張家の拝領した尾張と美濃は、織豊政権の中枢であり、紀州家の和歌山は上方の要害で、江戸・大坂の海上交通をおさえる要衝であり、水戸家の常陸は、東北の咽喉の地であった。これらのことから、徳川御三家の役割は、幕府にとって東西の外様大名を掌握するための重要な地域を任されていたことがわかる。この三家の江戸屋敷は、北から水戸藩の小石川邸、尾張家の市谷邸、紀州家の赤坂邸というように、寛永期の江戸城外堀完成前後に外堀沿いに上屋敷を与えられた（図1）。しかも、これら屋敷のうち、水戸家では神田（小石川）上水、紀州家では溜池上水の上流域に位置し、都市の社会基盤を守る点でも重要な地域であった。さらに尾張家の市谷邸では、江戸初期の絵図には眼下に河川が流れ、この地域の発掘調査によって、この河川を水源とする上水道が発見されている。これらから、屋敷配置の背景には都市生活に必要な水道の確保や災害要因となる治水といった水管理という役割を、御三家の屋敷が担ったのではないだろうか。

② 江戸初期の大名屋敷

丸の内の大名屋敷跡をみると、当初から表長屋が一般化していたわけではなく、屋敷境には素掘りの堀と塀が巡るものと考えられるが、一七世紀初頭、少なくとも一六三〇年代までには屋敷境の石組溝と表長屋という、大名江戸屋敷の一般的な姿へと変化した可能性を指摘した。

屋敷区画溝の存在は、中世の武家居館以来の施設で、江戸の初源期にはこうした独立性の強い屋敷であった可能性も考えられる。近年の千代田区丸の内や永田町、霞が関での近世遺跡の発掘では、屋敷外周に石垣を築く江戸初期の大名屋敷跡が発見されている。東京駅丸の内駅舎構内の遺跡から発見された岡山藩池田家上屋敷跡と美作津山藩森家上屋敷跡では刻印を持つ大形の築石とその背面に裏込栗石を詰めた城郭の石垣と同じ構造の遺構が発見され、広島藩浅野家上屋敷跡でも大名を示す刻印を有する石垣が発見されている。いずれの遺跡も一七世紀ごく初頭と推定されることから、江戸城石垣普請に動員された国持大名家は、天下普請の慶長～寛永期の屋敷普請にあたり、石垣構築技術者に担当させたと思われる。また、江戸城内や丸の内など大名上屋敷で発見される金箔瓦は、初期の屋敷御殿の壮麗さを伝えるものである。特に豊後佐伯藩上屋敷跡（丸の内三丁目遺跡）や加賀金沢藩前田家上屋敷（東京大学構内遺跡）では、金箔鯱瓦や滴水瓦が出土していることは特筆すべき点である。徳川政権下での金箔瓦の意味は、織豊政権のような政治権力との結びつきと考えることは難しいが、金箔鯱瓦の存在は城郭を意識したものと推定される。これらは、慶長期の大名屋敷が国許の城を意識して造られていたことを示す興味深い事例である。

③　都市の整備や拡大

大名屋敷跡の発掘調査は、屋敷内空間構成の把握を解明する大きな手がかりとなる。特に一七世紀中葉以降、江戸に居住する家臣団の増加は、都市の拡大とともに家臣団を収容するための屋敷に大きな変化を与えたことが想定される。先の屋敷境の境界装置としての塀と長屋を一体化した表長屋もその一つであり、江戸城外郭普請を契機とした溜池周辺の大名屋敷の整備や、別稿の金沢藩前田家本郷邸、仙台藩伊達家芝邸といった江戸城外郭外の広大な屋敷を上屋敷（居屋敷）とし、整備されていくことも、家臣団の増加と無関係ではあるまい。こうした大名江戸屋敷の動きは、下屋敷等の獲得などとともに都市江戸の拡大に果たした役割は大きく、また大名屋敷賜邸によって、周辺地域（町地など）の整備等に与えた影響も考える必要があろう。

〔参考文献〕

共和開発株式会社　二〇〇五『筑前福岡藩黒田家屋敷跡第2遺跡発掘調査報告書』
後藤宏樹　二〇〇九「徳川御三家の屋敷と都市水道管理」『季刊 Collegio』36　之潮
千代田区紀尾井町遺跡調査会　一九九四『千代田区　紀尾井町遺跡』
東京駅八重洲北口遺跡調査会　二〇〇三『千代田区　東京駅八重洲北口遺跡』
東京都教育文化財団　一九九四『丸の内三丁目遺跡』
東京都埋蔵文化財センター　二〇〇三『千代田区　永田町二丁目遺跡』
文京区遺跡調査会　一九九五『龍岡町遺跡』
文京区遺跡調査会　二〇〇三『白山御殿跡　ほか』
文部科学省構内遺跡調査会　二〇〇五『千代田区　文部科学省構内遺跡』
宮崎勝美　一九九四「大名江戸屋敷の境界装置」『武家屋敷―空間と社会―』山川出版社
吉田伸之　一九八八「近世城下町・江戸から金沢へ」週刊朝日百科 日本の歴史別冊『都市と景観の読み方』

参勤交代と巨大都市江戸の成立

原　史彦

はじめに

江戸が近世城下町として発展する契機は、いうまでもなく天正十八年（一五九〇）に徳川家康が入封した事に始まる。豊臣政権下における一大名として、小田原北条氏の支城として機能していた旧江戸城を本拠と定め、徳川氏の城下町として建設を進めた事から、中世以来の景観は一変する事になる。

ただ、家康入封時の景観として引用される『岩淵夜話別集』の「其時迠ハ東ノ方平地ノ分ハ爰モカシコモ汐入ノ芦原ニテ、町屋侍屋敷ヲ十町ト割付ヘキ様モナク、扨又西南ノ方ハビヤウビヤウト萱原武蔵野ヘツヅキ、ドコヲシマリト云ヘキ様モナシ」といった荒涼たる原風景論は再考を要す必要がある。

家康入封以前の江戸の評価をことさら矮小化する表記は、神君家康公のその後の業績を最大限に称揚するため、神君神話とも言うべき文章上の誇張表現によって脚色されており、文言通りに解釈するわけにはいかないのである。

近年の文献史学・考古学双方の研究の進展により、中世以前の江戸の景観が徐々に解明されており、江戸は東国水運の結節点、すなわち、旧利根川水系の中核的拠点として平安時代から重視された土地であったことが明らかとなってきた。特に小田原北条氏は、江戸を関東全域支配確立の中核拠点として成長させたと岡野友彦氏は指摘する（岡野一九九九）。また、古くは『伊勢物語』で江戸周辺の名所が採り上げられている他、太田道灌時代にも、万里集九など当代一流の文化人が江戸を訪れ、江戸城を舞台とした文化交流が行われるなど、少なくとも江戸は無名の地ではなかったことは明らかである。

道灌当時の江戸に関する数少ない記録の一つ「静勝軒銘詩幷序」には、道灌時代の江戸城の風雅な様子や、海に商船が停泊し、城門前には市が立っていたことが詠われており、むしろ、江戸は流通の拠点として、それなりの都市空間が形成されていたことが想定されるのである。また玉井哲男氏は、日本橋地区の街路に関して、江戸時代に主要軸となる日本橋通より、浅草へ抜ける本町通が主要街路であったと分析し、家康入府以前の都市景観が、その後の都市設計に影響を残したと指摘している（玉井一九八六）。このことは、旧江戸が従前からいわれるような人家まばらな寒村でなかったことを示す傍証といえるだろう。

本稿では、こうした近年の中世江戸に関する研究成果を前提とし、徳川氏の城下町から天下の総城下町へと一大変貌を遂げた江戸の変遷について、総論的に概観することを主目的とする。あわせて江戸が巨大都市化した一因である参勤交代の制度について、その関連性を以下に紹介したいと考える。

一　江戸のなりたち

徳川氏の城下町としての江戸の建設は、天正十八年（一五九〇）以降、継続的に行われたと思われるが、江戸城の建設については普請に携わった松平家忠による『家忠日記』の天正十九年三月以降の記事に断片的に見えるだけで、全体の進捗状況については明確には分かっていない。

御殿建造といった作事に関わる事についても、後に西之丸となる「御新城」の造営が天正二十年であることを記録するが、中心部である本丸御殿については、慶長十一年（一六〇六）の建造記録まで見当たらない。家康の入城から一五年以上も本丸御殿がなかったとは考えられず、おそらくこの記事は、当初の御殿を幕府政権の中枢施設に相応しい形態へと改築したと解釈すべきと考える。

『落穂集』巻二「御城内古来家作の事」には、家康が入府した当時、旧江戸城内には小田原北条氏時代の粗末で見苦しい「家宅」が残っていたため、本多正信はせめて玄関廻りだけでも新築すべきと意見したものの家康は取り合わず、旧堀を埋めるといった普請工事を優先させたという逸話が記されている。その後、家康は伏見城普請手伝いや文禄・慶長の役などで出費を強いられ、自身も上方に在住する機会が多い上に、征夷大将軍となった後も上方で政務を執り、伏見城や二条城を公儀の城としていたことから、あるいは慶長十一年まで江戸城は旧来の施設を利用していた可能性がある。

そもそも領国支配の拠点としての城郭に、統一政権としての公儀性が機能でき得るほどの装置が当初より備わっていたとは到底考えられない。家康といえども公儀の城として体裁の整った伏見城を復興して利用せざるを得ず、江戸城を公儀の城とするには、抜本的に改築する必要があったのではないかと思われる。慶長十一年からの天下普請は、まさに江戸城を公儀の城とするための改造工事であり、同年の本丸御殿竣工、翌年の天守竣工により、ようやくその体裁・装置が整ったのではなかろうか。正確にはこの時より「江戸」幕府が始まったと言うべきだろう。いずれにせよ、慶長十一年以前の江戸城については、断片的な史料しか残っていないため、当初の形態については不明な点が多い。

初期の江戸の都市空間についても同様で、文献のみで明らかにされる事は少なく、考古学や建築学などによる検証も合わせて、多くはまだ断片的な情報しか分からない。現在の常盤橋門がかつては大手門と呼ばれ、その東側に展開する町場空間が、一間＝六尺五寸の京間によって二〇間四方の碁盤目空間を形作っている事から、この付近が建設当初の町場の中心であった事、増上寺由緒によれば寺の元の所在地は半蔵門西側付近だった程度の事は明らかになっている。そして、平河天神や吉祥寺・法恩寺などの寺社の由緒、霞ヶ関という地名の存在、竹橋門遺跡で出土した中世遺構等々により、現在の皇居の北・東・西を廻るような形で中世の都市空間が広がっていたと推測されている。

浅草寺や石浜付近は房総方面への街道筋にあたり古くから都市的景観が展開していたと考えられ、品川周辺も港湾集落的に発展していたと検証される事から、家康が城下町を建設する上において、旧江戸城の周辺および周縁部には都市として発展する素地はそれなりに備わっていた。こういった中世的景観の復元は、足立・葛飾・品川・千代田各区の博物館の精力的な調査活動から、徐々に明らかとなってきている。

家康は入封直後に地割小屋奉行を任じ、天正十八年九月一日より本町の町割り普請に着手している。局沢《つぼねざわ》にあった寺社の移転など、その後、城下町建設は以後半世紀にわたって営々と続けられたのである（内藤一九六六・北原一九九九）。

譜代衆に対する邸地の下賜も入封直後から行われていた。外様大名では、関ヶ原合戦の直前より証人（人質）を江戸へ送る行為がみられ、慶長五年に前田利長が母・芳春院を送ったことをその嚆矢とすると『東照宮御実紀』は記すが、慶長元年に藤堂高虎が弟の正高を証人として江戸へ送ったという『高山公実録』の記録もあり、何を始まりとするかは見解が分かれる。いずれにせよ、当初の証人は江戸城内に留め置かれたと考えられる。

外様大名が江戸に屋敷を得るのは慶長七〜八年以降とされ、大名の妻子居住の早い例は慶長十年の藤堂高虎だという（三上一九四四）。以後、時期の差はあれ、その他の大名もこれに倣うようになった。徳川家の本拠・江戸に邸地を置き、質を差し出すことは服従の証である。これは中世以来、脈々と行われた主従関係を明確化する行為であり、徳川家もこの行為を推奨し、半ば強制する方向にあったが、藤堂高虎のように自発的に行う者がいたとしても時勢を読めば奇とするにはあたらない。徳川家が公儀主体者になった情勢から考えて、諸大名の屋敷が急増する事は自然の流れであった。

そういった中、慶長九年に天下普請が発令され、同十二年に江戸城天守が竣工した事は、江戸城および江戸建設の第一段階の区切りといえよう。象徴としての高層建造物が完成した事は、新たな政権の所在を印象付ける画期となったはずである。

二　初期江戸の様相

江戸の初期景観を知る上で文献史料以外に有効な検証材料となるのは、地図と絵画史料である。幸いな事に慶長年間の江戸を描いた地図は二種残されている。最古の地図とされるのは東京都立中央図書館が所蔵する「別本慶長江戸図　全」（図1）で、描かれている景観は慶長七年（一六〇二）頃の江戸と推定され、初期の段階で埋め立てによって消滅する日比谷入江が断片的に描かれている。残念ながら本図は弘化二年（一八四五）の写しで原本は存在しないが、原本を忠実に筆写した形跡が見られることから、記載された情報はある程度信頼しても良いと思われる。

もう一種は同じく東京都立中央図書館が所蔵する「慶長江戸絵図　全」（図2）で、慶長十三年頃の江戸城および丸ノ内の屋敷配置が明瞭に記されている。先の地図が手元控え的な簡易図であるのに対し、本図は測量を元に作成され

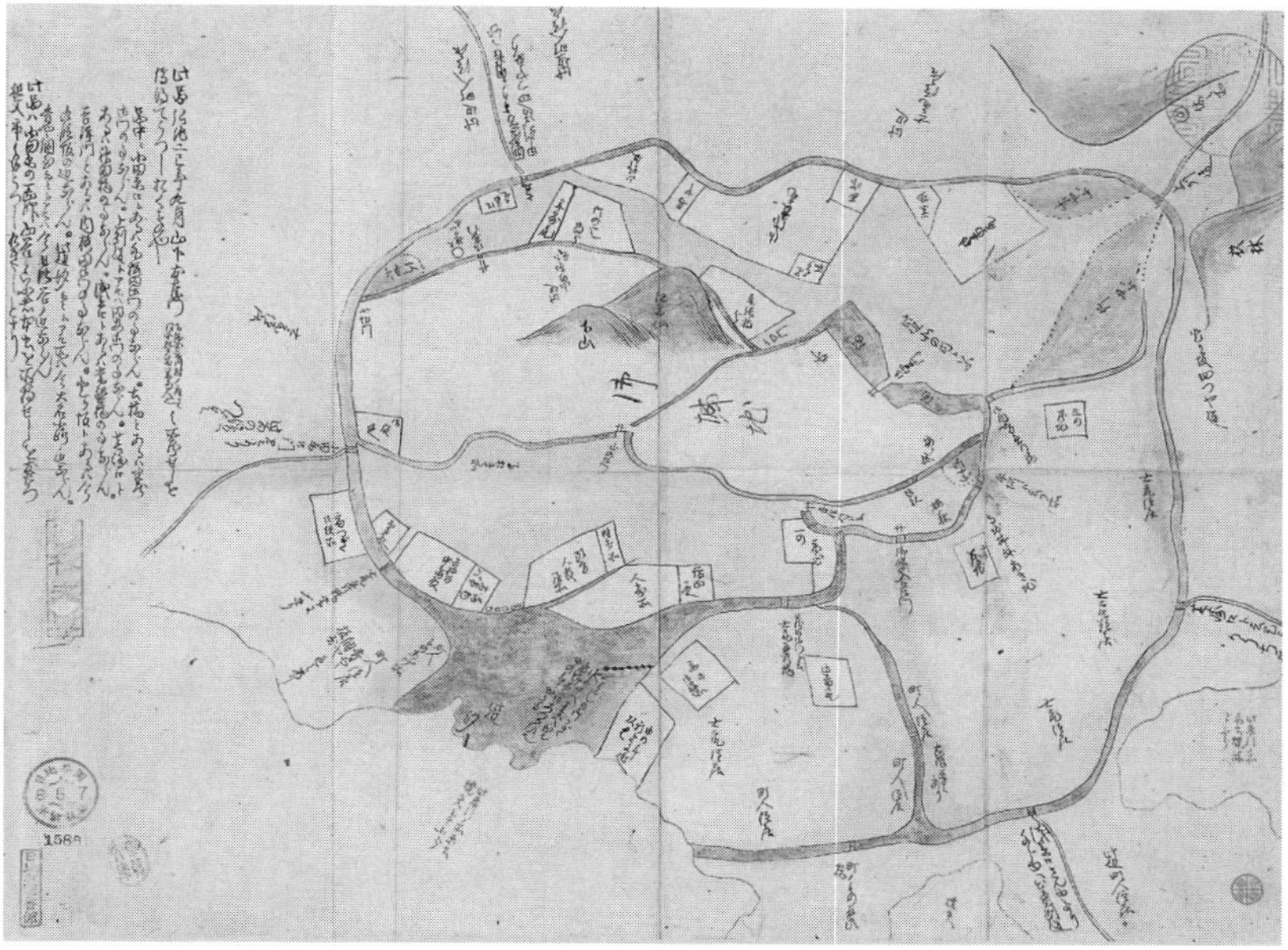

図1　「別本慶長江戸図」（東京都立中央図書館特別文庫室所蔵）

た図であるため、記載された大名屋敷の現地比定が可能である。しかし、慶長期作成の図としては異色の実測図であることから、後世に考証的に作成された図の可能性もあるという見解（飯田・俵一九九八）も捨てきれず、この図に描かれた城内御殿配置は異筆に見えるなど、単純に慶長十三年製作図とするには問題が残る図である。

なお、この二枚は刊行を目的とした図ではないため、一般に流布はしなかった。刊行された図としては、寛永九年（一六三二）の刊記を持つ「武州豊嶋郡江戸庄図」（図3）や、類型で承応二年（一六五三）の刊記をもつ「武州古改江戸之図」などの一連の版行図が最古級とされ、描かれる範囲も北は神田、南は芝、東は隅田川、西は半蔵門外と慶長図よりは広域の空間が記される。「武州豊嶋郡江戸庄図」は後世も繰り返し版を重ねたため、類本の大半は江戸後期の図である。ただし、記載された内容は正確と見られるため、寛永期の景観、特に大名屋敷の配置を面的に知る事ができると

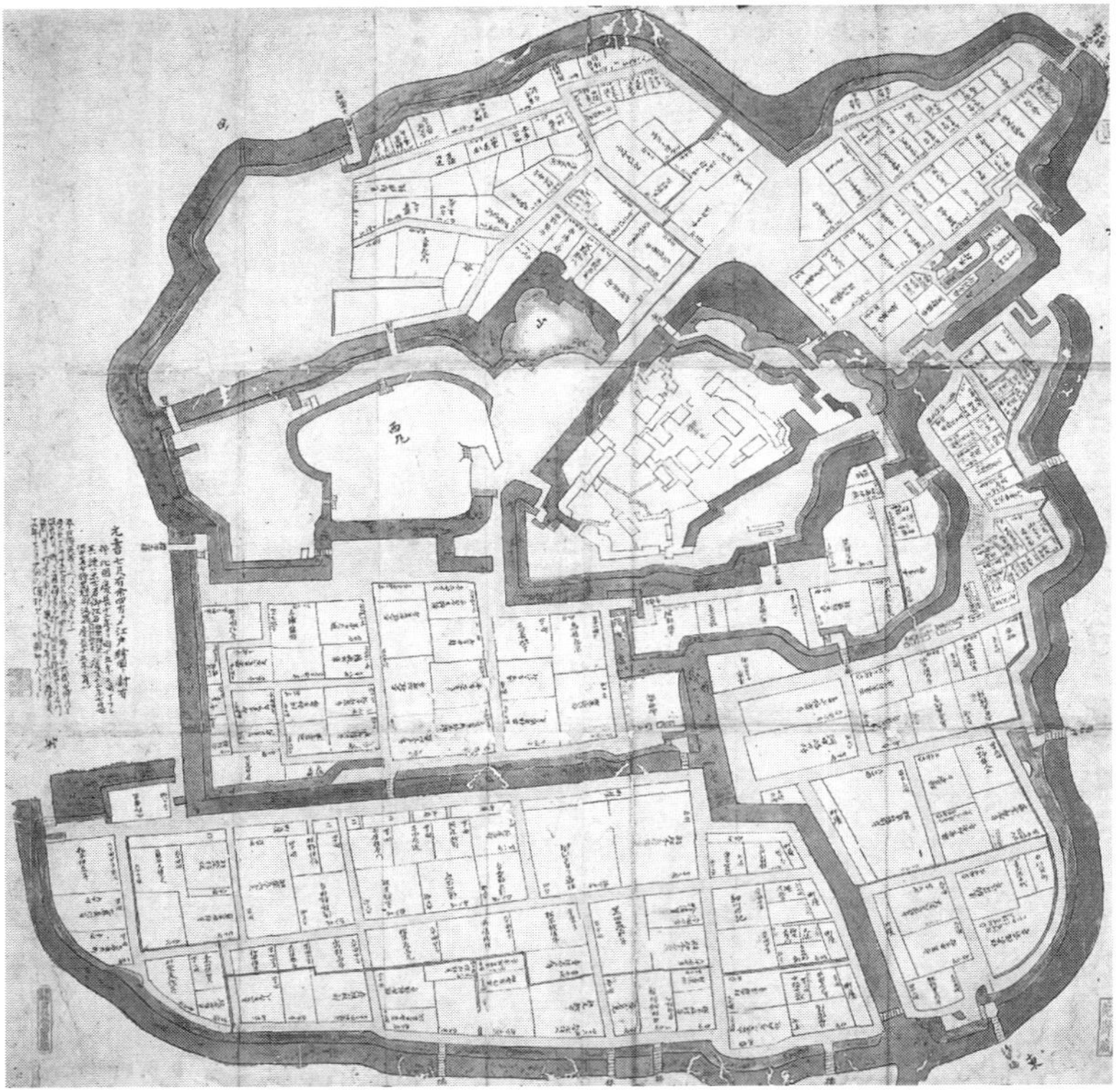

図2　「慶長江戸絵図」（東京都立中央図書館特別文庫室所蔵）

されている。ただこれらの図も「慶長江戸絵図　全」と同様、後世の復元考証図である可能性があり、寛永九年や承応二年当時に刊行されたことには疑義が残る。しかし、いずれの図も文献史料との対比では、それなりに正確な情報を有しており、初期景観の復元を行う上で有効な記録である。

江戸の景観が一変した明暦三年（一六五七）正月の明暦大火以前の景観を伝える刊行図は、もう一枚存在する。明暦三年の刊記をもつ「新添江戸之図」（図4）である。この年の正月十八日に発生した大火で、江戸は未曾有の被害を受けるため、本図はまさに大火直前の景観を示していることになる。ただし、本図も「武州豊嶋郡江戸庄図」同様、記載事項はある程度正確と

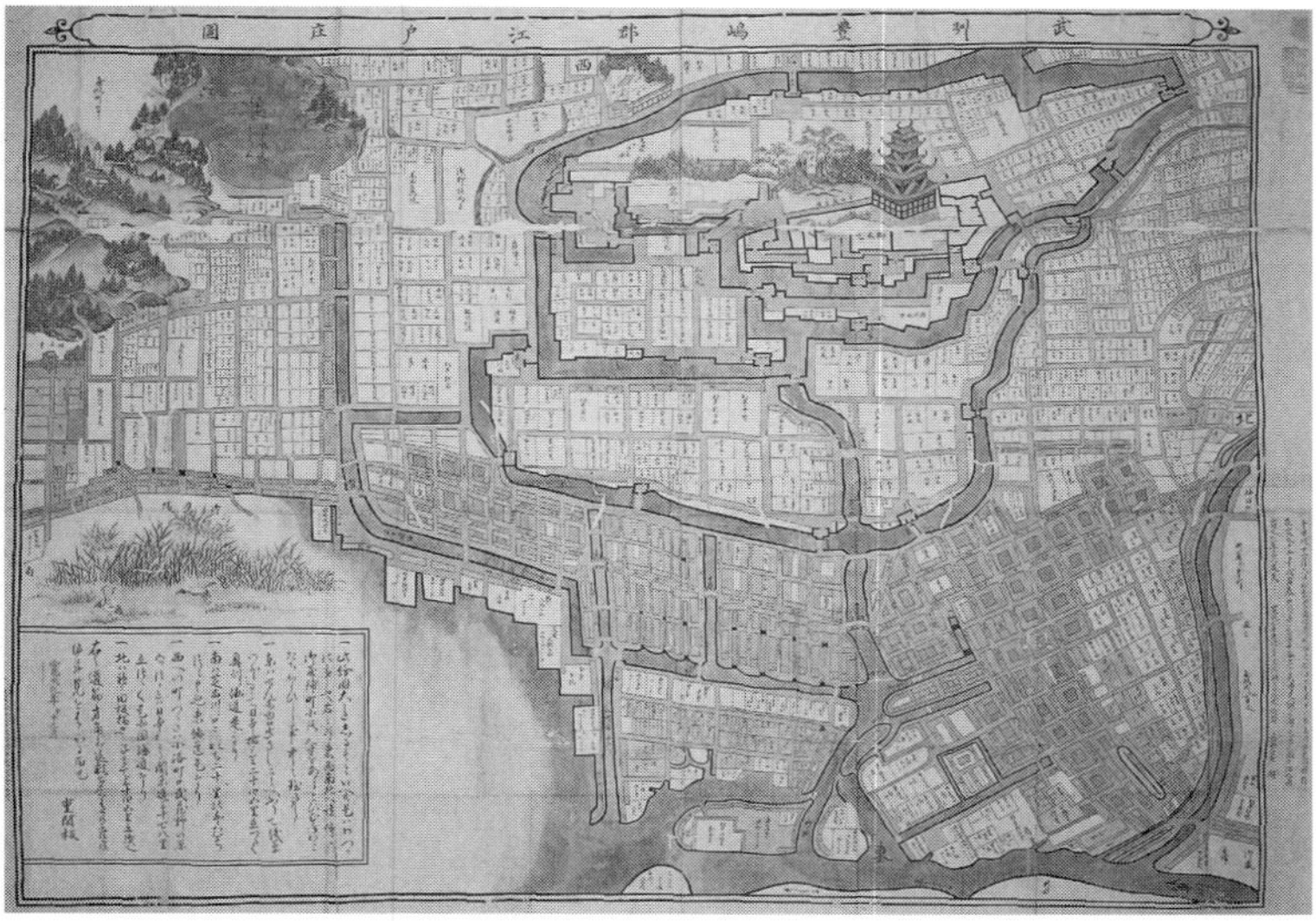

図３　「武州豊嶋郡江戸庄図」（東京都立中央図書館特別文庫室所蔵）

考えられるものの、北を上部とする他に類例のない形態であり、幕府製作の寛文五枚図に先行する版行について筆者は懐疑的であるため、例示するにとどめる。

これに対して刊行図ではないが、東京都立中央図書館や三井文庫、東京都江戸東京博物館などが所蔵する「正保江戸図」は正確な測量に基づく広範囲な記載があり、郊外景観を含め正保元年（一六四四）前後の都市空間を詳細に知る事ができる。ただ、本図は近年の金行信輔氏の研究により、記載情報は寛永二十年以前の情報から、承応元年以降と幅があることが確認されているため、定説であった正保元年製作説は否定されている（金行二〇〇八）。地図情報としては、二〇〇六年に同じく金行氏によって発見された臼杵市教育委員会所蔵（臼杵市立臼杵図書館保管）の「寛永江戸全図」（図５）が、寛永十九～二十年頃の景観を描いており、事実上最古の江戸図として注目される（金行二〇〇六・二〇〇七）。

これら初期図の他、後に毎年刊行されるようになる一連の江戸図や、江戸後期の切絵図等を分析することで、江戸の空間的広がりと変遷を編年的に概観する事は容易である。しか

図４　「新添江戸之図」（東京都立中央図書館特別文庫室所蔵）

し、これらはあくまでも平面情報であって、空間を立体的に復元する上では絵画資料も併せて検討する必要がある。

江戸の場合、政権の所在地であったことから、他の都市よりは伝存する資料が比較的多く存在する。明暦大火以前の絵画資料としては、国立歴史民俗博物館所蔵の「江戸図屏風」（図６）、出光美術館所蔵の「江戸名所図屏風」、個人所蔵の「江戸天下祭図屏風」（図７）と、「武州豊嶋郡江戸庄図」を下地にした江戸東京博物館所蔵の「江戸京都絵図屏風」（図８）の四点の他、部分的な描写であるが、焼失前の江戸城天守を写生した江戸東京博物館所蔵の「武州州

図５　「寛永江戸全図」（臼杵市教育委員会所蔵）

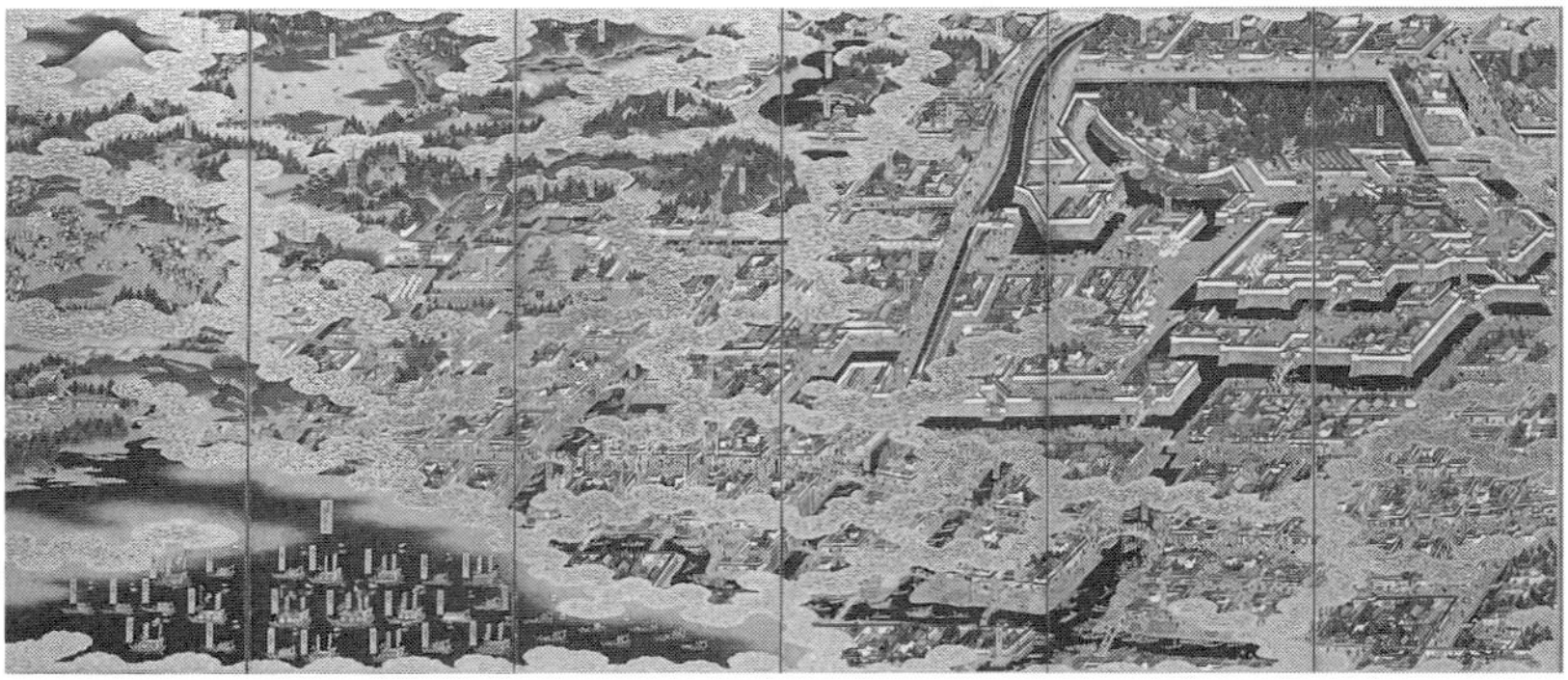

（左隻）

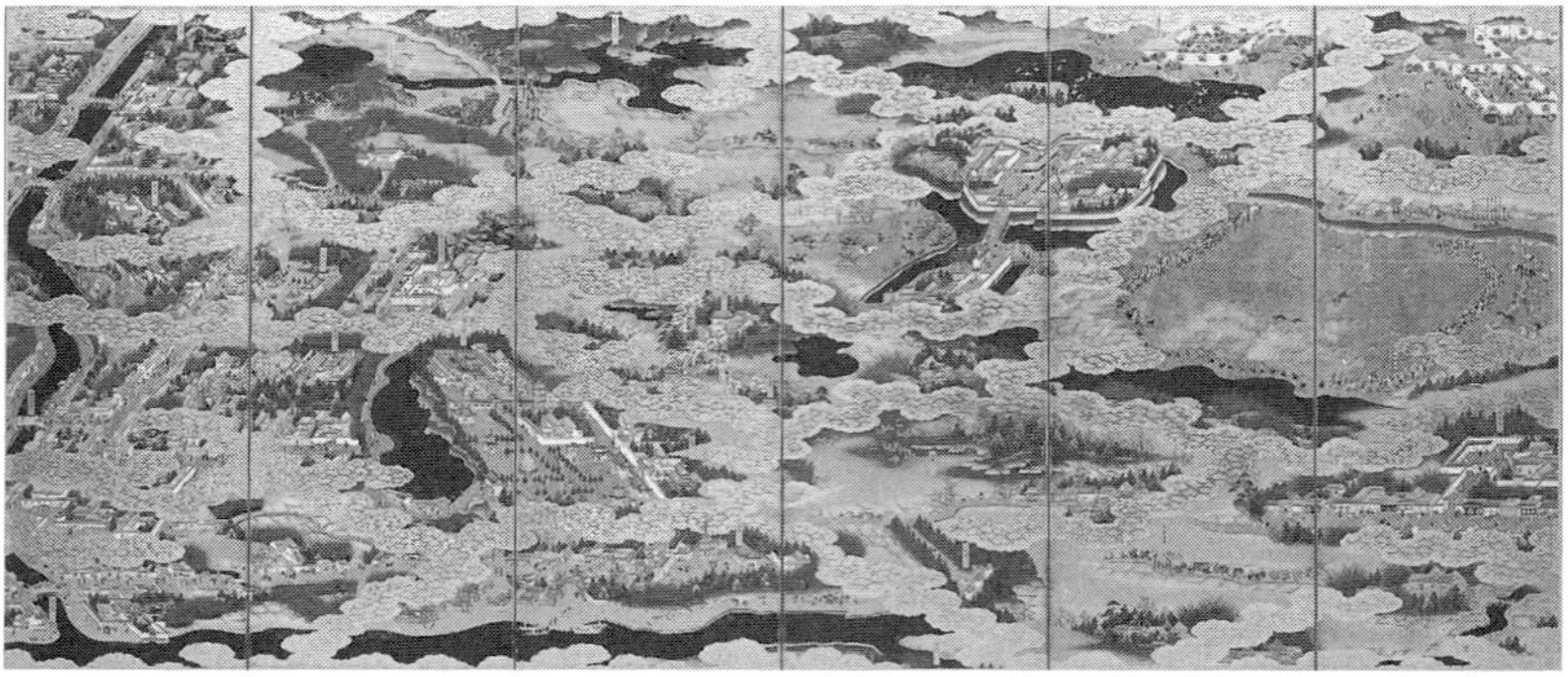

（右隻）

図６　「江戸図屛風」（国立歴史民俗博物館所蔵）

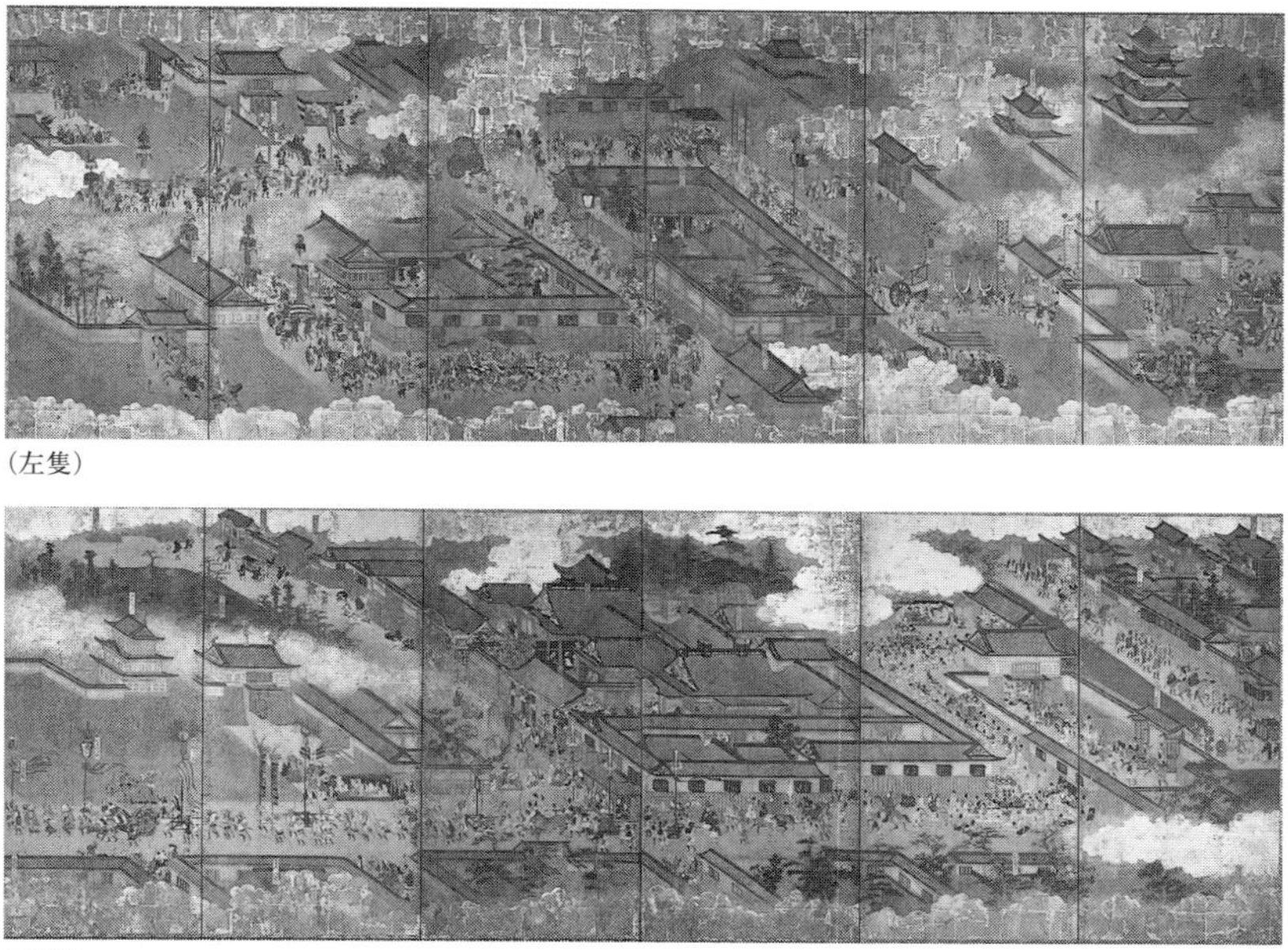

（左隻）

（右隻）

図７　「江戸天下祭図屏風」（個人所蔵）

学十二景図巻」における「金城初日」図（図9）や、明暦大火焼失直後の日本橋付近をオランダ人の眼で描いた「明暦の大火罹災市街の図」（図10）という異色の西洋画も残る。

「江戸図屏風」はその製作年代について諸説あるが、描かれた景観は寛永年間（一六二四～四四）とみて間違いなく、他の屏風作品もほぼ同時期の景観を示す。これら一連の絵画作品により、明暦大火以前の大名屋敷は、金銀で装飾された絢爛豪華な表御門をはじめ、寝殿造りの系譜をひく巨大な殿舎建築がひしめく華麗な空間を視覚的に確認することができる。

まだそれほどの物量はないが、東京大学構内遺跡や千代田区周辺では、これらを裏付けるように金箔瓦が出土している上（金子二〇〇六）、『慶長見聞集』巻七の「夕顔の宿りの事付江戸屋形作りの事」にも「扨又諸侯大夫の屋形作りを見るに、たゝ小山のならひたるかことし、むねはふ《（棟破風）》ひかりか、やく其内に、

図 8 「江戸京都絵図屏風」の内,「江戸絵図屏風」(江戸東京博物館所蔵)

図 9 「金城初日」
(「武州州学十二景図巻」より, 江戸東京博物館所蔵)

図 10 「明暦の大火罹災市街の図」(江戸東京博物館所蔵)

龍ハ雲に乗して海水をまきあけ、くしやくほうわう《（孔雀鳳凰）》ハつはさ《（翼）》をならへて舞さかる。是をふりさけみんとすれハ、天津光うつろひまはゆ《（眩）》くして其かたちさたかに見えかたし、軒のめくり門のほとりにハ虎か風に毛をふるひ、獅子かはかしらするふせい《（風情）》、誠に生てはたらくかと身のけよたちあたりへよりかたし」という描写もあり、誇大表現といえども大名屋敷の壮麗さをよく伝えている。

こういった絢爛豪華な建造物は、金行信輔氏の研究によれば、既に寛永期に建築制限がなされていたようであるが（金行一九九九）、明暦大火で大半が焼失したことを契機として以後の建造は禁止され大名屋敷からは姿を消す。その後は寛永寺や増上寺などにおける霊廟建築以外に江戸庶民が目にする機会はなくなった。権力の象徴であった江戸城天守も元和九年（一六二四）と寛永十四年の二度の改築を経て、明暦大火で焼失して以降、再建される事はなかった。江戸の都市建設は、家康以来、家光の代に至るまで営々と進められてきたが、この明暦大火を契機に大きく景観的な変貌を遂げたという点においては、一つの画期と位置づけて良いと考える。

ちなみに元江戸の範囲にあった明暦大火以前の建造物は二五件しか残されていない（表1）。その内、現地に残るのは一二件で、他は都外へ移設されている。装飾建造物の名残をとどめる霊廟建築としては、寛永九年建造の台徳院（二代将軍秀忠）霊廟の一部、寛永五年建造の崇源院（二代将軍秀忠正室）霊廟の一部の他に、慶安四年（一六五一）建造の上野東照宮社殿の三例七件がある。寺社建築では建造時期が室町時代初期にさかのぼる円融寺本堂を最古例とし、慶長十年建造の増上寺経蔵など九件、江戸城建造物で明暦大火以前の遺構は、現地に残る寛永十三年建造の田安門の他、御殿建築が移設された川越喜多院の三棟、二之丸東照宮が移設されたとの伝承がある仙波東照宮拝殿および幣殿・川越八坂神社社殿の計四例六件がある。

大名屋敷の遺構は三件で、元淀藩稲葉家屋敷内にあった春日局ゆかりの聴秋閣（図11）という数寄屋建築が横浜三

表1　旧江戸区域内に残る明暦大火（明暦三年〈一六五七〉）以前の木造建造物

現地保存

	建造物名	建造年代	所在地	指定
1	円融寺本堂（釈迦堂）	室町一四世紀	目黒区碑文谷一	国重文
2	増上寺経蔵	慶長十（一六〇五）	港区芝公園四—七—三五	都指定
3	浅草寺六角堂	元和四（一六一八）頃	台東区浅草二	都指定
4	増上寺三解脱門	元和七（一六二一）	港区芝公園四—七—三五	国重文
5	寛永寺清水堂	寛永八（一六三一）	台東区上野公園	国重文
6	旧台徳院霊廟惣門	寛永九（一六三二）	港区芝公園四—八—二	国重文
7	江戸城田安門	寛永十三（一六三六）	千代田区北の丸公園	国重文
8	寛永寺五重塔	寛永十六（一六三九）	台東区上野公園	国重文
9	寛永寺旧本坊表門（黒門）	寛永年間	台東区上野公園	国重文
10	浅草神社社殿（本殿・幣殿・拝殿）	慶安二（一六四九）頃	台東区浅草二	国重文
11	浅草寺二天門	慶安二（一六四九）頃	台東区浅草二	国重文
12	上野東照宮社殿（本殿・幣殿・拝殿・唐門・透塀）	慶安四（一六五一）	台東区上野公園	国重文

移設保存

	建造物名	建造年代	所在地	指定
1	三溪園聴秋閣（旧二条城・旧淀藩稲葉家江戸屋敷数奇屋遺構）	元和九（一六二三）頃	神奈川県横浜市中区本牧三之谷五八—一	国重文
2	建長寺仏殿（旧増上寺崇源院霊廟）	寛永五（一六二八）	神奈川県鎌倉市山ノ内	国重文
3	建長寺唐門（旧増上寺崇源院霊廟）	寛永五（一六二八）	神奈川県鎌倉市山ノ内	国重文
4	旧台徳院霊廟御成門	寛永九（一六三二）	埼玉県所沢市上山口二二一三（不動寺）	国重文

5	旧台徳院霊廟勅額門	寛永九（一六三二）	埼玉県所沢市上山口二二一三（不動寺）	国重文
6	旧台徳院霊廟丁子門	寛永九（一六三二）	埼玉県所沢市上山口二二一三（不動寺）	国重文
7	八坂神社社殿（旧江戸城二之丸東照宮遺構）	寛永十四（一六三七）	埼玉県川越市宮下町二―一一―三（氷川神社）	県指定
8	仙波東照宮拝殿・幣殿（旧江戸城二之丸東照宮遺構）	寛永十四（一六三七）頃	埼玉県川越市小仙波一	国重文
9	喜多院客殿（旧江戸城御殿遺構）	寛永十五（一六三八）	埼玉県川越市小仙波一	国重文
10	喜多院庫裏（旧江戸城御殿遺構）	寛永十五（一六三八）	埼玉県川越市小仙波一	国重文
11	喜多院書院（旧江戸城御殿遺構）	寛永十六（一六三九）	埼玉県川越市小仙波一	国重文
12	瑞巌寺円通院本堂「大悲閣」（旧仙台藩江戸屋敷御殿遺構）	正保二（一六四五）以前	宮城県宮城郡松島町松島	町指定
13	瑞巌寺観瀾亭（旧仙台藩江戸屋敷御殿遺構）	江戸一七世紀	宮城県宮城郡松島町松島	県指定

（区域外からの移築を除く）

渓園内に、仙台藩松平（伊達）家屋敷にあったとされる御殿建築が、松島瑞巌寺観瀾亭（図12）および瑞巌寺塔中円通院本堂「大悲閣」（図13）として移設されている。なお、町屋建築の残存例は皆無である。なお、その他の大名屋敷の遺構（建造物・庭園等）については、表2および表3にまとめた。

図 11　三渓園　聴秋閣

図 12　瑞巌寺 観瀾亭

図13　瑞巌寺塔中円通院本堂（大悲閣）

表2　現在に残る江戸屋敷の遺構（建造物）

	種類	建造物名	由緒	建造年代	所在地	指定	保存形態
1	御殿建築	瑞巌寺円通院本堂「大悲閣」	仙台藩松平（伊達）家屋敷御殿	正保二年（一六四五）以前	宮城県宮城郡松島町松島	町指定	移設
2		瑞巌寺観瀾亭	仙台藩松平（伊達）家屋敷御殿	江戸一七世紀	宮城県宮城郡松島町松島	県指定	移設
3		旧田母沢御用邸御座所（三階楼）	和歌山藩徳川家赤坂中屋敷御殿	天保十一年（一八四〇）	栃木県日光市本町八―二七	国重文	移設
4		到道博物館御隠殿	庄内藩酒井家屋敷御殿	江戸一九世紀	山形県鶴岡市家中新町一〇―一八		移設
5		竜覚寺本堂玄関	庄内藩酒井家屋敷御殿	江戸一九世紀	山形県鶴岡市泉町一―三		移設
6		豪徳寺書院	伝佐倉藩堀田家屋敷御殿	江戸一九世紀	東京都世田谷区豪徳寺二―二四―七		移設
7	長屋門	旧因州池田屋敷表門	鳥取藩松平（池田）家大名小路上屋敷表門	嘉永五年（一八五二）	東京都台東区上野公園一三―九（東京国立博物館内）	国重文	移設
8		学校法人山脇学園門	岡崎藩本多八代洲河岸上屋敷表門	文久二～元治元年頃（一八六二～六四）	千葉県山武郡九十九里町不動堂五七九	国重文	移設
9		西澄寺表門	徳島藩松平（蜂須賀）家芝三田中屋敷門	江戸一九世紀	東京都世田谷区下馬二―一一―六	都指定	移設
10		蓮光寺表門	伝岡山新田藩池田家屋敷門	江戸一九世紀	東京都大田区下丸子三―一九	都指定	移設
11		旧よみうりランド陽光門	伝岡山藩松平（池田）家屋敷門	江戸一九世紀頃	（東京都稲城市矢野口四〇―五―一）		部材保存
12		結城豊太郎記念館表門	重富島津家東京屋敷表門	江戸～明治一九世紀	山形県南陽市赤湯三六二		移設
13		三宝寺長屋門	伝旗本勝海舟家氷川屋敷表門	江戸～明治一九世紀	東京都練馬区石神井台一―一五―一六		移設
14	高麗門	豪徳寺赤門	伝彦根藩井伊家屋敷門	江戸一九世紀	東京都世田谷区豪徳寺二―二四―七		移設
15	唐門	林光院表門	伝徳島藩松平（蜂須賀）家屋敷門	江戸一九世紀	東京都台東区上野公園一五―九		移設
16	薬医門	東京大学赤門	金沢藩松平（前田）家本郷上屋敷御守殿門	文政十年（一八二七）頃	東京都文京区本郷七―三―一	国重文	現地保存
17		観明寺表門	金沢藩松平（前田）家板橋下屋敷門	江戸一九世紀	東京都板橋区板橋三―二五―一		移設
18		よみうりランド黒田門	秋月藩黒田家屋敷門	江戸一八～一九世紀	東京都稲城市矢野口三〇二―八		移設

19	薬医門	あづまが丘公園山上門	水戸藩徳川家小石川上屋敷勅使門	江戸一八〜一九世紀	茨城県ひたちなか市栄町一-一〇	市指定	移設
20		正定寺脇門（黒門）	古河藩土井家大塚下屋敷門	江戸一八〜一九世紀	茨城県古河市大手町七-一	市指定	移設
21		到道博物館赤門	庄内藩酒井家屋敷門	江戸一八〜一九世紀	山形県鶴岡市家中新町一〇-一八		移設
22		不動寺総門	伝萩藩松平（毛利）家屋敷門	江戸一九世紀	埼玉県所沢市上山口二二四		移設
23		相原家表門	伝盛岡藩南部家屋敷門	江戸一九世紀	東京都練馬区田柄五-八-三	区指定	移設
24	腕木門	西教寺表門	姫路藩酒井家江戸屋敷門	江戸一九世紀	東京都文京区向丘二-一-一〇	区指定	移設
25		小石川後楽園赤門	水戸藩徳川家小石川上屋敷中仕切門	江戸一九世紀	東京都文京区後楽一-一-六		現地保存
26		丹羽家門	津藩藤堂家巣鴨下屋敷門	江戸一九世紀	東京都豊島区駒込三-三	区指定	移設
27		幸国寺表門	御三卿田安家屋敷門	江戸一九世紀	東京都新宿区原町二-二		移設
28		泉岳寺赤穂浪士墓地門	広島藩松平（浅野）家桜田上屋敷門	江戸一八〜一九世紀	東京都港区高輪二-一一	区登録	移設
29		東運寺表門	一関藩田村家愛宕下上屋敷中仕切門	江戸一七〜一八世紀	東京都杉並区方南二-五-四		移設
30		大蓮寺北門	伝福岡藩松平（黒田）家屋敷門	江戸一九世紀	千葉県浦安市堀江四-一四-二		移設
31	祀堂	小石川後楽園得仁堂	水戸藩徳川家小石川上屋敷祠堂	江戸一七〜一八世紀	東京都文京区後楽一-一-六		現地保存
32		観明寺稲荷社	金沢藩松平（前田）家板橋下屋敷祠堂	江戸一九世紀	東京都板橋区板橋三-二五-一		移設
33	茶室	三渓園聴秋閣	旧二条城・淀藩稲葉家屋敷数奇屋	元和九年（一六二三）頃	神奈川県横浜市中区本牧三之谷五八-一	国重文	移設
34		江戸千家池之端流一円庵	関宿藩久世家深川下屋敷茶室	江戸一九世紀	東京都台東区池之端三-一-一八	都指定	移設
35		水稲荷神社茶室「聴松亭」	伝徳川家茶室	江戸一九世紀？	東京都新宿区西早稲田三-五-四三		不明
36	勤番長屋	三井倶楽部長屋	佐土原藩島津家三田台上屋敷勤番長屋	江戸一九世紀	東京都港区三田二-三-七		現地保存
37		文京区内個人住宅	高崎藩松平家小石川富坂中屋敷勤番長屋	江戸一九世紀	東京都文京区本郷四-一三		現地保存
38	部材	鬼瓦（屋外展示）	福岡藩松平（黒田）家江戸屋敷鬼瓦	江戸一九世紀	東京都台東区上野公園一三-九（東京国立博物館内）		移設

（原史彦監修『現代に残る大名屋敷ガイド』第四版〈東京都江戸東京博物館発行　二〇〇九年〉を基に改訂）

表3　現在に残る江戸屋敷の遺構（庭園その他）

	遺構名	現名称	所在地	指定	備考
1	津藩藤堂家駒込下屋敷内石造彫刻像	乗蓮寺内移設	板橋区赤塚五-二八-三		移設
2	金沢藩松平（前田）家板橋下屋敷庭園築山	加賀公園	板橋区加賀一-八	区登録史跡	
3	関宿藩久世家深川下屋敷庭園	清澄庭園	江東区清澄三-三-九	都名勝	
4	伊予松山藩松平（久松）家戸抱屋敷遺構	戸越公園・元国文学研究資料館庭園	品川区豊町二-一-三〇、一-一六-一〇		
5	和歌山藩徳川家渋谷村下屋敷遺構	鍋島松濤公園	渋谷区松濤二-一〇		
6	淀藩稲葉家渋谷下屋敷庭園遺構	青山病院	渋谷区神宮前五-五三-三		非公開
7	鹿児島藩松平（島津）家渋谷下屋敷「常盤松」碑	白根記念渋谷区強度博物館・文学館前	渋谷区東四-四-九		
8	高須藩松平家四谷上屋敷庭園遺構	津の守弁天池	新宿区荒木町一〇		
9	名古屋藩徳川家和田戸山下屋敷庭園築山	都立戸山公園箱根山	新宿区戸山二-七		
10	高遠藩内藤家四谷内藤宿下屋敷庭園	新宿御苑玉藻池	新宿区内藤町一一		
11	御三卿清水家高田下屋敷遺構・庭園碑	甘泉園公園・水稲荷神社	新宿区西早稲田三-五		
12	小浜藩酒井家牛込下屋敷庭園碑	矢来町ハイツ内	新宿区矢来町一		
13	彦根藩井伊家千駄ヶ谷下屋敷遺構	明治神宮御苑	新宿区代々木神園町一-一		
14	水戸藩徳川家本所小梅下屋敷遺構	隅田公園	墨田区向島一-三	明治天皇聖蹟として元国史跡	
15	仙台藩松平（伊達）家芝口上屋敷船着場石垣	江戸東京博物館内移設	墨田区横網一-四-一		発掘後移設
16	宮津藩松平（本庄）家本所石原下屋敷庭園	旧安田庭園	墨田区横網一-一二-一	都名勝	
17	平戸藩松浦家浅草鳥越上屋敷庭園遺構・大銀杏	都立忍岡高校	台東区浅草橋五-一-二〇	大銀杏は都天然記念物	非公開
18	仙台藩・会津藩・龍野藩江戸屋敷跡出土遺物	昭和通銀座歩道橋下移設	中央区銀座七～八		発掘後移設

19	徳川将軍家別邸浜御殿庭園	浜離宮恩賜庭園	中央区浜離宮庭園一-一	特別名勝・特別史跡	
20	高松藩松平家小川町上屋敷庭園遺構石垣・礎石類	アイガーデンエアー内	千代田区飯田町三-一〇		
21	西大平藩大岡家外桜田上屋敷内石灯籠・庭石	法務省内庭移設	千代田区霞が関一-一-一		非公開
22	守山藩松平家小石川上屋敷庭園遺構・庭園碑	文京区教育の森公園	文京区大塚三-二九		
23	水戸藩徳川家小石川上屋敷庭園	小石川後楽園	文京区後楽一-六-六	特別史跡・特別名勝	
24	大聖寺藩松平（前田）家千駄木下屋敷遺構	須藤公園	文京区千駄木三-四		
25	徳川将軍家白山御殿遺構瀧石組	小石川植物園	文京区白山三-七-一	都旧跡	
26	高松藩松平家小石川下屋敷内石灯籠・石垣	都立工芸高校内	文京区本郷一-三-九		非公開
27	金沢藩松平（前田）家本郷上屋敷庭園	東京大学三四郎池	文京区本郷七-三-一		
28	大和郡山藩松平（柳沢）家駒込下屋敷庭園	六義園	文京区本駒込六-一六-三	特別名勝	
29	熊本藩細川家関口村抱屋敷庭園	新江戸川公園	文京区目白台一-一-二二		
30	萩藩松平（毛利）家麻布龍土下屋敷遺構	檜町公園	港区赤坂九-七-九		
31	和歌山藩徳川家芝下屋敷庭園	旧芝離宮恩賜庭園	港区海岸一-四-一	国名勝	
32	鹿児島藩松平（島津）家芝中屋敷礎石類	セレスティンホテル「芝さつまの道」	港区芝三-二三-一		
33	鹿児島藩松平（島津）家下高輪下屋敷庭園「亀岡十勝」碑	畠山記念館	港区白金台二-二〇-一二		移設
34	高松藩松平家白金下屋敷庭園	国立自然教育園・東京都庭園美術館庭園	港区白金台五-二一-五、九	国天然記念物・国史跡	自然教育園のみ文化財指定
35	熊本藩細川家麻布白金村中屋敷遺構・椎木	大石良雄他忠烈の跡	港区高輪一-一六	赤穂浪士遺跡として都旧跡	椎木は都天然記念物
36	久留米藩有馬家芝三田上屋敷庭園築山遺構	都立三田高校内	港区三田一-四-四六		非公開
37	伊予松山藩松平（久松）家芝三田中屋敷庭園	イタリア大使館庭園	港区三田二-五	赤穂浪士遺跡として都旧跡	非公開

38	沼田藩土岐家三田台町下屋敷内亀山碑	亀塚公園内	港区三田四－一六－二〇	都史跡・区登録	
39	和歌山藩徳川家赤坂中屋敷庭園	赤坂御用地	港区元赤坂二		非公開
40	成羽藩山崎家麻布一本松上屋敷庭園遺構	民有地	港区元麻布二－一〇		非公開
41	盛岡藩南部家麻布一本松下屋敷庭園遺構	有栖川宮記念公園	港区南麻布五－七－二九		
42	長府藩毛利家麻布日ケ窪上屋敷遺構	六本木ヒルズ毛利庭園	港区六本木六－九	赤穂浪士遺跡として都旧跡	
43	岡藩中川家上目黒村抱屋敷庭園遺構	菅刈公園	目黒区青葉台二－一一－一五		発掘復元
44	島原藩松平家三田村下屋敷内織部灯籠	大鳥神社内移設	目黒区下目黒一－一		移設
45	名古屋藩徳川家和田戸山下屋敷庭園龍門瀧石組	徳川園内移設	愛知県名古屋市東区徳川町一〇〇一		発掘後移設

（原史彦監修『現代に残る大名屋敷ガイド』第四版〈東京都江戸東京博物館発行　二〇〇九年〉を基に改訂）

三　明暦大火後の発展

明暦大火によって江戸城天守をはじめ主要御殿が焼失した事は、幕閣にとっては衝撃的な事件であった。この事から防災を重視した都市計画が進行したといわれる。この大火以降、火除け地・広小路・防火堤といった防災空間が各所に設置された他、隅田川に大橋（両国橋）が架橋された事によって、本所・深川地区の開発が進み、寺社や大名屋敷が郊外に移転されたことで、江戸の範囲はかなり広域化した。また諸国からの人口流入によって、江戸の人口は漸次的に増加を続け、享保年間（一七一六～三六）には、武家および町人人口、その他を合わせて約一〇〇万人に到達したと推定されている。

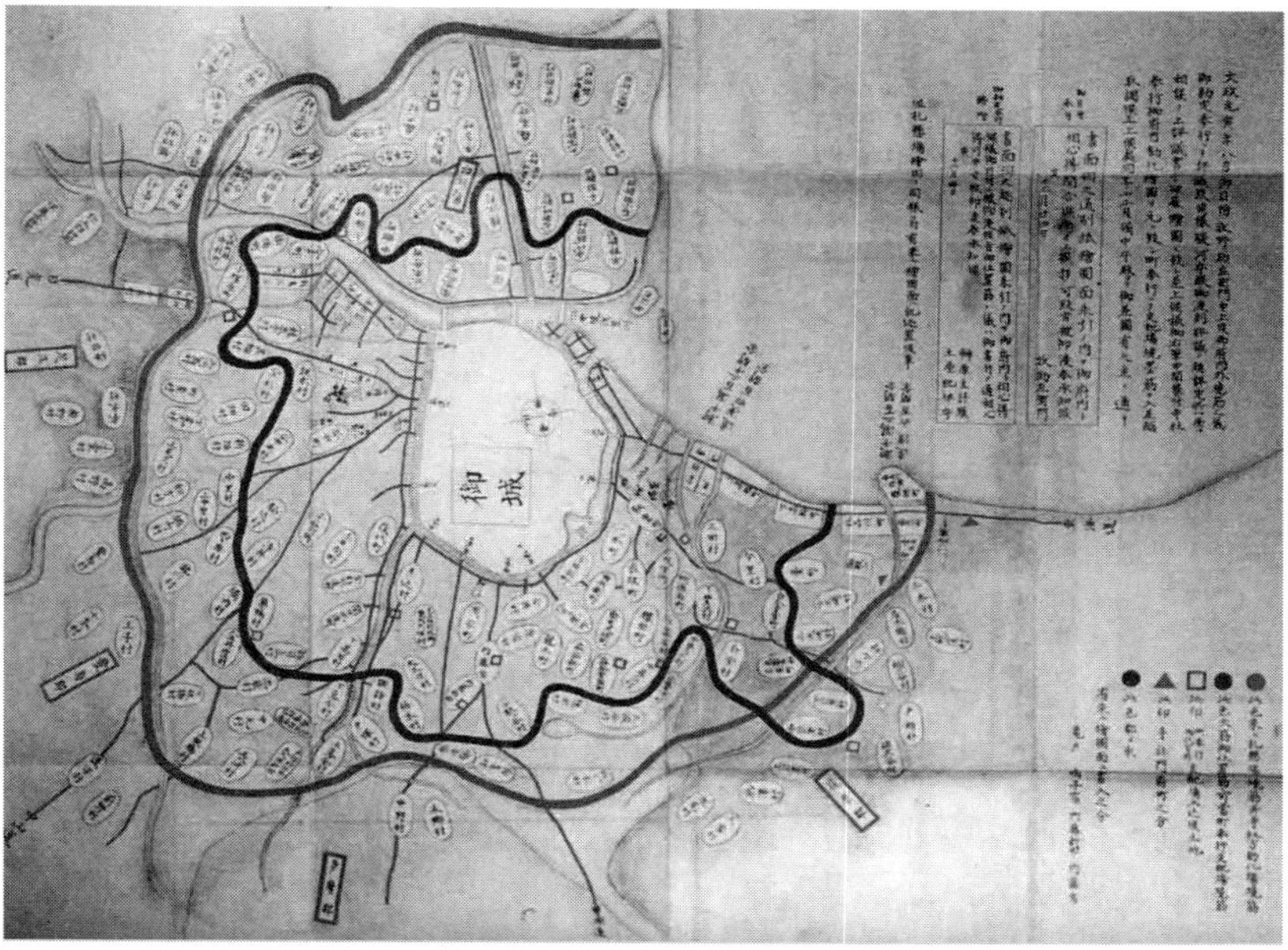

図14 「旧江戸朱引内図」（東京都公文書館所蔵）

ただこの享保期の人口は、享保八年（一七二三）に幕府による人口調査によって町方人口が約五五万人と算出された事から、当時の米の入津量等より推定し、武家人口も同等数あったとの推定に基づく数値であって、記録上に残されている数値ではない。特に大名屋敷内に居住する人口は、悉皆的に調査され統一的に把握されていたわけではないので、現在の国勢調査のような正確な数値を求めることはできない。

なお、町人人口についても、江戸周辺部への流入民や無宿人などは調査に漏れているため、これらを含めて江戸居住民とするならば、江戸の人口はさらに上の数値を示す可能性はある。いずれにせよ、慶長十四年（一六〇九）に江戸を訪れたイスパニア人ドン・ロドリゴ・デ・ビベロが著した『日本見聞録』に、江戸の推定人口は約一五万人とされている事からすれば、わずか一世紀の間に七倍近い爆発的な人口増加があった事は確かで、これは日本史上特筆される現象であった。

江戸の町数も、延享二年（一七四五）に寺社門前町四四〇カ所、境内地二二七カ所が、寺社奉行支配地から町奉行支配地に編入され、俗に言う「八百八町」の倍以上に相当する一六七八町となって以降、幕末まで多少の増減を伴いながらも約一七〇〇町前後で推移した。

また、時代とともに江戸は空間的な広がりをみせたことから、その境界策定の必要が生じ、天明八年（一七八八）に東は本所・深川、西は四谷大木戸、南は品川、北は板橋・千住という「御府内」の範囲が明確にされた。そして、この見解を元に文政元年（一八一八）に町奉行・勘定奉行・若年寄に対し御府内範囲の答申がなされ、いわゆる朱引図（「旧江戸朱引内図」〈図14〉）が作成された。家康入府以来、二〇〇年以上も経てようやく江戸の範囲が公式に示されたわけである。

こういった人口的・空間的増加に加え、一八世紀以降の江戸は経済的にも上方を陵駕するようになった事から、住民意識にも変化が見られるようになった。まず天明九年刊行の山東京伝著『通気粋語伝』に「大江戸」という表記がなされた。現在確認される最古の「大江戸」表記例である。また、これより後に「江戸」を「江都」や「東都」と表記する事例も散見するようになる。これは、江戸が単なる一都市ではなく、西の京都に匹敵ないしは、それを凌駕する東の「都」になったという意識が、江戸庶民の間に敷衍した事を物語っている。

江戸は全国から人が集まる都市であったが、それらの人々は江戸に染まることなく、それぞれの地域色を維持したまま江戸市中に居住していたという。そのため、長らくその状態が続くと開府以来から江戸に住み続けている根生いの江戸人と、地方からの人々の人間像に違いが生じて、時代とともにその違いが顕在化し、根生いの人々の間に「江戸っ子」と称する強烈な地元意識が創出されるようになったという（西山一九八〇）。

これが、天明四年に刊行された島田金谷著の滑稽本『彙軌本紀』にいう、水道の水をもって産湯とし、金離れがよく、「いき」と「はり」を本領とした「江戸っ子」意識である。「江戸っ子」が史料的に最初に確認できるのは、明和八年（一七七二）の川柳「江戸っ子の　わらんじをはく　らんがしさ」で、江戸が名実共に巨大都市化しつつあった時期と符合している（竹内一九八九）。

なお、江戸への人口一極集中をもたらした最大の要因は、江戸幕府によって制度化された参勤交代制度に求める事ができる。この世界でも類を見ない中央集権的な制度は、副作用として日本全国への文化の均質化・情報伝播の容易化をもたらし、次代にくる近代国家建設の上で大いに下地的な役割を果たした。以下、この制度と江戸の関係を簡単に紹介する。

四　参勤交代制度

参勤交代の制度化は、三代将軍家光時の寛永十二年（一六三五）に公布された改正「武家諸法度」からであるが、この年から参勤交代が始まったわけではない。慶長二十年（一六一五）の「武家諸法度」第九条にすでに「諸大名参勤作法之事」とあり、この時点で徳川政権への参勤行為は規定されており、それ以前の段階においても、家康が事実上の覇者となった時点より諸大名の自発的行為として行われている。家康もまたこの行為を奨励かつ、潜在的に強制し、または手伝普請を通して参勤交代の恒常化を促進した。そして、元和二～三年（一六一六～一七）頃には諸大名の隔年参勤が定着し、寛永十二年に至って本格的に制度化された。

その後、寛永十六年には旗本の美濃衆・信濃衆、寛永十九年には譜代大名、寛文三～四年（一六六三～六四）に詰衆、貞享四年（一六八六）に交代寄合衆に対して参勤を義務化するという段階的変遷を経て、諸大名・交代寄合が基本的に隔年で江戸と国元を行き来する制度の骨格が確定した（丸山二〇〇七）。

これら一連の制度化は、徳川幕府による国内統治の確立と徹底化を企図したことは言うまでもない。享保七年（一七二二）から十五年まで、一時的に参勤期間を削減する緩和策が取られた以外は、幕末まで形態が維持されたことは、幕府による諸大名統制の根幹を成した制度であったことを物語っている。

しかし一方で、諸大名の参勤による江戸の急減な人口増加をもたらしたことは、幕府にとって好ましい事態ではなかった。生産基盤が安定していない新興都市江戸にとって、生産力を上回る人口集中、特に消費者である武士の増加は、食糧不足や物価高騰を招き、結果として幕臣団や江戸庶民の台所を直撃する事になるからである。参勤交代を制度化し交代時期を類型化した背景には、江戸への急激な人口集中を回避するという意味も含まれていたと思われる。

慶長二十年「武家諸法度」では「多勢を引卒すべからず」とあり、寛永十二年「武家諸法度」には、「従者之員数近来甚多、且国郡之費、且人民之労也、向後以其相応可減少之」と、大人数での参勤は「人民之労」であるとも明記されている。移動が大規模となる参勤交代の制度化は、諸大名を経済的に疲弊させる所為として説明される場合が多いが、少なくとも幕府は、「武家諸法度」のみならず、従者削減を求める法令を度々出しており、行列規模の大小は諸大名側の意志に基づいていたと理解できる。度重なる削減令でも効果がなかったことから、享保六年には、一万石では総勢五三〜五四人、二〇万石以上でも三八五〜四五〇人程度という具

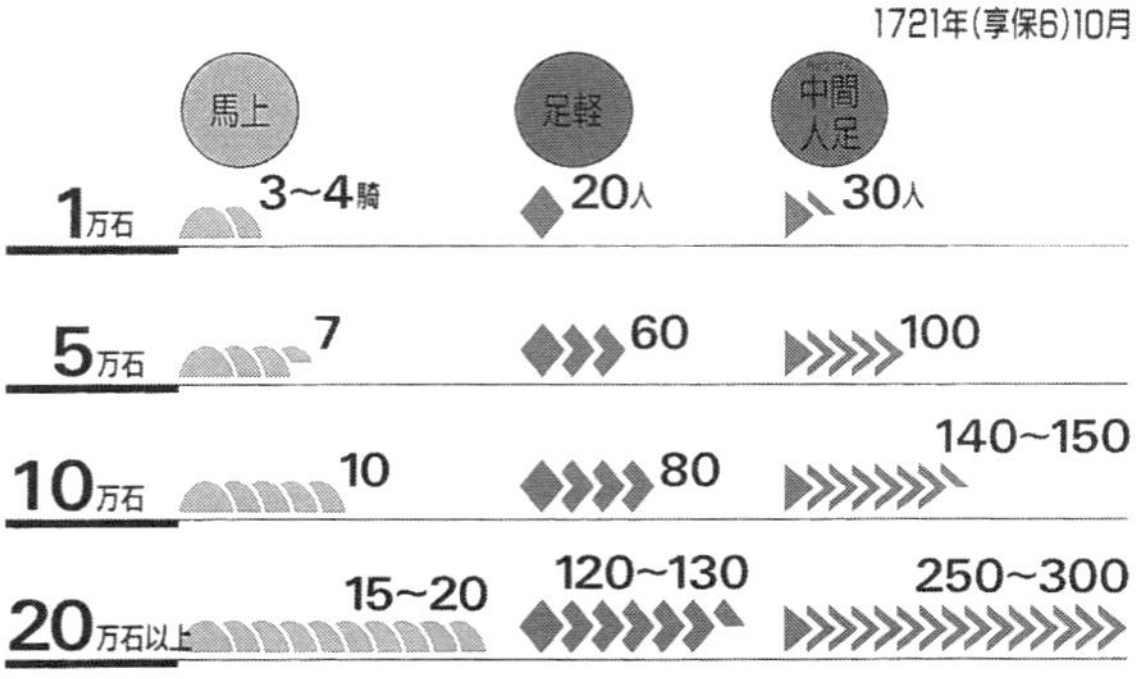

図 15　参勤交代従者数幕府指針
（江戸東京博物館編『図表でみる江戸東京の世界』より）

体的数値を挙げて人数削減を求めたが（図15）、その後の諸家の従者数記録をみても、この法令もまた効果がなかったことがわかる。

参勤交代行列は、戦時下における軍事動員の規模を踏襲したと認識されており、人数の多少はすなわち家の格の高低と同等という考えが強く大名側に働いていたため、家の格を貶めるに等しい人数削減令は、諸大名家にとって受け入れがたかったと思われる。そのため、従者人数削減の指示が守られる事は潜在的に難しい状況にあったと考えられる。

五　江戸藩邸と江戸経済

幕府による支配体制が盤石になるにつれ、江戸の政治的中心性は揺るぎないものとなった事から、諸大名もまた生活の軸足を江戸へと傾斜していくようになる。そして、必然的に家臣団の江戸居住も増加の一途をたどり、江戸屋敷における消費量も比例して増大していったのである。

江戸における武士は基本的に消費者であって生産者ではない。そのため彼らが生活する上においては、その需要に見合った生産量が必要となる。江戸中期の段階で推定五〇万人に膨れあがった武士という消費者に対する生産体制は、江戸周辺を巻き込み江戸屋敷を中心とした需要と供給の関係として徐々に構築されていったのである。

この傾向は必然的に諸藩の江戸経費の増大をもたらした。まだ体系的に調査されたわけではないが、古くは伊達研次氏が加賀藩や土佐藩・久留米藩などの事例を調べて、藩全体の予算の六割から八割近くまでが江戸経費に充てられていた事例を明らかにしている（伊達一九三五）。また、丸山雍成氏の調査された諸事例でも同様の傾向を示している

（丸山二〇〇七）。これは人口のみならず、全国の富の半分以上が江戸に集中していた事にほかならない。そして人や富が集中する空間には、当然、情報も集中する事になる。江戸は参勤交代という制度によって、なかば自然醸成的に人・富・情報が一極集中する傾向を強めていったのである。

江戸後期に江戸が一大消費都市に発展していたことを示す興味深い記事が、前平戸藩主松浦静山の随筆『甲子夜話』（巻十）の中に見出される。

松平土佐守より恒例献上する土佐節と称する国産、近頃は御当地小網町に居る魚買大坂屋武兵衛と云より、上品をかの侯に調進して、これを献上せらるゝとなり。松平下総守より桑名の大蛤を貢しも、運送の手数掛るとて、房州の大蛤を以て換貢す。博多の練酒も府の溜池の別荘にて、今は造ると云。薩の泡盛昔より気の薄くなりたるも、中山酒に無き故なりと云。此類夥きことなるべし。又伊勢の御師、毎年太神宮の祓を持下り、所謂伊勢暦と共に諸人に頒ちしを、此ごろは御師は空手にて旅行して、三河町に其問屋ありて、彼二物を予め製造しおき、御師着府の上、それを持廻りて諸人に賦ると云。いかにも虚薄無実の俗とはなり果てり。

つまり、土佐の鰹節も、桑名の大蛤も、博多の練酒も、伊勢神宮の祓や暦も、全て江戸かその周辺で調達する事ができていたのだという。静山はこの現象を「虚薄無実の俗」に成り果てたとして嘆いてはいるが、それだけ江戸という都市が、圧倒的な消費者の需要に応えられる産業構造になっていた事を如実に物語っている。また、諸藩の江戸屋敷での消費が、その構造を支える最大の要因であった事を端的に示しているともいえよう。

しかしその反面、江戸の経済は諸藩財政によって支えられるという構造特質を徐々に形成していくことになった。この一見何でもないように思える特質は、実は重大な構造的欠陥をはらむことを当時の為政者は気づいていなかった。そして幕末にその欠陥が露呈することになる。

その第一弾が文久二年（一八六二）の参勤交代緩和である。ペリー来航以来、国防強化や沿岸防備が急務となり、富国強兵の上でも海防に財源を充てる必要から、従来の参勤交代制度を大幅に緩和して江戸での居住期間を削減する改革が実行された。これは、必然的に江戸の武家人口が減少することを意味する。そのため、もともと諸藩の江戸屋敷の消費に依存していた江戸の経済は、横浜開港による経済変動とも相まって大きな打撃を蒙る事になった。

江戸経済の地盤沈下を目の当たりにして、二年後の元治元年（一八六四）に制度は元に戻されるが、将軍そのものが江戸を離れ、政治の中心が上方へ傾斜していく幕末の現状においては、大名家側の抵抗もあり、制度そのものが形骸化していった。そして明治維新という第二の危機を迎えることになる。

江戸の経済が諸藩財政に支えられていたということは、裏返せば諸藩経済に依存していたということである。五〇万人近くにのぼった大消費者の存在によって、江戸の経済が支えられていたわけで、江戸にとって幕府崩壊という事態は、単純な政権交代に留まらない深刻な問題を内包していた。政権所在地という特質を失えば、それゆえに存在した武士という大量の消費人口もまた同時に失うことになる。それはすなわち、二〇〇年以上にわたって形作られてきた経済構造の崩壊を意味し、江戸は都市としての体裁を喪失する危機に直面したのである。

新政府内ではすでに慶応四年（一八六八）正月段階で大坂遷都が提唱される中、江戸の経済的特質を理解していた当時英国公使通訳官だった前島来輔（後の密）は、新政府の実力者大久保利通に対して「江戸遷都意見書」（江戸東京博物館所蔵）を提出し、新政府の中心地を江戸に置く事を建言している。

この意見書の「副陳書」では具体的に江戸と大坂を比較してその都市基盤としての優位性を解き、新政府の官庁も大名屋敷を宛てる事で新規建造が必要ない事など、その後実際に実施した施策のいくつかが盛り込まれている。

副陳書

一　大政府所在ノ帝都ハ帝国中央ノ地ナランヲ要ス、蓋蝦夷地ヲ開拓ノ後ハ江戸ヲ以テ帝国ノ中央トセン、而テ蝦夷地ノ開拓ハ急ナラサルヘカラス、且此開拓ノ事務ヲ管理スルハ江戸ヲ以テ便ナリトス、浪華ハ甚タ便ナラス

二　浪華ハ運輸便利ト地ト称ス(マヽ)、然トモ是レ和形小船ノ日ニシテ称スルヲ得ヘシ、今ハ西式大艦ノ時トナル、運輸ノ便トハ之ヲ容レ、及ヒ之ヲ修理スルノ便有ル地ヲ謂フナリ、而テ浪華ハ之ヲ容ルヘキ安全港ヲ築造シ難シ、又修繕ノ便無シ、之ニ反シテ江戸ノ海タル已築ノ砲台ヲ利用シテ容易ニ安全港ヲ造リ得ヘシ、以テ大艦巨船ヲ繫クヘシ、又横須賀ハ近キニ在リ、修繕ノ工モ容易ナリ

三　浪華ハ市外四遍ノ道路狭隘ニシテ郊野宏大ナラス、将来ノ大帝都ヲ置クヘキ地ニアラス、江戸ノ地タルハ逢ノ道路ハ広濶ニシテ四顧ノ雲山曠遠ナリ、地勢ノ豪壮ナル風景ノ雄大ナル、実ニ大帝都ヲ建置スルニ必適ノ地ナリ

四　浪華ノ市街ハ狭小ニシテ車馬駆逐ノ用ニ適セス、王公又ハ軍隊ノ往来織ルカ如キヲ容ルヘキ設ニ非ルナリ、之ヲ改築センカ、経費ノ大ナル民役ノ多キ測ルヘカラス、江戸ノ市街ハ彼ニ異ナリ、一ノ工事ヲ起ス無クシテ可ナリトス

五　帝都ニ遷サバ宮闕官衙第邸学校等皆新築ヲ為サルヘカラス、江戸ニ在リテハ官衙備リ学校大ナリ、諸侯ノ藩邸、有司ノ第宅、一工ヲ興サス皆是レ已ニ具足セリ、宮闕ノ如キモ目下特ニ新築ヲ為サヽルモ、少シク修築ヲ江戸城ニ施サハ以テ充ルニ足ルヘキナラン歟、今ノ時ニ際シテハ国費民役最モ慎慮ヲ要セサル可ラス

六　浪華ハ帝都トナラサルモ、何等ノ衰頽ヲ憂ルコト無ク、依然本邦ノ大市ナリ、江戸ハ帝都ト為ラサレハ、市民四方ニ離散シテ、寥々東海ノ寒市トナラン、江戸ハ世界ノ大都ニ列ス、此大都ヲ以テ荒涼弔古ノ一寒市ト

ナス、甚タ痛惜ニ勝ヘサルナリ、幸ニ帝都ヲ茲ニ遷サバ、内ハ百万ノ市民ヲ安堵シ、都府ノ積鬲ヲ損スルコト無ク、外ハ世界著名ノ大都ヲ保存シ、皇謨ノ偉大ヲ表示ス、国際上及経済上ノ観察ニ於テ是亦軽々ニ附スヘキ問題ニ非ルナリ

この「副陳書」で秀逸なのは、第六項にいう「浪華ハ帝都トナラザルモ、何等ノ衰頽ヲ憂フルコト無ク、依然本邦ノ大市ナリ、江戸ハ帝都ト為ラザレバ、市民四方ニ離散シテ、寥々東海ノ寒市トナラン」とする提言である。江戸の経済は諸藩の江戸屋敷に依存した状況であった事を的確に言い表しており、後に原本を紛失した大久保が、晩年に前島に再会した折に改めて同文の提出を依頼した事実（江戸東京博物館所蔵本は、この時の再提出本）からも、それなりに説得力をもって大久保の心に響いたことは確かなようである。江戸への「遷都」は、前島の意見書のみで決定されたわけではないが、結果として前島の主張は通り、江戸は新政府の所在地となった。そして、新政府に対する参勤交代が復活し、新政府官僚という新たな消費者を得る事ができたわけである。

江戸という巨大都市は、参勤交代制度によって経済構造が形作られた都市といっても過言ではないだろう。参勤交代制度は、現象として人・富・情報の江戸への一極集中をもたらし、中でも武家という巨大消費人口の増加によって国内随一の消費需要を生み出す事になった。そして当然のことながら、江戸の経済はその消費需要に対応する形で供給体制が整えられていくことになるのである。それは潜在的に諸藩の江戸屋敷需要に依存した経済体質へと傾斜していくことにほかならない。そして江戸の経済と藩邸の経済とは密接不可分の関係として幕末を迎えるのである。周知のとおり新政府は江戸を首都とする決定を下した。江戸は経済構造の根幹を失うことなく、東京にその特質を引き継いでいったのである。

〔参考文献〕

足立区立郷土博物館・すみだ郷土文化資料館・財団法人宮本記念財団編　二〇〇一　『特別展　隅田川流域の古代・中世世界』
足立区立郷土博物館編　二〇〇三　『特別展　平安から戦国の足立郡』
飯田龍一・俵元昭　一九八八　『江戸図の歴史』築地書館
板橋区立郷土資料館編　一九九七　『特別展　豊島氏とその時代　中世の板橋と豊島郡』
上野市古文献刊行会編　一九九八　『高山公実録　藤堂高虎伝』清文堂史料叢書第九八・九九
岡野友彦　一九九九　『家康はなぜ江戸を選んだか』教育出版
小木新造・竹内誠編　一九九二　『ビジュアルブック江戸東京　江戸名所図屛風の世界』岩波書店
小沢弘・丸山伸彦編　一九九三　『図説　江戸図屛風をよむ』河出書房新社
葛飾区郷土と天文の博物館編　一九九三　『特別展　下町・中世再発見』
葛飾区郷土と天文の博物館編　一九九五　『東京低地の中世を考える』名著出版
葛飾区郷土と天文の博物館編　一九九九　『葛西城　中世の暮らしと戦を知る』
金子　智　二〇〇六　「資料紹介　江戸遺跡出土の金箔瓦」江戸遺跡研究会第二〇回大会　『江戸の大名屋敷』
金行信輔　一九九九　『江戸の都市政策と建築に関する研究』私家版
金行信輔　二〇〇六　「寛永江戸全図　臼杵市所蔵の新出江戸図について」『建築史学』四六
金行信輔　二〇〇七　「寛永江戸全図解説」『寛永江戸全図』仮撮影版別冊・之潮
金行信輔　二〇〇八　「『正保江戸図』の年代について」『日本建築学会中国支部研究報告集』第三一巻
北原糸子　一九九九　『江戸城外堀物語』ちくま新書
品川区立品川歴史館編　一九九三　『海にひらかれたまち　中世都市・品川』
品川区立品川歴史館編　二〇〇六　『大井――海に発展するまち――』
品川区立品川歴史館編　二〇〇八　『東京湾と品川――よみがえる中世の港町――』
竹内　誠　一九八九　『体系日本の歴史　一〇　江戸と大坂』小学館

伊達研次　一九三五「江戸における諸侯の消費生活について」『歴史学研究』三二一・三二
玉井哲雄　一九八六『江戸　失われた都市空間を読む』平凡社
千代田区教育委員会編　二〇〇一『千代田区文化財調査報告書十二　江戸城の考古学――江戸城跡・江戸城外堀跡の発掘報告――』
千代田区立四番町歴史民俗資料館編　二〇〇三『江戸の風景――江戸城築城から大江戸へ――』
千代田区立四番町歴史民俗資料館編　二〇〇五『江戸城の堀と石垣――発掘された江戸城――』
東京国立近代美術館遺跡調査委員会編　一九九一『竹橋門』
東京都江戸東京博物館編　一九九七『参勤交代――巨大都市江戸のなりたち――』
東京都江戸東京博物館編　二〇〇三『大江戸八百八町』
東京都江戸東京博物館都市歴史研究室編　一九九九『江戸東京博物館シンポジウム報告二　江戸東京における首都機能の集中――江戸東京学の現状と課題――』
東京都公文書館編　一九五三『都市紀要一　江戸から東京への展開』東京都情報連絡室、一九九一第二刷
内藤　昌　一九六六『江戸と江戸城』鹿島出版会
西山松之助　一九八〇『江戸ッ子』吉川弘文館
原　史彦　二〇〇六「写された江戸城」『東京都江戸東京博物館研究報告』第一二号
丸山雍成　二〇〇七『参勤交代』吉川弘文館
三上参次　一九九二『江戸時代史　上・下』〈新装版〉講談社学術文庫（初刊は一九四三・四四年、冨山房）
水藤真・加藤貴編　二〇〇〇『江戸図屏風を読む』東京堂出版
盛本昌広編　一九九九『松平家忠日記』角川選書

尾張藩江戸屋敷の考古学的諸相

内野　正

はじめに

江戸時代、大名が上屋敷・中屋敷・下屋敷・抱屋敷（抱地）など複数の屋敷を所持するというあり方は、明暦三年（一六五七）の大火後に急速に進行・定着したとされる（宮崎二〇〇一）。このような大名屋敷の種類とその機能については定説化されており、我々が江戸の大名屋敷に関して概略を説明する際には常常それを引用する。一方、大名屋敷個々に関してその変遷や内部事情を詳細に検討すると、概略的な説明のみでは済まされない、あるいは新たな発見とも言える様相が認められる場合もある。

江戸の大名屋敷の個別的研究は古文書や屋敷絵図などの史料から進められているが、近年の発掘調査によって得られた考古学的資料も大名屋敷の知られざる側面を明らかにする上で重要な役割を果たすものである。幸い尾張藩の江戸屋敷の内、市谷邸（上屋敷）・麹町邸（中屋敷）・戸山荘（下屋敷）（図1）など、主要な屋敷については発掘調査が実施され、その調査面積や資料の多少はあるものの、考古学的資料が蓄積されている。今回はそれらの考古学的資料を中心として尾張藩江戸屋敷の諸相を検討する。

一　尾張藩の江戸屋敷

1　尾張藩の江戸屋敷所持の変遷

最初に尾張藩の江戸屋敷所持の変遷について確認しておきたい。江戸時代に尾張藩が所持した江戸の屋敷地は一八世紀末までで二二カ所、幕末段階では四三カ所が知られている。その推移から尾張藩の江戸屋敷の機能的秩序は次のようにおおむね三段階の変遷を経ているとされる（渋谷二〇〇六ａ）。第一段階は江戸屋敷の機能的秩序の形成期で、一七世紀半ばから一八世紀前半頃である。この段階で上屋敷（藩主の居屋敷兼藩の江戸役所）は市谷邸、中屋敷（臨時の居屋敷、隠居や世子の住居）は麹町邸、下屋敷（羅災時の避難所、別荘）は戸山荘、蔵屋敷（藩の倉庫）は築地という機能分担が定まった。第二段階は第一段階における機能的秩序の転換期で、一八世紀後半頃である。市谷邸の西側添地の獲得と庭園整備により、同屋敷が中屋敷・下屋敷の機能を備えるようになったが、その一方で麹町邸・戸山荘はその本来の機能を低下させる。第三段階は新しい秩序に基づく再編が行なわれた時期で、一八世紀

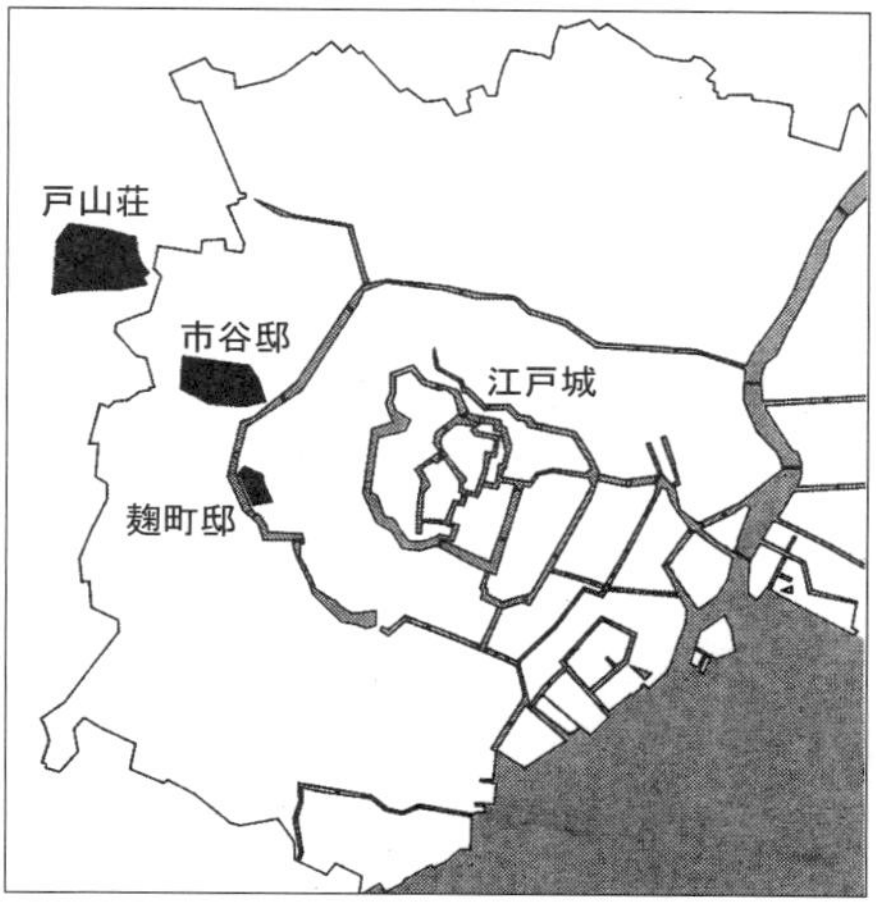

図１　尾張藩市谷邸・麹町邸・戸山荘の位置

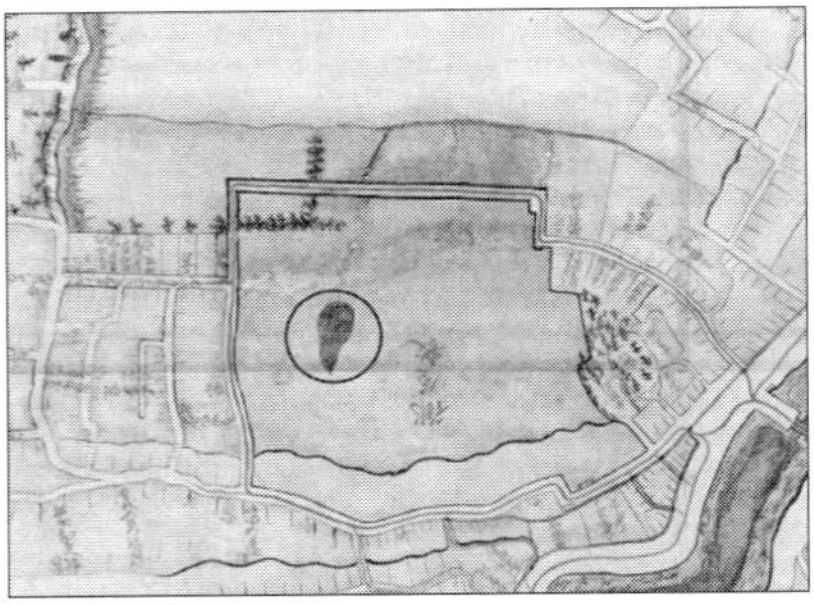

図2 「登城道筋之図」（部分）
（徳川林政史研究所所蔵）
○：池

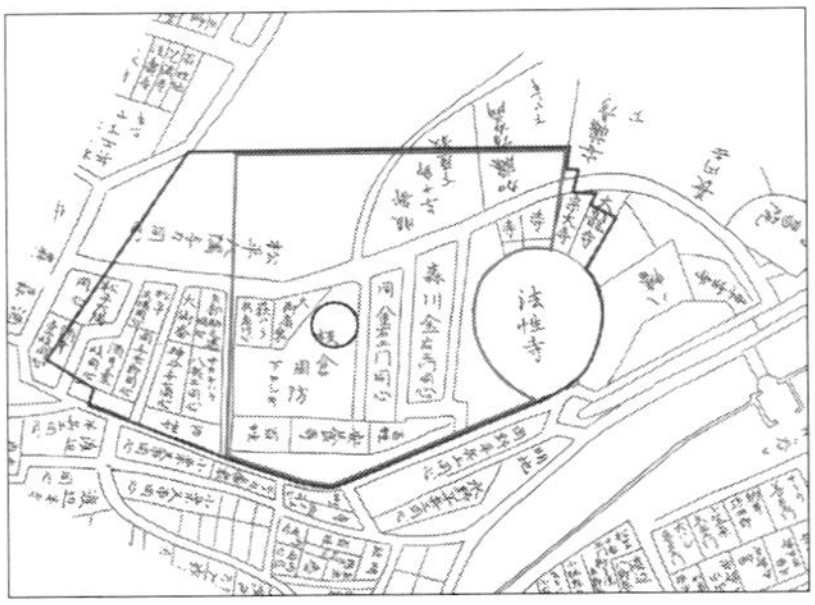

図3 「正保年間江戸絵図」（部分）
○：池の推定値

末から幕末までである。市谷邸へ機能が集中した結果、江戸屋敷全体の再編が進んだ。

2 市谷邸・麹町邸・戸山荘の概要

次に尾張藩市谷邸・麹町邸・戸山荘の立地・沿革・屋敷の平面構成について、その概要を確認しておく。

A 市谷邸

【立地】 現在、防衛省の高層建物群が聳える高台付近一帯（東京都新宿区市谷本村町）が江戸時代に市谷邸の所在した場所である。この高台は武蔵野台地の東端部を形成する淀橋台の一角に相当し、その標高は最高所で三三メートル前後を測る。今日では周辺の低地部にも高層建物が立ち並び、視覚的にそれほどの比高は感じられないが、かつては江戸の内でも屈指の高さを誇っていた場所である。屋敷地を選定した当初、重視されたと考えられる自然条件として湧水がある。市谷邸の本御殿（東御殿）の西側の池については、発掘調査によりその周囲から平安時代の住居跡が検出されており（報8〈以下、本稿末の報告書を示す〉）、このことからこの地点には古くからの湧水があったことが考えらる。また、尾張藩拝領当初の様子が描かれた「登城道筋之図」（図2）から市谷邸の池はこの湧水を利用して造られたものと判断される。実はこの池（湧水）は尾張

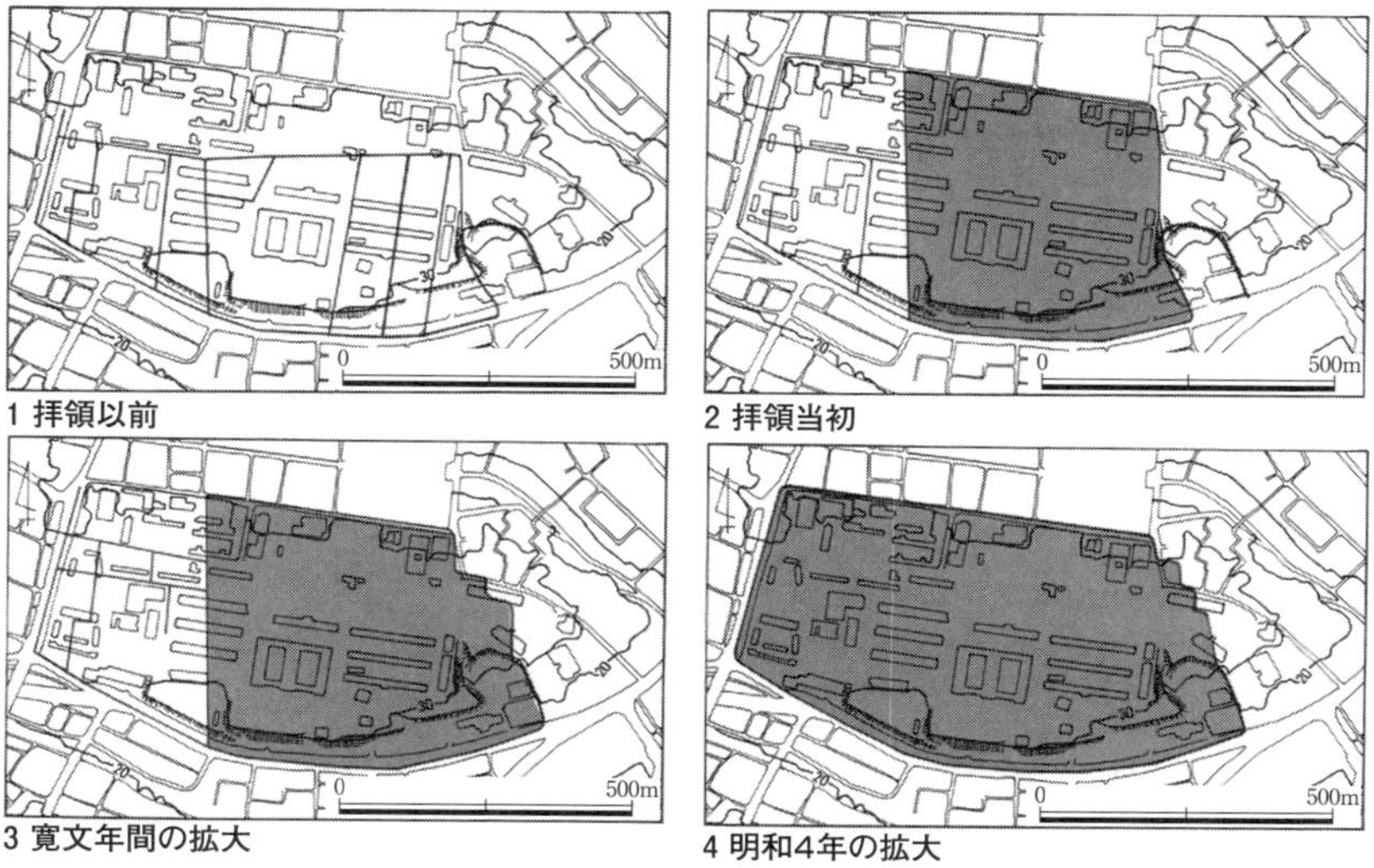

図4　尾張藩市谷邸屋敷地の変遷（内野 2006 より）

藩拝領以前に当地に所在した板倉周防守下屋敷内にも意図的に取り込まれていたらしいことが、「正保年間江戸絵図」（図3）中に描かれた同下屋敷の形態から推察され、江戸時代初期から幕府内の有力大名はその主要な屋敷地の選定に際して、良好な湧水のある土地を優先的に確保することが可能であったことがうかがえる。

【沿革】　市谷邸は二代藩主光友が明暦二年（一六五六）に拝領したことに始まる。上屋敷として機能するのは、それまで上屋敷であった江戸城内の鼠穴《ねずみあな》邸が上げ地され、光友とその妻千代姫が市谷邸に移る明暦四年（万治元年〈一六五八〉）からで、以後、幕末まで存続する。市谷邸の敷地は拝領当初は約五万五〇〇〇坪であったが、主に寛文年間（一六六一～七二）と明和四年（一七六七）に屋敷地を拡大し、最終的には約七万五〇〇〇坪余りに達する（図4）。市谷邸の本御殿（東御殿）は天和三年（一六八三）、享保十年（一七二五）、延享三年（一七四六）、天明六年（一七八六）に大きな火災に見舞われ、都合五度の本御殿（東御殿）が建造されている。また、明和四年の西側添地の獲得は市谷邸における土地利用の大きな画期であり、後に西御殿が二

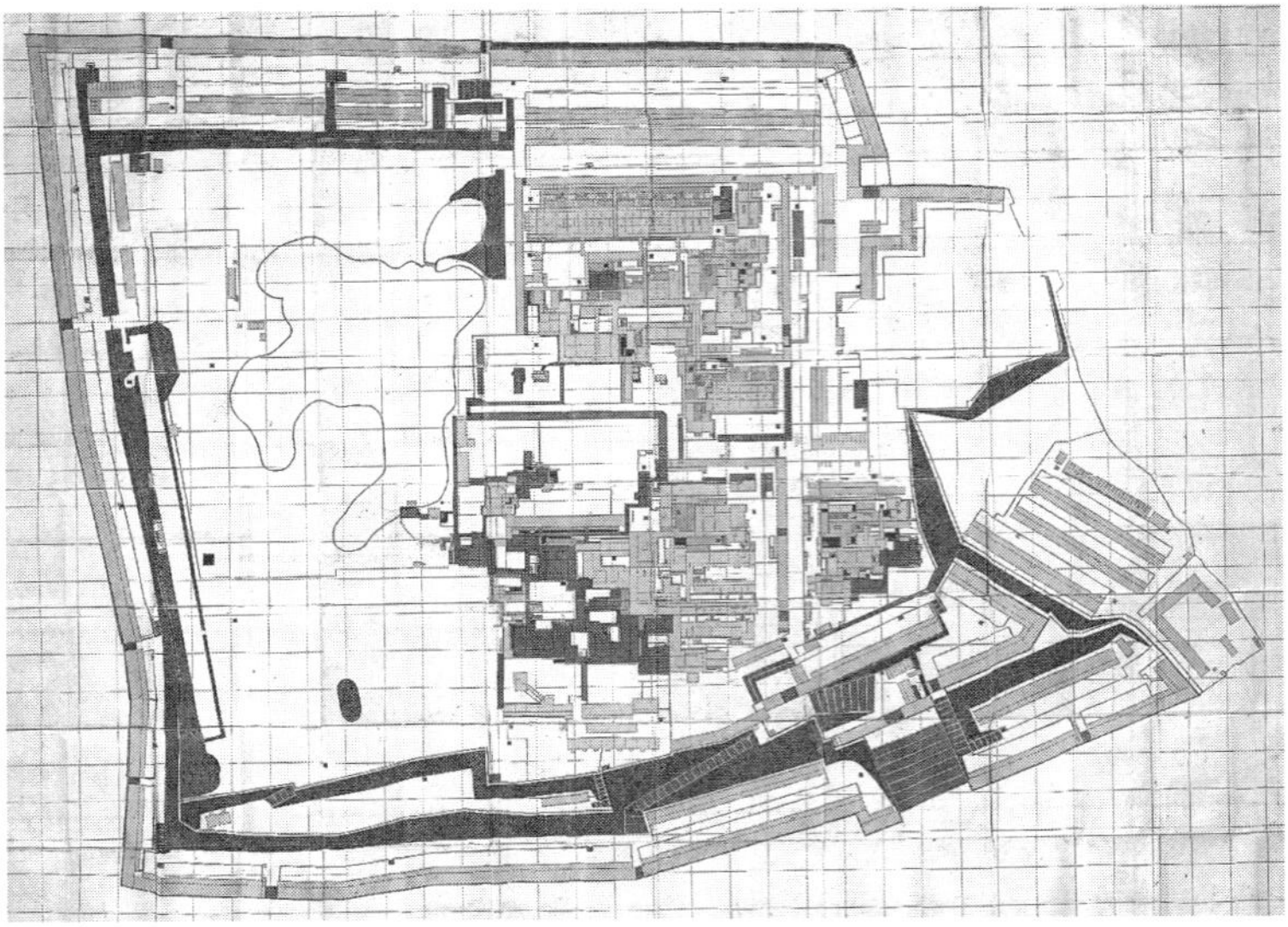

1　市買御屋敷惣御指図〈第一次御殿期〉（徳川林政史研究所所蔵）

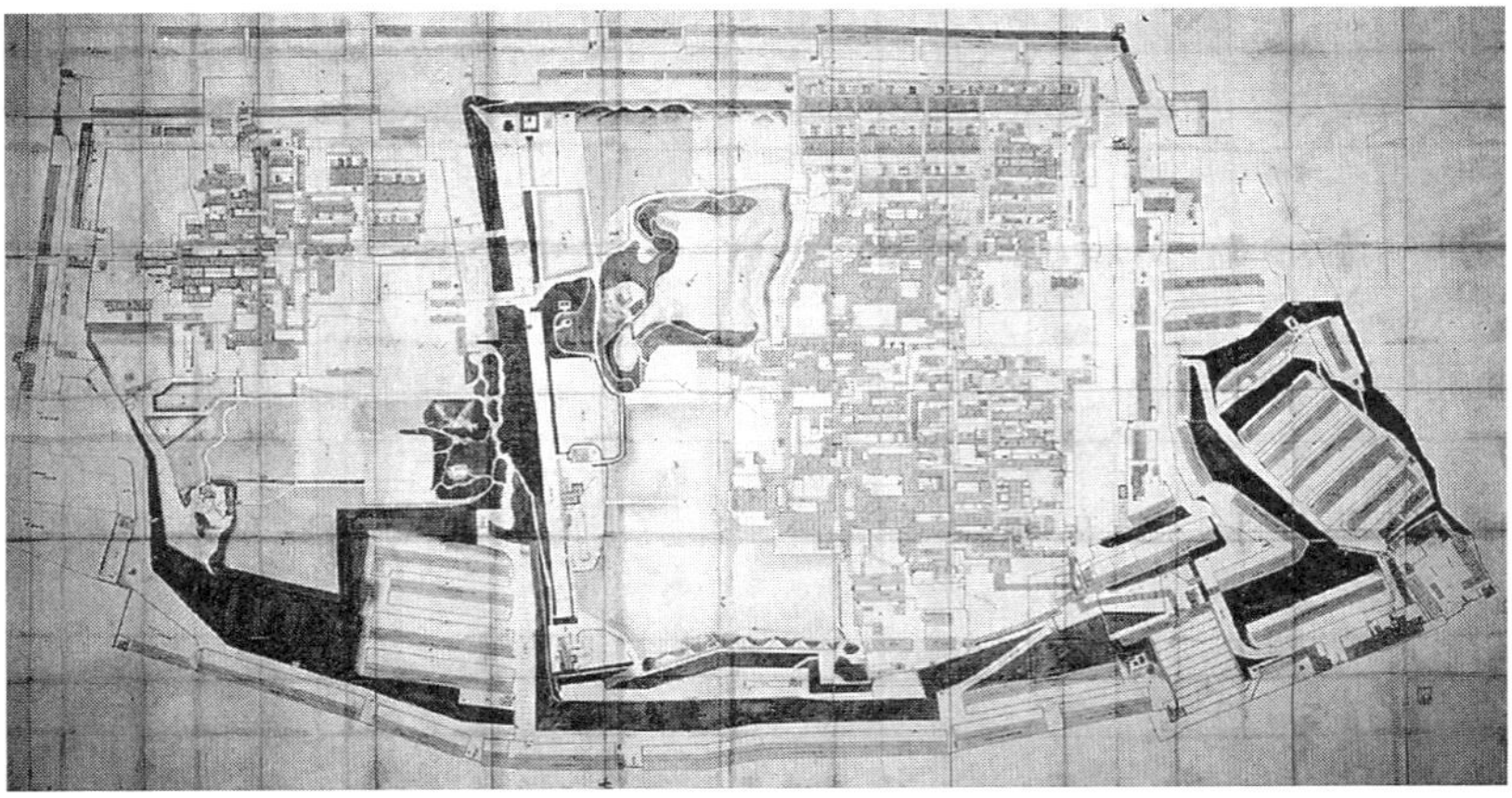

2　市谷御屋敷之図〈第五次御殿期〉（名古屋市蓬左文庫所蔵）

図5　尾張藩市谷邸の屋敷絵図

度建造されている。

【屋敷建物の平面構成】　現在、市谷邸に関連する屋敷絵図は四〇点が確認されており、これにより屋敷の平面構成を知ることができる（渋谷二〇〇〇）。各時代の屋敷絵図を概観すると位置や間取りなど細部は異なるが、全体的な平面構成はおおむね共通している。先ず、屋敷の中核となる本御殿は常に屋敷地の東寄りに配置される。本御殿は南北に長く建物が連なり、大きく南半部分が表向、北半部分が奥向となる。本御殿の西側には大きな池があり、周辺の築山や園路とともに庭園としての体裁が整えられていた。また、御殿・庭園の周囲には長屋が配置されていた（図5）。

Ｂ　麴町邸

【立地】　現在、上智大学や聖イグナチオ教会の占める地域（東京都千代田区麴町・紀尾井町）がかつて麴町邸の所在した場所である。地形的には市谷邸と同じく、淀橋台の東端部に立地する。屋敷地は溜池から入り込んだ清水谷の谷頭に位置し、本来の自然地形は北西側から南東側に向かって落ち込んでいたとされる（図6）。この地形の高低差を解消するために〇・八〜一・三メートルの厚さの盛土整地が行なわれていたこと、その盛土を確保するために屋敷地内の空閑地から採土がなされたことが発掘調査の結果から判明している。また、地理的には江戸城外堀と甲州街道に隣接し、屋敷北端には四谷門、南端には喰違見附が存在していることから、江戸城防備の要衝に位置する尾張藩麴町邸や隣接する彦根藩屋敷の屋敷形成（拝領）は、寛永十三年（一六四六）の江戸城外堀整備と連動して行なわれた可能性が指摘されている（後藤二〇〇六）。

【沿革】　麴町邸は初代藩主義直が寛永十四年に約一万坪余りを拝領したことに始まる。拝領以降、麴町邸は主不在の時期も存在したが、主に藩主の居屋敷・世子・隠居として使われた。主の変遷は以下のとおりである。

寛永十六年（一六三九）〜慶安三年（一六五〇）……初代藩主義直

明暦三年（一六五七）～万治元年（一六五八）……二代藩主光友
万治元年（一六五八）～寛文六年（一六六六）……主不在。江戸詰藩士
寛文七年（一六六七）～元禄六年（一六九三）……世子綱誠
享保十一年（一七二六）～同十六年（一七三〇）……六代藩主継友・七代藩主宗春（居屋敷）
延享三年（一七四六）～同五年（一七四八）……八代藩主宗勝（居屋敷）
宝暦十年（一七六〇）～同十一年（一七六一）……世子宗睦
宝暦十一年（一七六一）～明和四年（一七六七）……宗勝娘

この間、元禄十一年（一六九八）には将軍綱吉の御成が行なわれている。また、一八世紀後半以降、御殿は解体され、敷地は専ら藩士の長屋や畑地として利用されている（渋谷一九九四）。

【屋敷建物の平面構成】　現在、麴町邸に関連する屋敷絵図は九点が確認され、その年代的な位置付けもなされている（宮崎一九九四）。その内、藩主あるいはその家族が居住した屋敷絵図として、「新御屋敷御長屋差図」（図7—1）、「麴町御屋敷御居宅指図」（図7—2）、「藩邸之図」（図7—4）がある。「新御屋敷御長屋差図」は寛文元年（一六六一）から同六年の絵図とされる。表門は北側に設けられているが、特にそれを示す記載はない。屋敷地中央には建物面積四〇〇～五〇〇坪程度の小規模な御殿があり、その東側には築山と泉水（池）が存在したらしい。御殿の南北には長屋群が配置されている。絵図の年代が主不在の時期であることから、御殿はそれ以前に居住した義直・光友が居住していたものが残されていた可能性がある。「麴町御屋敷御居宅指図」は元禄十年（一六九七）の御成御殿造営に伴い、時の藩主綱誠の御殿を大幅に改造した状況を描いたものとされる。東西に二つの御殿建物が配され、東側は表向、西側が奥向に相当し、これらの建物の南側には御成御殿（図7—3）が連続していたとされる。「藩邸之図」は享保十年

図6　尾張藩麴町邸の範囲と調査地点（後藤 2006 より）

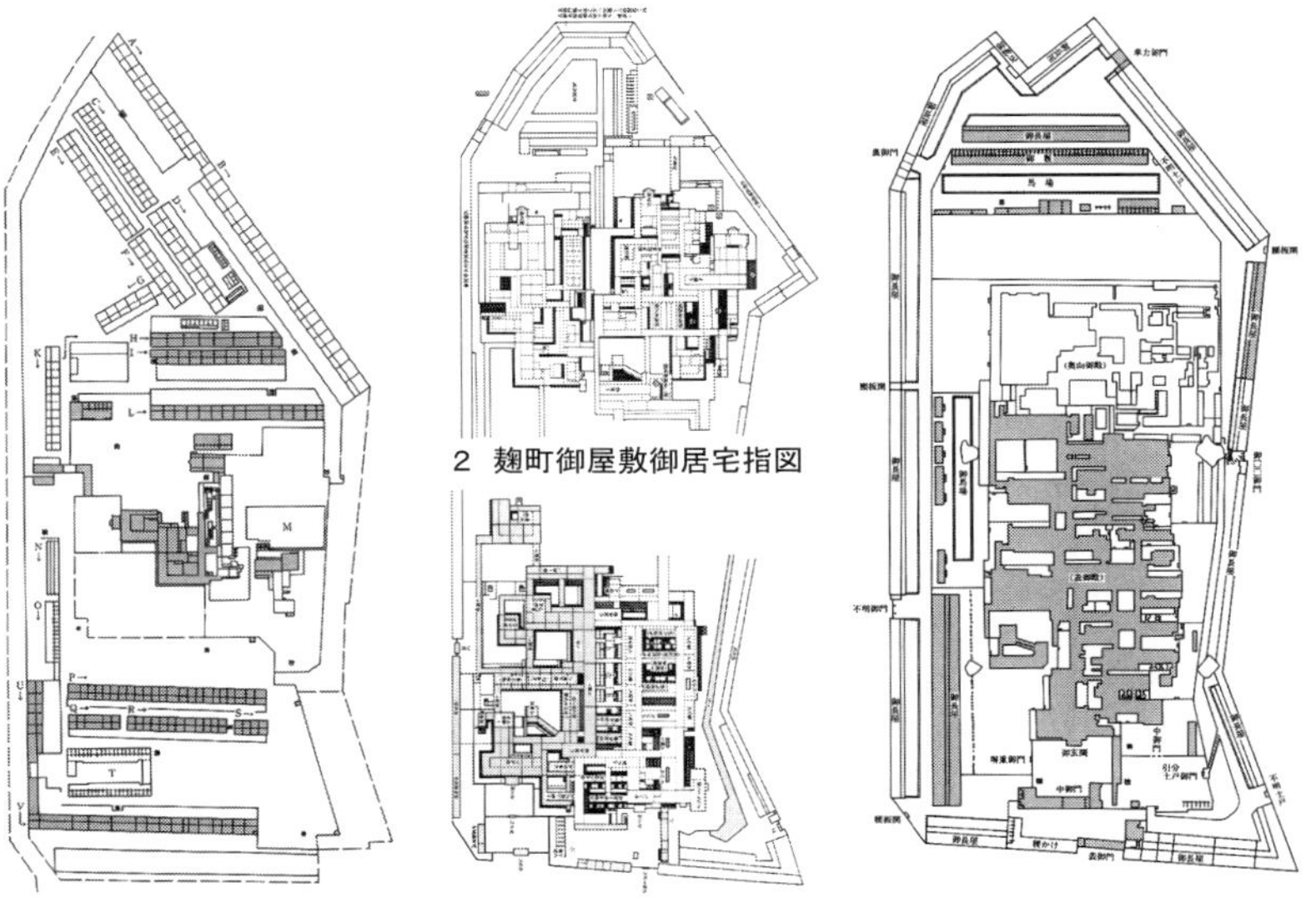

2　麹町御屋敷御居宅指図

1　新御屋敷御長屋差図　　3　御成御殿指図　　4　藩邸之図

図7　尾張藩麴町邸屋敷絵図（宮崎 1994 より）

の市谷邸焼失に伴い造営された御殿で、南側に表門を構えている。御殿建物は南側の表向と北側の奥向からなり、その周囲には長屋が配される、市谷邸と同じような平面構成となっている。

小規模な御殿建物が描かれた「新御屋敷御長屋差図」と表向・奥向を設けた大規模な「麴町御屋敷御居宅指図」「藩邸之図」との特徴の違いは、藩主の居屋敷としての御殿であるか否かに起因するものである。全時代を通じて御殿の基本的な平面構成が共通している市谷邸とは異なり、藩主の居屋敷、藩主の家族の住居、あるいは主不在とその使用目的が断続的で、その都度、御殿建物の規模・構造が変化した点が麴町邸のひとつの特徴である。

C 戸山荘

【立地】戸山荘は現在の新宿区戸山一～三丁目にかけて所在し、その跡地は病院・公園・学校・店舗・住宅地となっている。地形的には武蔵野台地の東端部を形成する淀橋台の北東端に位置する。周辺は中小の河川による開析谷が発達し、起伏に富んだ地形をなすが、屋敷地も神田川支流のカニ川中流域の河谷を取り囲むように立地する。標高は台地上では約三二メートル、低地では約一二メートルと二〇メートル程の比高差がある。後述する屋敷内の庭園の中心となる池はカニ川を堰き止めて作ったものである（図8）。

【沿革】戸山荘は寛文八年に二代藩主光友の正室千代姫の叔母祖心尼が、自身の拝領地四万六〇〇〇坪の土地を尾張徳川家に譲ったことに始まるとされる。さらに寛文十一年には千代姫に対し、幕府から隣接地八万五〇〇〇坪が与えられ、これと前後して尾張徳川家も周辺の土地を取得して屋敷地の拡充・整備が行なわれた。戸山荘の最大の特徴は屋敷地の八割を占める池泉回遊式庭園で、その基本的地形や後に戸山荘の名を高からしめた小田原宿を模したとされる「御町屋」、現存する「箱根山」（江戸時代には「麻呂ヶ嶽」「玉圓峰」と称される）などの庭園の諸施設は二代藩主光友の時代に完成したとされる。庭園の造営に熱心であった光友の逝去（元禄十三年）と元禄の大地震（元禄十六年）による

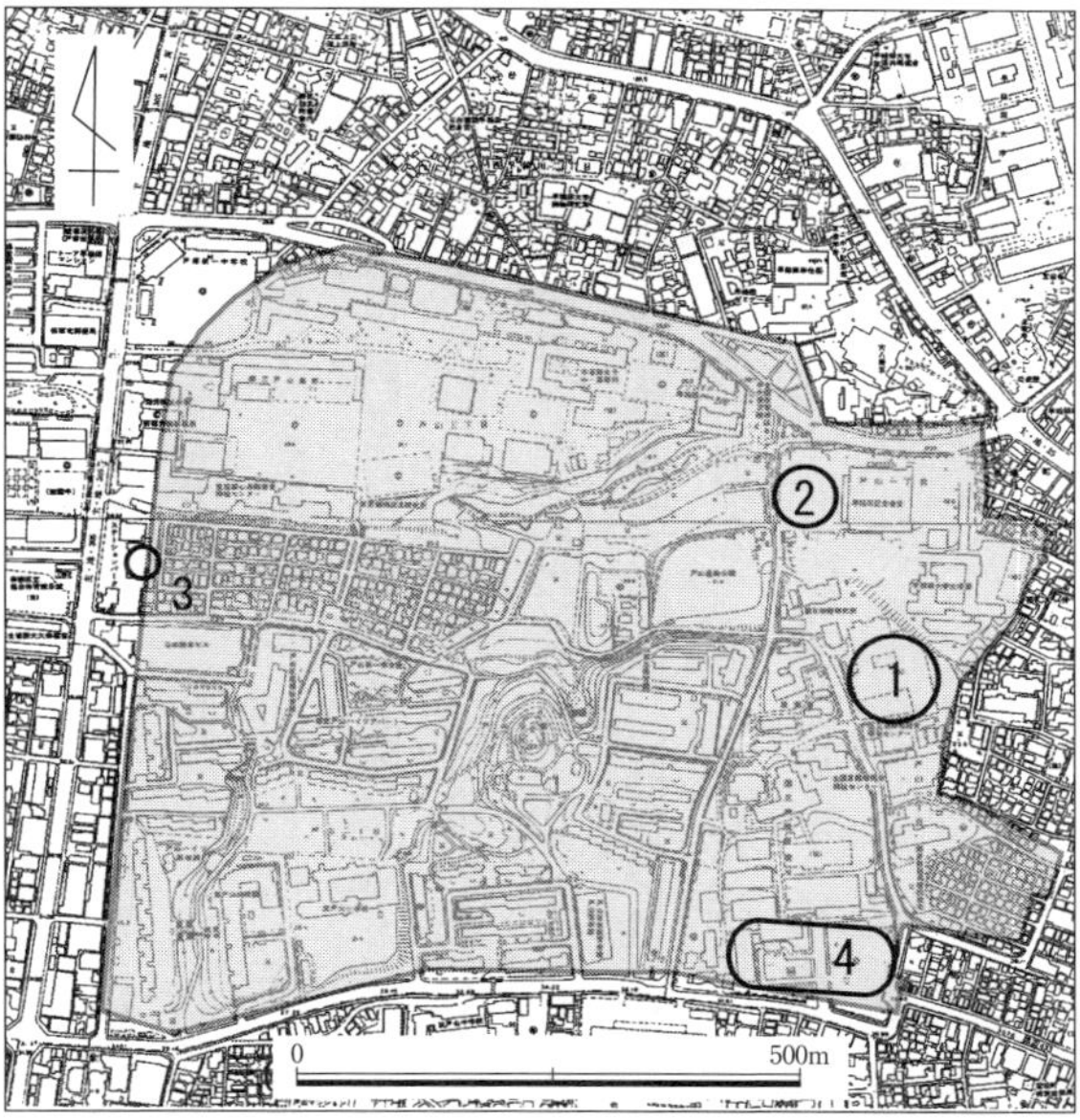

1　戸山遺跡１次調査地点
2　尾張藩徳川家下屋敷
　第２次調査地点
3　尾張藩徳川家下屋敷
　第４次調査地点
4　尾張藩徳川家下屋敷
　第５次調査地点

戸山荘の範囲

図８　尾張藩戸山荘の範囲と調査地点

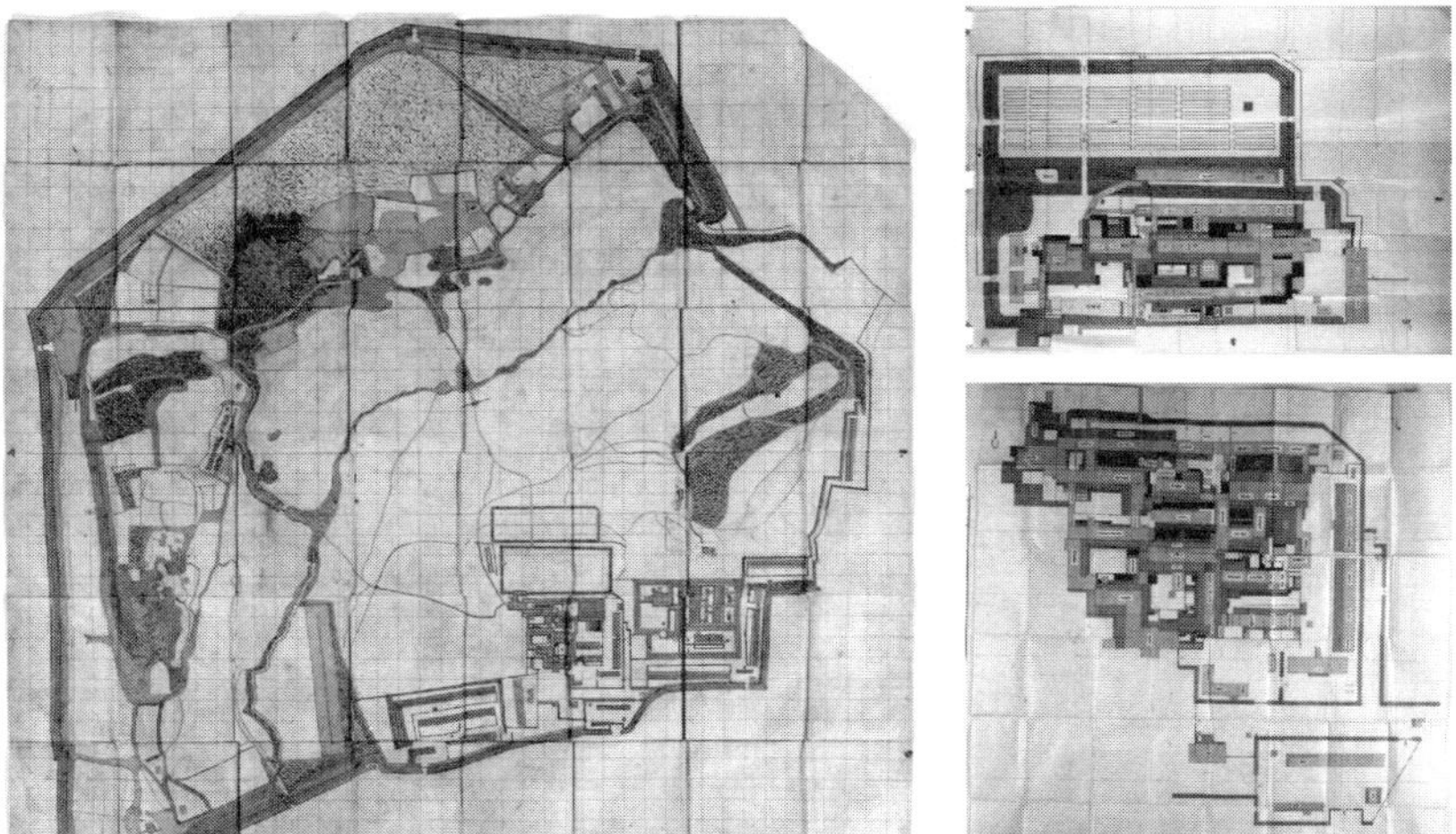

図９　山御屋敷御指図（左）と山御屋敷御指図二通（右上下）
（いずれも徳川林政史研究所所蔵）

被害により、庭園諸施設の撤去や管理の簡略化が行なわれ、一時庭園は荒廃するが、天明から寛政年間にかけて、九代藩主宗睦による再整備が行なわれ、二度目の盛期を迎える。寛政五年（一七九三）の十一代将軍家斉の訪問や十二代将軍家慶の二度の御成（天保十四年〈一八四三〉、弘化四年〈一八四七〉）などにより、戸山荘庭園の名声が世に広まった。安政年間には大地震（安政二年〈一八五五〉）や台風（安政三年）、火災（安政六年）など、被災により邸内が荒廃し、維新後は明治政府に接収され、終焉を迎えた（栩木二〇〇三）。

【屋敷建物の平面構成】　現在、戸山邸に関する屋敷絵図は四二点が確認されている（渋谷二〇〇六b）。屋敷内は広大な庭園空間が西南部から北東部にかけて大きく占有し、御殿建物は東南部に配置されるという平面構成をなす。庭園部分が主体の屋敷であるためか、御殿建物の表現は省略あるいは簡略化されている場合が多いが、「山御屋敷御指図」とその御殿部分の間取りを描いたと考えられる「山御屋敷御指図二通」（図9）（年代はいずれも寛文十二年～延宝元年〈一六七三〉）からは、戸山荘には御殿と長屋が存在し、さらに御殿には表向と奥向に相当する二つの空間が存在したことがうかがえる。

二　市谷邸・麴町邸・戸山荘の考古学的諸相

1　発掘調査と時期区分

市谷邸に関連する発掘調査は市谷本村町遺跡あるいは尾張藩上屋敷跡遺跡として実施されている（図10）（報1～19）。すでに記したとおり、市谷邸は江戸時代を通じて本御殿（東御殿）を四度焼失し、都合五度の御殿が建造されたことが判明している。したがって、その焼失年を画期として、便宜的に五つの御殿期を設定している（表1）。検出された遺構・遺物に関しては、その層位や共伴遺物の組成からの年代的位置付けを行ない、その上でそれらが市谷邸に関連するものか否か、あるいは市谷邸に関連する場合、どの御殿期に相当するかを判断することが可能である。

　麹町邸に関連する発掘調査はこれまでに六カ所で実施されている。調査地点はその位置によりおおむね麹町邸の北西端地区の調査地点1（二・四・五・六次調査）と南西端地区の調査地点2（一・三次調査）に区分される（図6）（報20〜23）。発掘調査によって得られた遺構・遺物についてはその年代的検討から六段階の時期設定がなされており（表1）、この内、麹町邸の時期はⅡ期からⅤ期に相当する（後藤一九九四）。

　戸山荘に関連する発掘調査はこれまでに戸山遺跡一次調査、尾張徳川家下屋敷跡一〜五次の都合六カ所で実施されている（図8）（報24〜29）。この内、尾張徳川家下屋敷跡二次調査では庭園内の名所であった「龍門滝」が検出されている。四次調査は屋敷西部の屋敷境付近の調査で区画溝が検出されている。五次調査は屋

図10　尾張藩市谷邸関連の発掘調査範囲

表1　市谷邸・麴町邸・戸山荘の時期設定

市谷邸	第一次御殿期	明暦2（1656）から天和3年（1683）
	第二次御殿期	天和3年（1683）から享保10年（1725）
	第三次御殿期	享保10年（1725）から延享3年（1746）
	第四次御殿期	延享3年（1746）から天明6年（1786）
	第五次御殿期	天明6年（1786）から幕末
麴町邸	Ⅰ期	17世紀前半まで〔町地であった時期〕
	Ⅱ期	17世紀中葉から17世紀末葉〔麴町邸拝領から御成御殿建造までの時期〕
	Ⅲ期	17世紀末葉から18世紀中葉〔御成御殿建造から取り壊しまでの時期〕
	Ⅳ期	18世紀中葉から18世紀後半で，さらに3時期（1746から50年代，1770年代，1790年代）に区分される．〔享保11年（1726）の御殿建造から長屋，畑地として利用された時期〕
	Ⅴ期	19世紀前半から幕末〔幕末までの時期〕
	Ⅵ期	明治時代
戸山荘	1—a期*	1660年頃から1680年頃（寛文～延宝年間）
	1—b期*	1680年頃から1750年頃（天和～寛延年間）
	2期	1750年頃から1770年頃（宝暦～明和年間）
	3期	1770年頃から1816年（明和～文化13年）
	4期	1816年から1859年（文政年間～安政6年）
	5期	1859年から1872年（元治元年から明治5年）

*報告書では絵図が存在しない理由で，この時期が空白となっていたため，報告書中の1期を1—a期，空白時期を1—b期とした．

敷南東隅の比較的広い面積の調査で、主な遺構として屋敷の境堀や長屋建物が検出され、遺構分布の変遷に関して江戸時代については五時期の時期設定がなされている（表1）。

2　主な遺構・遺物の様相

調査面積が比較的広く、発見された考古資料の豊富さから、それらの時代を追っての変遷や画期を捉えやすいのは市谷邸の場合である。今回は市谷邸での考古資料の時期ごとの様相を軸に、麴町邸、戸山荘の様相も加味しつつ、尾張藩江戸屋敷の考古学的な様相を検討する。検出される考古資料の種類は遺構、遺物ともに多岐にわたり、それら全てに関して検討が済んでいる状況ではないので、今回はその一部として、御殿建物の基礎構造、石組施設、大型土坑、瓦、遺物の廃棄、公用碗類という六つの屋敷の構成要素を取上げる。

A　建物の基礎構造

屋敷内の主な建物は御殿建物と長屋建物であり、これらの建物についてその基礎構造の変化を見たい。

市谷邸の場合、御殿建物の基礎構造は第一次御殿期、第二次御殿期においてはその中枢部分に関しても掘立柱建物であり、礎石建物の採用は第三次御殿期以降であることが判明した。第41地点（報12）の調査事例で見ると、柱穴群から構成される掘立柱建物が少なくとも二棟分、礎石群から構成される礎石建物が少なくとも三棟分検出されている（図11・12）。層位的な関係から掘立柱建物が礎石群建物よりも旧く位置付けられ、さらに礎石建物三棟についても新旧関係があることが判っている。掘立柱建物Aと掘立柱建物Bの新旧関係は不明であるが、いずれも総柱の建物で、柱穴の直径も〇・三～〇・四メートルを測ることから、比較的立派な建物であったと推察される。絵図との厳密な照合作業は今後の課題であるが、この二棟の掘立柱建物は第一次御殿期あるいは第二次御殿期の奥向に存在した建物の一角をなすものと考えられる。一方、礎石建物については礎石そのものの規模や他の地点で検出された礎石建物との連続性から市谷邸の御殿建物であることは明らかで、最も新しい礎石建物Aは第五次御殿期に相当し、さらに礎石建物B、礎石建物Cついても検討の余地は残すものの第四次御殿期、第三次御殿期に相当する可能性がある。

長屋建物に関する初期の様相は不明で今後検討を要するが、第50地点において検出された一八世紀末から一九世紀初頭に建造され、幕末まで存在したと考えられる四棟の建物については礎石建物であることが判明している（報19）。

麴町邸の場合、調査地点2は元禄十一年（一六九八）に作事された御成御殿やさらに享保十年（一七二五）に建造された御殿の玄関・中御門の存在した範囲にかかるが、建物の基礎遺構は検出されていない。これは御殿建物の基礎として礎石が用いられたため、御殿建物の解体に伴い礎石が撤去され、またその痕跡も希薄だったことに起因すると考

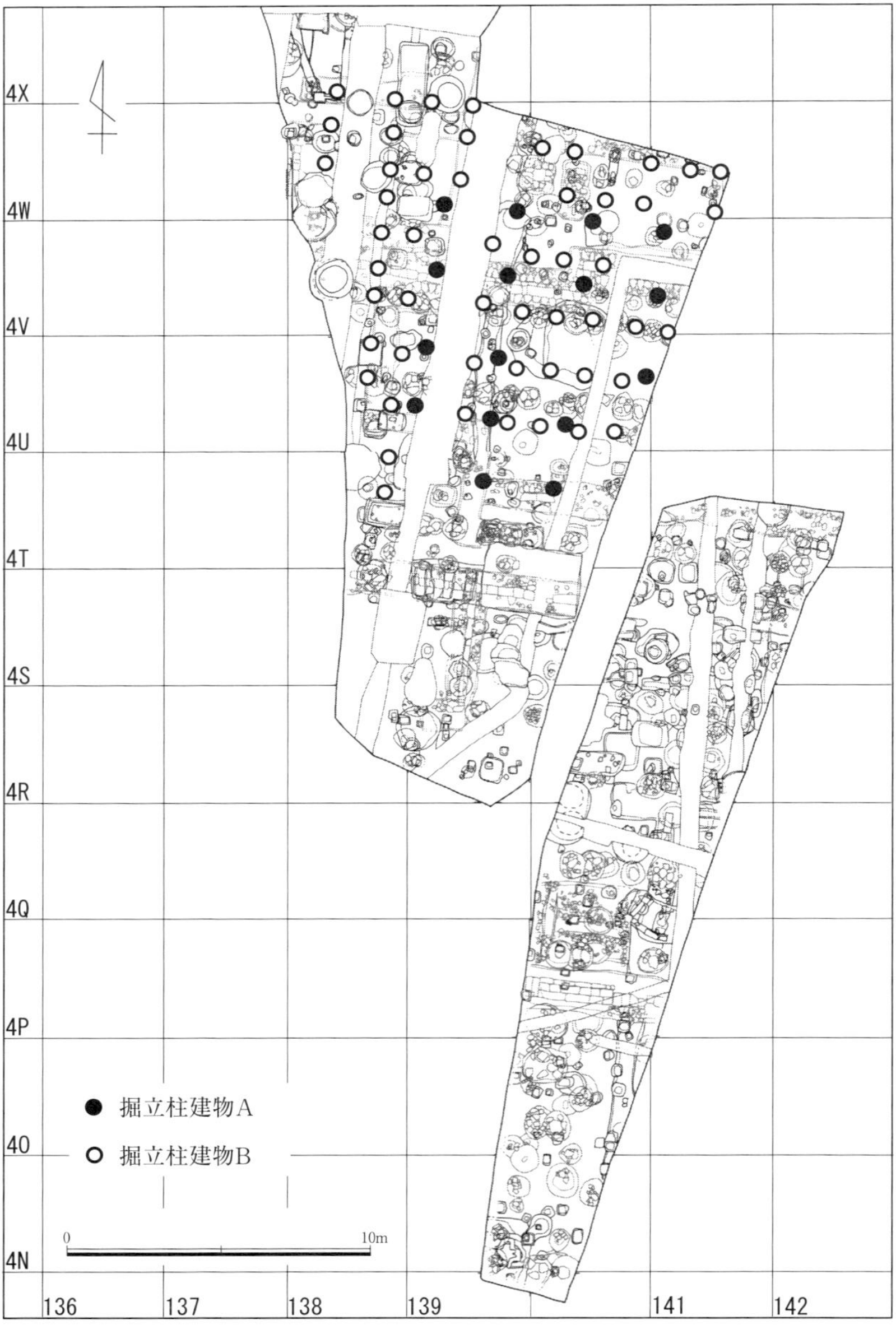

図 11　尾張藩上屋敷跡遺跡第 41 地点検出の掘立柱建物（報 12 の図に加筆）

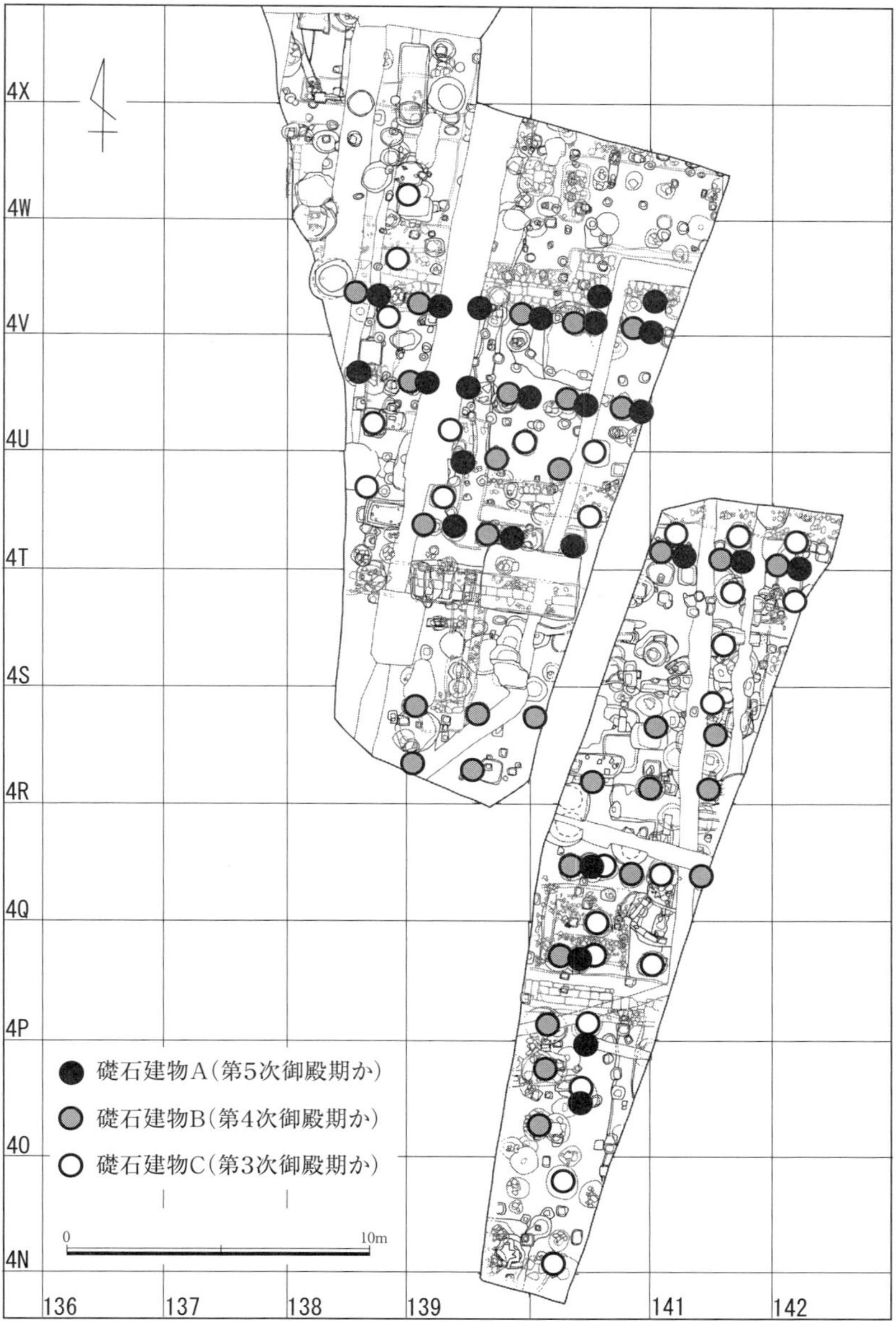

図12　尾張藩上屋敷跡遺跡第41地点検出の礎石建物（報12の図に加筆）

えられている（報20）。

長屋建物については調査地点2において検出された掘立柱建物（6号柱穴群他）が「新御屋敷長屋差図」（Ⅱ期）の南部の長屋と想定されている（図13）。

戸山荘に関しては御殿建物の調査事例はないが、五次調査で長屋建物が九棟検出されており、その内訳は掘立柱建物が二棟、礎石建物が七棟である。この内、掘立柱建物の一棟（4号掘立柱建物跡）は一期（一七世紀末）に、礎石建物の六棟（1〜6号礎石跡）は二期以降に位置付けられている（報29）。

以上、尾張藩江戸屋敷の御殿建物や長屋建物の基礎構造については、掘立柱から礎石に移行する傾向が見受けられ、その画期はおおむね一八世紀前半頃であったと考えられる。

B　石組施設（石垣・石組溝・石組桝）

市谷邸においては石垣、石組溝、石組桝など石材を用いた施設が多く検出されている。それらが

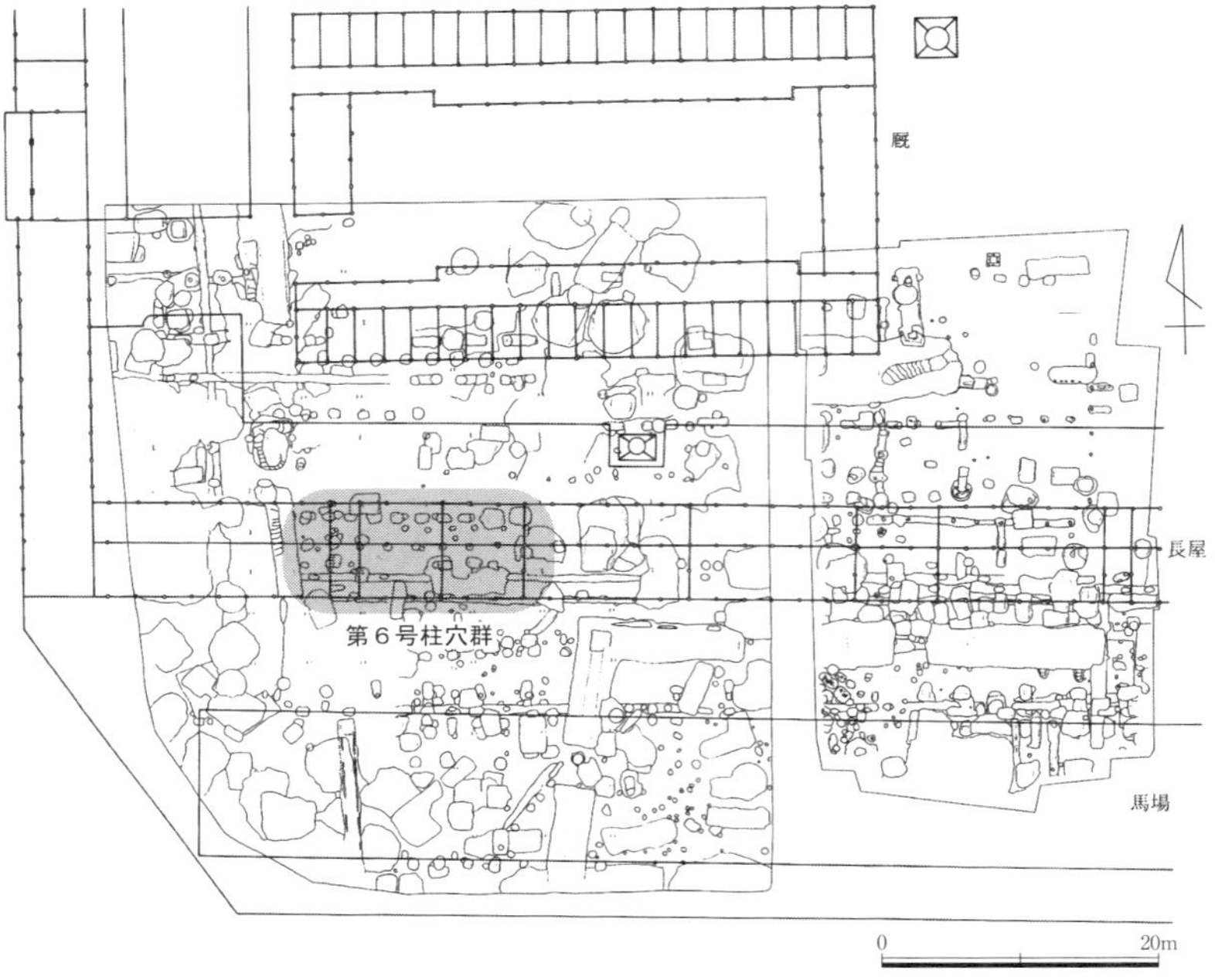

図13　麴町邸調査地点2Ⅱ期の遺構分布と「新御屋敷御長屋差図」（報20の図に加筆）

構築された年代や用いられる石材の種類を観ると、時代の流れに従って変化する様相が見て取れる。

先ず、石垣としては屋敷境石垣〈事例…3—1・4—1号石垣他〈報6・7〉〉、表門石垣〈事例…37—1号石垣〈報13〉〉、庭園池の護岸石垣〈事例…21—1号石垣〈報8〉〉などが主として挙げられる。屋敷境石垣と表門石垣は第一次御殿期、庭園池の護岸石垣は第二次御殿期頃に築かれたものと考えられる。個々の石垣石は面・控えとも比較的大きめに加工されており、石材は安山岩が用いられている。大きめの安山岩製石垣石を用いた石垣の検出事例は第三次御殿期以降では特に見受けられず、第一次御殿期から第二次御殿期に集中しているようである。

石組溝は雨水等の排水を目的に構築されたもので、主に御殿建物の間を縦横に配されていた。検出された石組溝は側石の形態により、直方体の切石を用いるものといわゆる間知石を用いるものとに区分される。前者の場合、通常は底石も切石を用いるため、断面形は凹形をなす。後者の場合は底石そのものが存在しないか、あるいは瓦

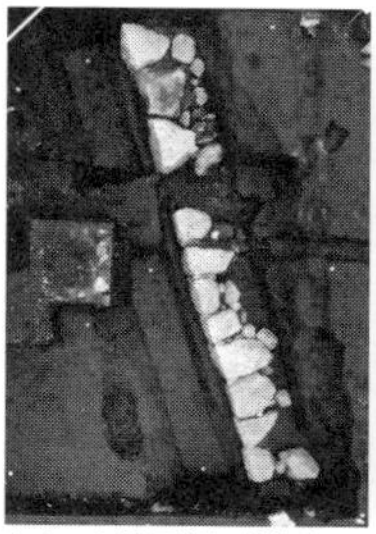
1 3−1号石垣（報6）

2 12−10号石組溝（報11）

3 1−46号石組溝（報12）

4 37−1号石垣（報13）

5 石組桝（149−4L−1号遺構）（報12）

図14　市谷邸内の各種石組施設（東京都教育委員会提供）

等、石材以外のもので代用している場合も僅かながら存在する。切石石組溝の検出数は相対的に少ないが、帰属時期はおおむね第一次御殿期から第二次御殿期にかけてである（事例…12―10号〈報11〉、18―1号〈報8〉、41―8号石組溝〈報12〉）。また、石材は側石・底石とも黒色を呈した溶結凝灰岩に相当するものと考えられる。間知石石組溝が出現するのは第二次御殿期からと考えられるが、当該時期の検出事例はさほど多くない（事例…29―42号石組溝〈報12〉）。この時期の間知石は後代のものに比較すると大きめで、石材は主に安山岩が用いられている。御殿周りを中心として間知石石組溝が多く構築されるようになるのは第三次御殿期以降である（事例…29―42号、41―5・16号、29―4・53号、34―10号、34―12号、34―14・17号石組溝〈以上、報12〉）。間知石に用いられた石材は前時期とは異なり、凝灰角礫岩が用いられるようになる。第三次御殿期、第四次御殿期に帰属すると考えられる石組溝は御殿の建て替え等をきっかけに、その石材が新規御殿のために転用され、抜き取られる場合が多かったようで、本来の石組の状態を整然と残すものは少ない。第五次御殿期は最も新しく、遺構の残存率が高いことも理由に挙げられるが、この時期に帰属する石組溝は前時期に比較して著しく増加する（事例…1―46号、29―1号、34―1号石組溝〈以上、報12〉）。側石は間知石、底石は切石という構造は前時期と同じであるが、間知石のサイズが小型化していること、石材も間知石は凝灰角礫岩、底石には軟質の凝灰岩を用いる場合が多いのが特徴である。

石組桝は平面方形を基本とし、その壁面を石材で構築するものである。壁面に用いられる石材の形態としては切石、玉石、間知石などがあり、大きさもさまざまであるが、その用途は石組溝と連結して雨水の一時的貯水と排水を果たすものの他、トイレの便槽や塵芥溜めとして使われていた。市谷邸に関連する石組桝はその大方が壁面に間知石を用いたものである。それらはおおむね一八世紀後半以降、特に第五次御殿期に帰属するものが多い点は石組溝の在り方と連動するとみられる。

麹町邸については調査地点1において屋敷の北端部周縁を巡る表長屋に関わる石組が検出されている（報21）。石組は表長屋の基礎をなす間知石による石組とその前面に設けられた排水溝から構成される（図15）。検出された石組は1～3号石組に区分され、屋敷絵図との照合作業等から1号石組と2号石組が寛永十四年（一六三七）から元禄十一年まで機能、元禄十一年に2号石組を廃絶させた後、1号石組と3号石組が機能したとされる。元禄以前、以後と共用された1号石組はその組み方の状態から上段と下段に分けられ、下段は元禄十一年以前に、上段は同年以後に位置付けられている。元禄十一年以前に位置付けられる1号石組と2号石組の下段の間知石は石材として安山岩を用い、その小口は五角形に整形され、

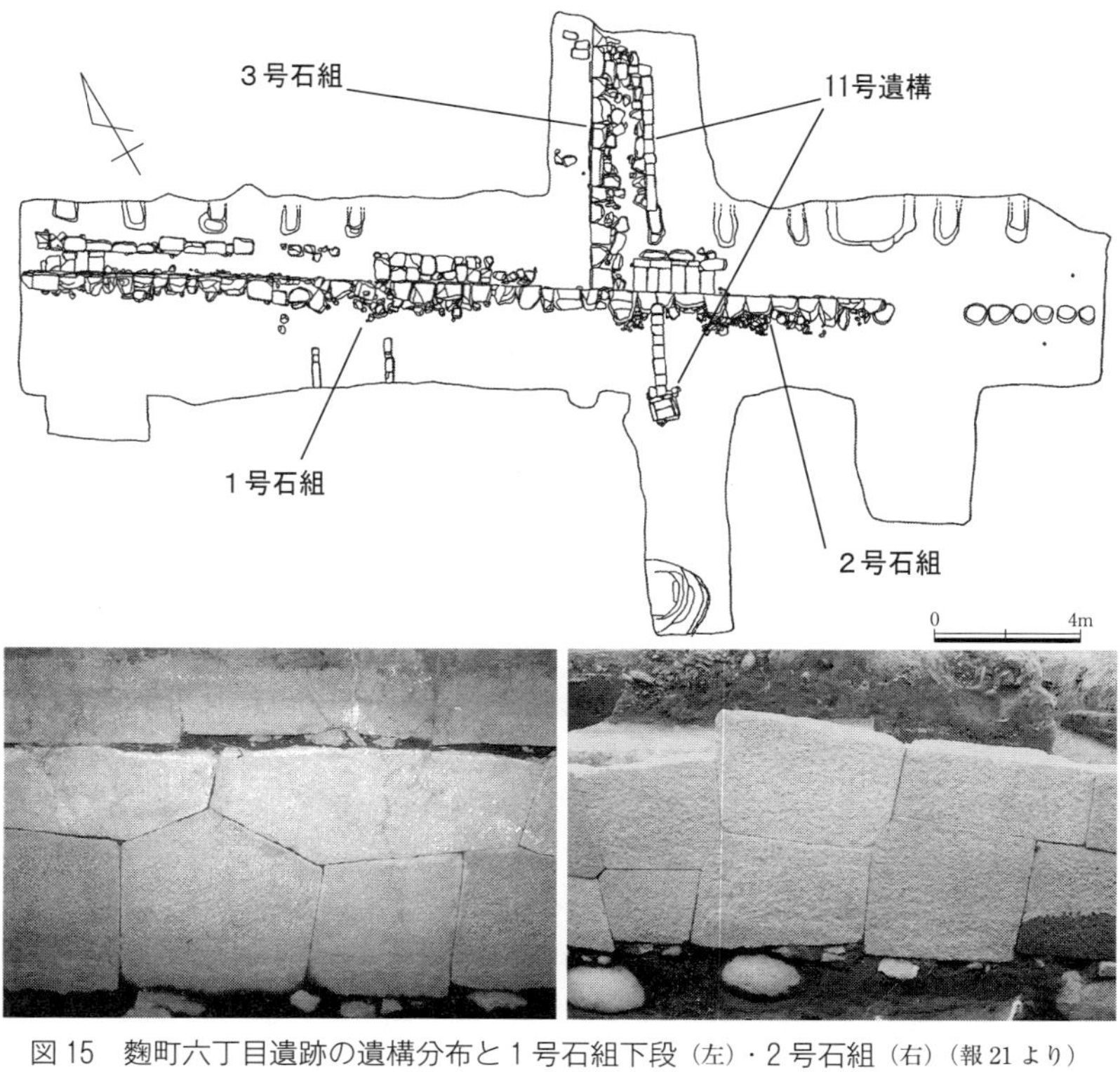

図15　麹町六丁目遺跡の遺構分布と1号石組下段（左）・2号石組（右）（報21より）
（千代田区教育委員会提供）

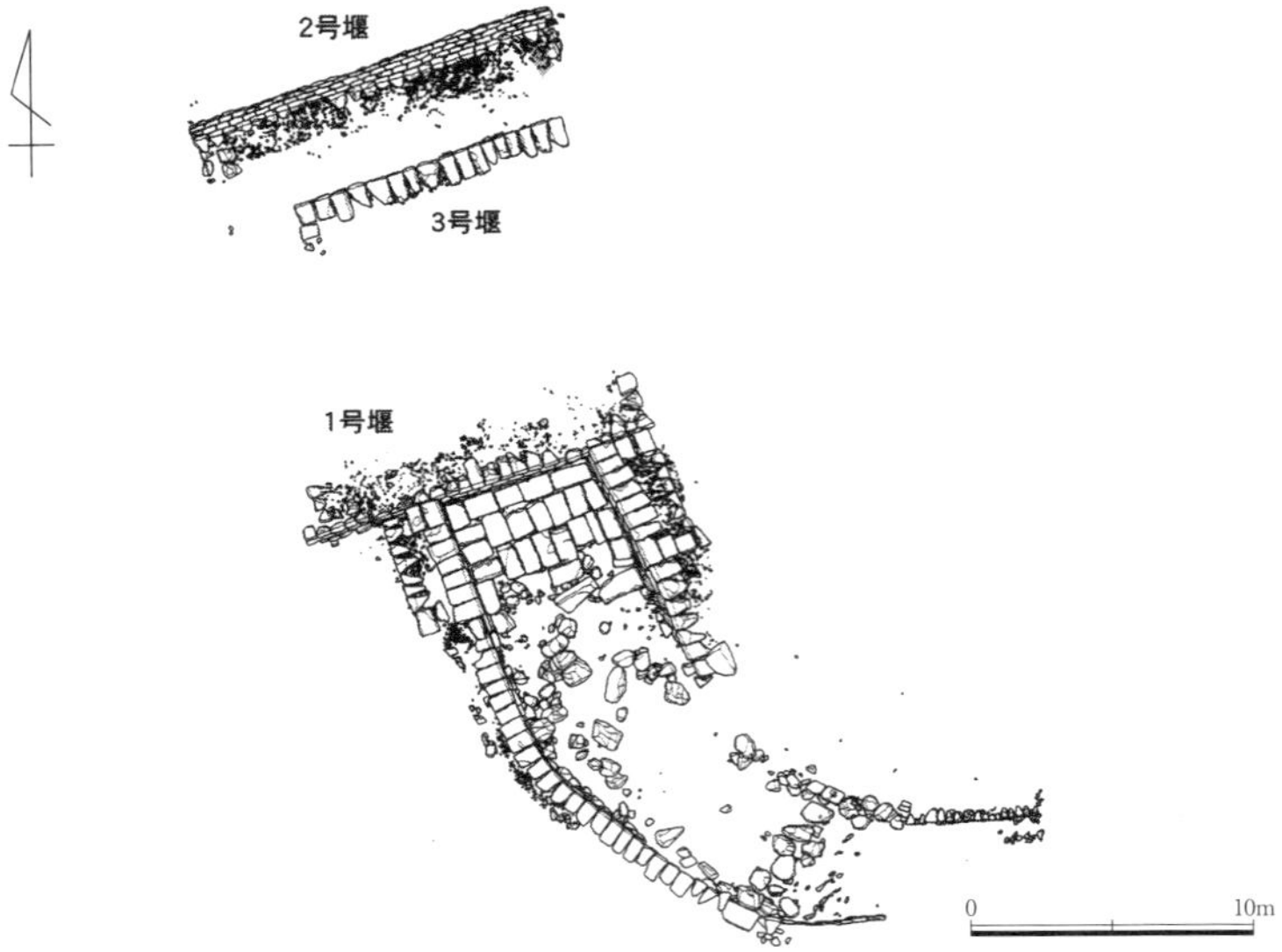

図16　尾張藩徳川家下屋敷跡で検出された石組施設（報28より）

「亀甲崩し積み」という精緻な積み方が採られている（図15）。一方、元禄十一年以後に位置付けられる1号石組上段と3号石組の石材はその大半が安山岩であるが、1号石組上段の一部に凝灰質砂岩や凝灰角礫岩を石材とした比較的小型の間知石が用いられている。石組に伴う排水溝は主に切石によって組まれているが、用いられている石材はその残存状況から判断して、元禄十一年以前の1号石組・2号石組に伴うものは溶結凝灰岩、同年以後の1号石組・3号石組に伴うものは凝灰角礫岩や溶結凝灰岩、凝灰質砂岩などが混在するようである。11号遺構は3号石組の排水溝に繋がる石組桝と排水溝からなり、3号石組と同時期に機能していたことから元禄十一年以後に位置付けられる。石組桝は側石・底石とも切石からなり、その石材は凝灰岩あるいは一部凝灰角礫岩で、いわゆる房州石と称される千葉県鋸山周辺の石材に近いとされる。排水溝は側石が間知石、底石は切石からなり、間知石の石材は安山岩と凝灰角礫岩、切石は凝灰岩、凝灰質礫岩、凝灰角礫岩、安山岩からなるとされる。

戸山荘においては第二次調査地点、第五次調査地点で石組施設が検出されている。第二次調査地点では庭園内に設けられた「龍門滝」に関連する石垣や敷石が検出されている（報28）。石組施設は一七世紀後半に1号堰と3号堰の組合せで構築され、天明八年（一七八八）頃、1号堰と2号堰の組合せへの改変があったと推定されている。石材は1号堰、2号堰、3号堰についてはいずれも安山岩が主に用いられているが、1号堰の下流に位置する石垣（石垣fと報告）のみは凝灰角礫岩を用いた小型の間知石により構築されており、これは後代の補修によるものとされる。第五次調査地点では江戸時代の石組溝が一〇基程検出されている。いずれも側石に間知石を用いるもので、おおむね一八世紀後半以降に位置付けられている（報29）。

尾張藩の江戸屋敷における石組施設の構築やその石材の変化について、いくつかの画期が想定できるが、それは尾張藩独自のものではなく、都市江戸全体の動向に沿ったものとして捉えられる（内野二〇〇九）。

C　大型土坑

土坑とされる遺構の内、縦横の幅がおおむね四メートル以上になるものを仮に大型土坑と称すると、この種の遺構にも時代による変化が存在する。大型土坑はいずれも関東ローム層を掘り込んでいるのが特徴で、その平面形については比較的整った方形をなすものの他、不整形なものもある。また、掘り方の一方に掘削時の昇降階段を削り出しているものもよく見られる（図17）。

市谷邸の場合、大型土坑は第一次御殿期、第二次御殿期に帰属するものは目下のところ確認できず、顕在化するのは第三次御殿期以降である。第三次御殿期から第五次御殿期にかけての大型土坑はその形状や掘削場所を微妙に変えつつも、本御殿（東御殿）や庭園の南部に広がる空閑地を選んで掘削される場合が多かったようである。なお、尾張藩の『江戸御小納戸日記』には、市谷邸内には「御庭内所々に有之候穴」（宝暦十二年〈一七六二〉）や「御庭内土取場」

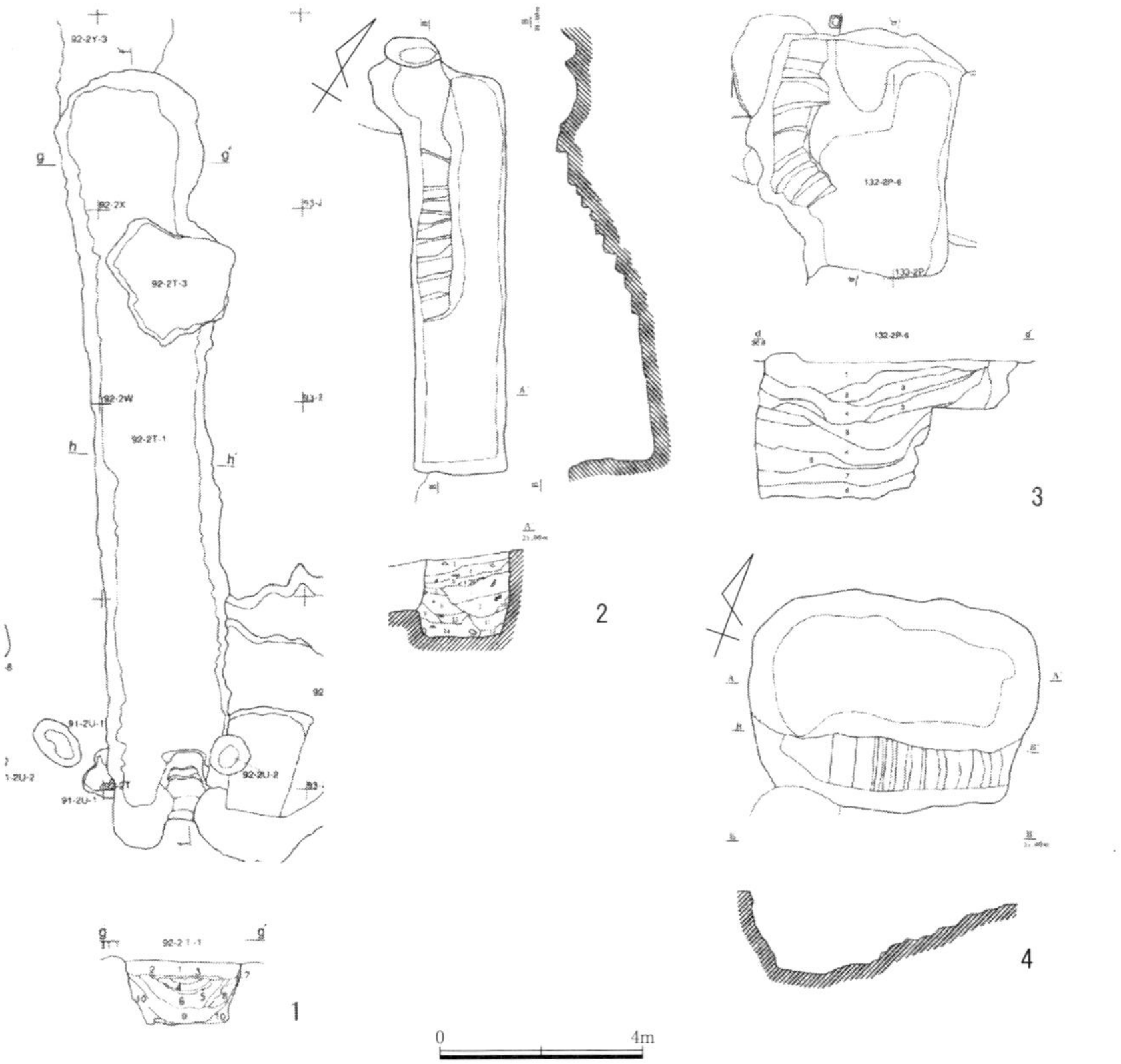

図17　大型土坑

1　市谷邸内検出（報7より）
2　麹町邸内検出（報20より）
3　市谷邸内検出（報11より）
4　麹町邸内検出（報20より）

（寛政三年〈一七九一〉）の記事があり（村田二〇〇二）、これらは検出された大型土坑に相当する可能性がある。

麴町邸においても、Ⅳ期以降、多量の遺物を出土する大型土坑が確認され、市谷邸と同様な傾向がみてとれる。

市谷邸や麴町邸における一八世紀前半から中頃以降における大型土坑の顕在化は、礎石建物の採用にともなう構築材として多量に関東ロームが採掘、利用されることと密接に関連していると考えられる。

D　瓦

市谷邸の場合、第一次御殿期から瓦拭きの建物が存在した。第一次御殿期、第二次御殿期は本瓦が主体で、桟瓦については僅かに第二次御殿期にみとめられるものの、本格的に導入されるのは第三次御殿期以降である。第一御殿期、第二次御殿期の軒瓦は江戸式の瓦当文様を有するものが一般的であり、その主な調達地は江戸在地であったと考えられるが、それらの質からみて、御殿建物の構成要素として重要な役割を果たしていた様子はうかがわれず、塀や御殿の付属建物に拭かれていたと思われる。第三次御殿期の軒桟瓦の瓦当文様には、従来からの江戸式の他、東海式のものが多数採用される。東海式の瓦当文様は第三次御殿期、第四次御殿期ではC―1類、C―4類が主体であり、第五次御殿期になるとC―7・9・10・14類等（図18）（分類記号は金子一九九四による）が多用される（内野二〇〇四ａ）。

麴町邸の瓦の変遷については六段階が設定されている（金子一九九四）。この内、麴町邸に対応するのは第二段階以降である。第二段階（Ⅱ期）においては本瓦が主体で瓦当文様は江戸式の最初期のものや東海式の原形になるものが存在するとされる。桟瓦の採用が確認できるのは第三段階（Ⅳ期の古い時期）からであるが、Ⅲ期の頃にはすでに採用されていた可能性は高いとされる。瓦当文様の主流となるのは江戸式と東海式でその他は減少する。第四段階・第五段階（Ⅳ期）になると東海式（C―7・9・10・14・15）が出現し多用される。第六段階（Ⅴ・Ⅵ期）は近世から近代にまたがり江戸式と東海式が存在するが近世段階のものは少量とされる。

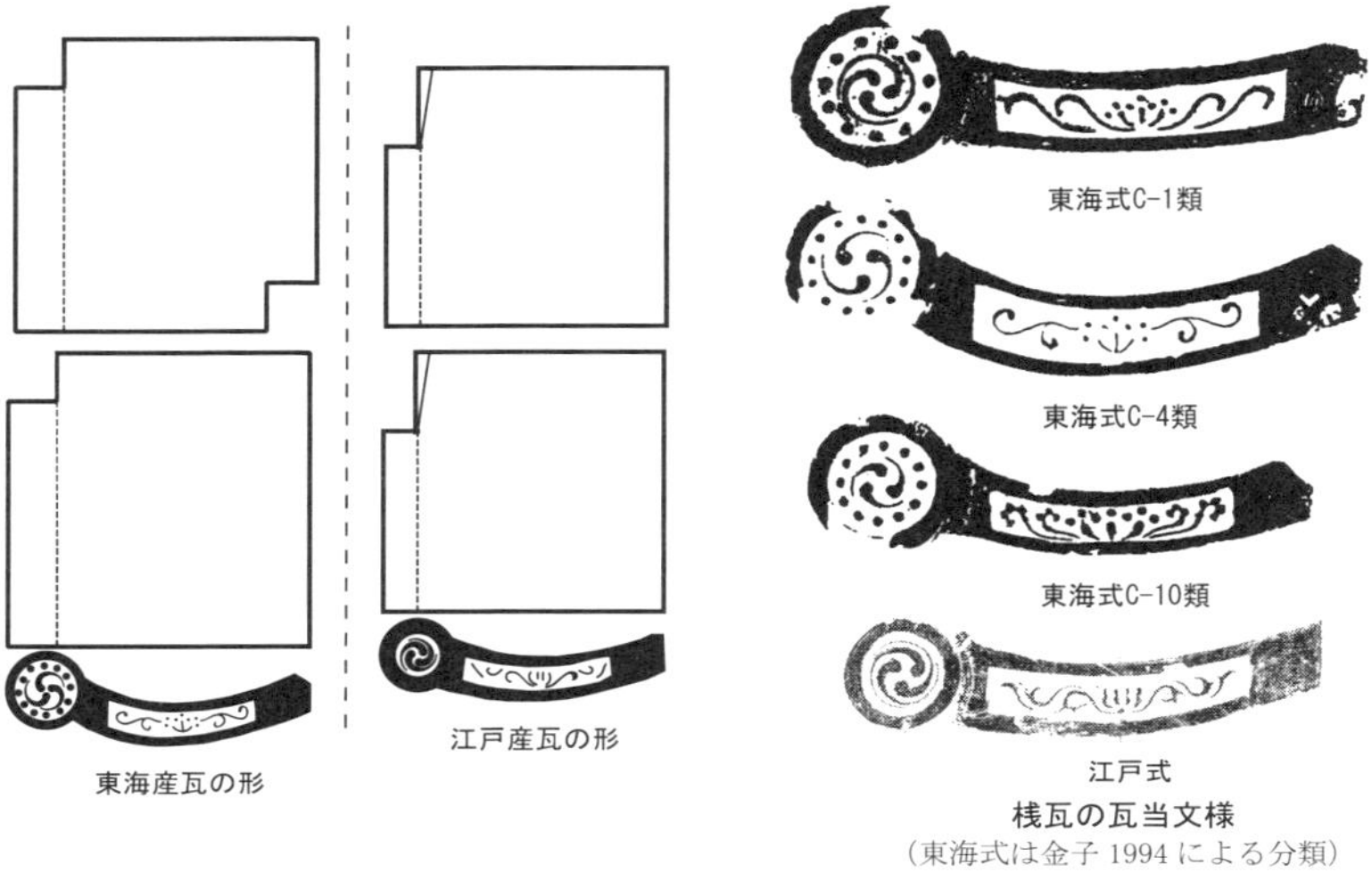

図 18　市谷邸に葺かれた瓦（内野 2004a より）

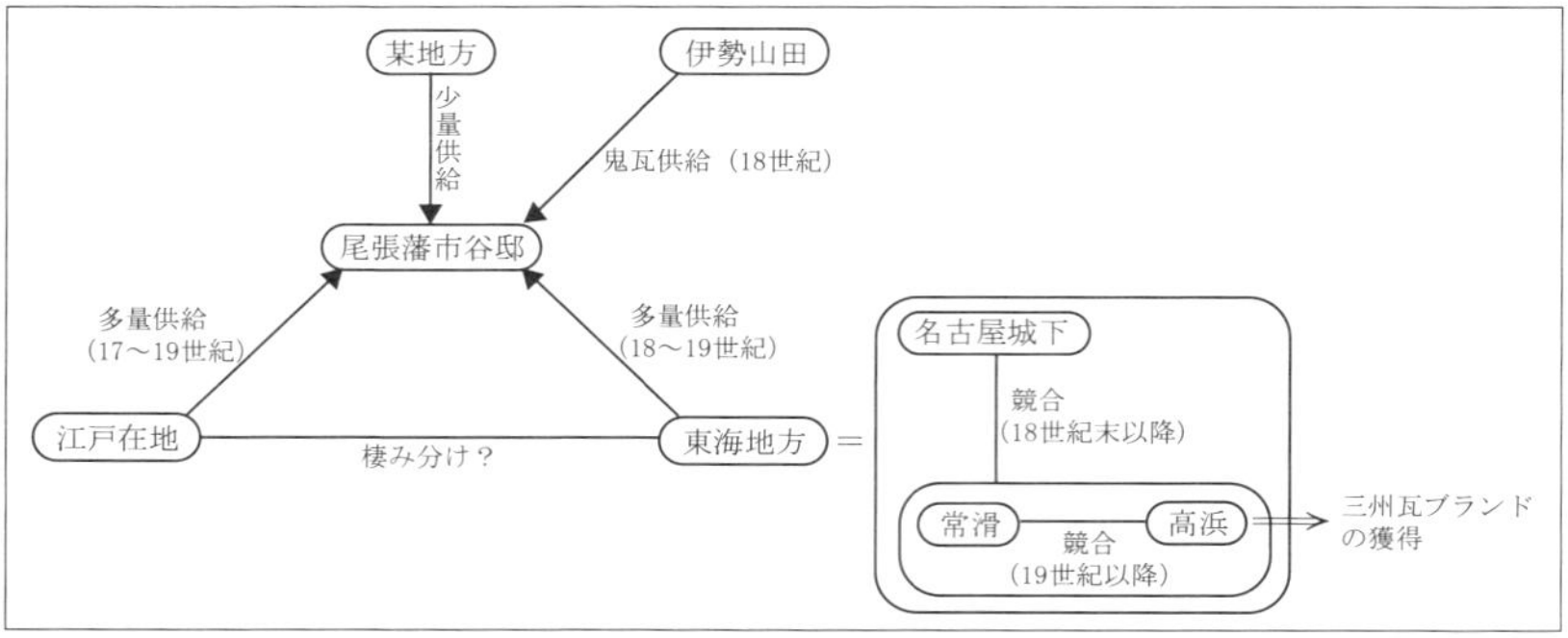

図 19　市谷邸を巡る瓦産地の動向（内野 2004a より）

表２　市谷邸時期別陶磁器・土器出土量

（内野 2004b より）

御殿期	期間	遺構数	破片数	破片数/期間
第１次御殿期	28年間	4	9,379	335.0
第２次御殿期	43年間	12	11,072	257.5
第３次御殿期	22年間	14	30,167	1371.2
第４次御殿期	41年間	28	50,978	1243.4
第５次御殿期	84年間	61	161,682	1924.8

＊500点以上出土遺構のみ

表３　麹町邸時期別遺物出土量

（後藤 1994 より）

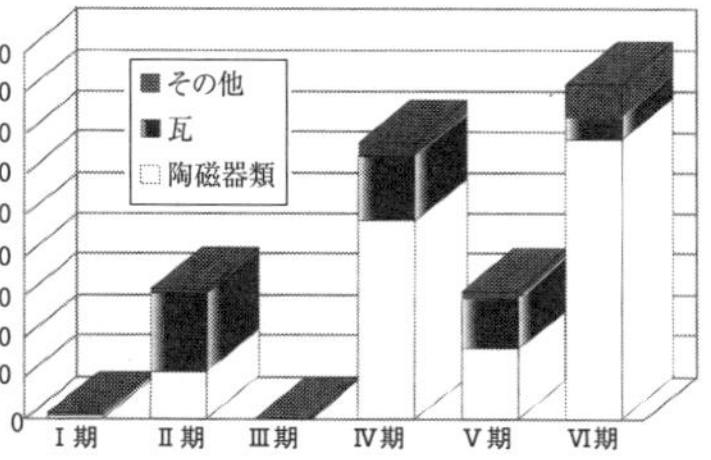

戸山荘では第五次調査において東海式C―１類の桟瓦が出土が確認されている（報29）。

市谷邸、麹町邸、戸山荘で葺かれた瓦の大きな特徴は、東海式の瓦当文様を有する桟瓦が一八世紀の比較的早い段階から採用されている点である。東海式の採用は市谷邸においては第三次御殿期、麹町邸においては第三段階（一七二五～二六）であり、このことは享保十年の市谷邸焼失以後の麹町邸と市谷邸の御殿作事が大きな契機であり、それが後々、国元の瓦生産の動向に大きな影響を与えたことが推測される（図19）。

E　遺物出土量

遺物出土量の時期ごとの変化は、藩邸に暮す人々の人数や生活様式などの変化の反映である可能性がある。

市谷邸内で使用された陶磁器・土器の絶対量の変化を知ることは現状では難しい作業であるが、その相対的な変化についてはある程度推し量ることができる。表２は陶磁器・土器が破片数にして五〇〇点以上出土した遺構を抽出し、御殿期ごとの遺構数と破片数の合計数をを示したものである。また、各御殿期は期間が異なるので、一年間当たりの破片数を示した。この表から先ず第一・二次御殿期に比較して、第三次御殿期にかけて大きな増加が見られ、さらに第四次御殿期から第五次御殿期にかけても増加している傾向が看取される。古い時代の遺構や遺物は新しい時代のそれよりも残存率が低いことを考慮しても、第二次御殿期と第三次御殿期の間、および第四次御殿期と第五次御殿期の間に大きな画期が存在することは認められる（内野二〇〇四b）。

麹町邸については第一次調査における報告で時期別の遺物出土量が示されており、その結果に従うと、Ⅲ期を除く、Ⅱ・Ⅳ・Ⅴ期で多くの出土量が見られる（後藤一九九四）。Ⅱ期は遺構数は多いが、一遺構あたりに含まれる遺物量は最大でも五〇〇点前後と比較的少なく、かつ各遺構から平均的に出土している。Ⅳ期については遺構数はⅡ期よりも少ない一方、一〇〇〇～四五〇〇点の遺物量を有する大型土坑も存在することから遺物量は突出している。Ⅴ期の遺構分布は希薄で、一〇〇〇点以上出土する遺構も存在するが、極めて少ない遺構もあり、全体的には前時代に比べると減少する。なお、Ⅲ期の出土量が極端に少ないのは、当該期の調査地点は御成御殿が存在した場所に相当することから、日常生活用品や建物の解体に伴う瓦などの廃棄物が少なかったことによるとされる。

市谷邸の第一次御殿期から第二次御殿期までと麹町邸のⅡ期については、一遺構当たりの出土量が五〇〇点を超えるものが少ない点は共通する様相と言える。一方、市谷邸において、第三次御殿期・第四次御殿期、さらには第五次御殿期にかけて遺物量が増加するのに対して、麹町邸についてはⅣ期からⅤ期にかけては減少する。麹町邸のⅣ期からⅤ期にかけての減少は、居住者の減少によるものと推定され、さらにそれは市谷邸における明和四年（一七六七）の西側添地の獲得による、麹町邸の中屋敷的機能の接収によるものと考えられている。

F　公用碗類

市谷邸においては一八世紀後半から一九世紀中頃（第四次御殿期から第五次御殿期）にかけての遺構から柳茶碗、御小納戸茶碗、灰釉平碗という陶器碗がまとまって出土する。これら三種の碗は他の遺跡での出土が皆無かあるいは少量であり、いわば尾張藩特有ともいえる出土状況を示している（図20、表4）。これらの碗類については、記された墨書

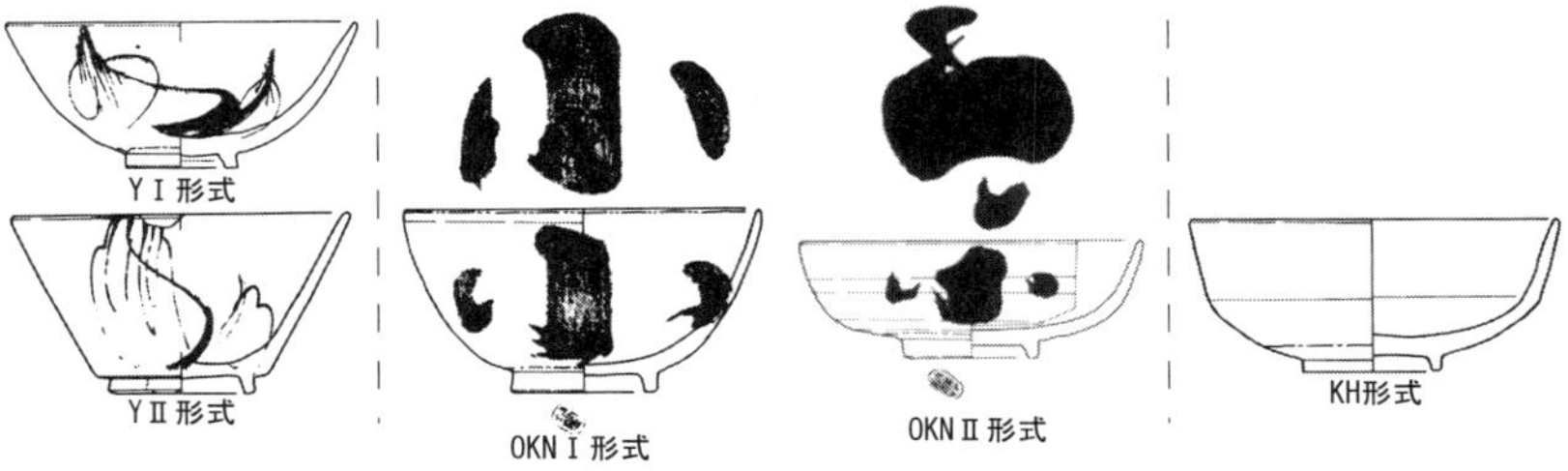

図20　市谷邸内で使用された柳茶碗・御小納戸茶碗・灰釉平碗（内野 2005 より）

表4　柳茶碗・御小納戸茶碗・灰釉平碗の使用された年代（内野 2005 より）

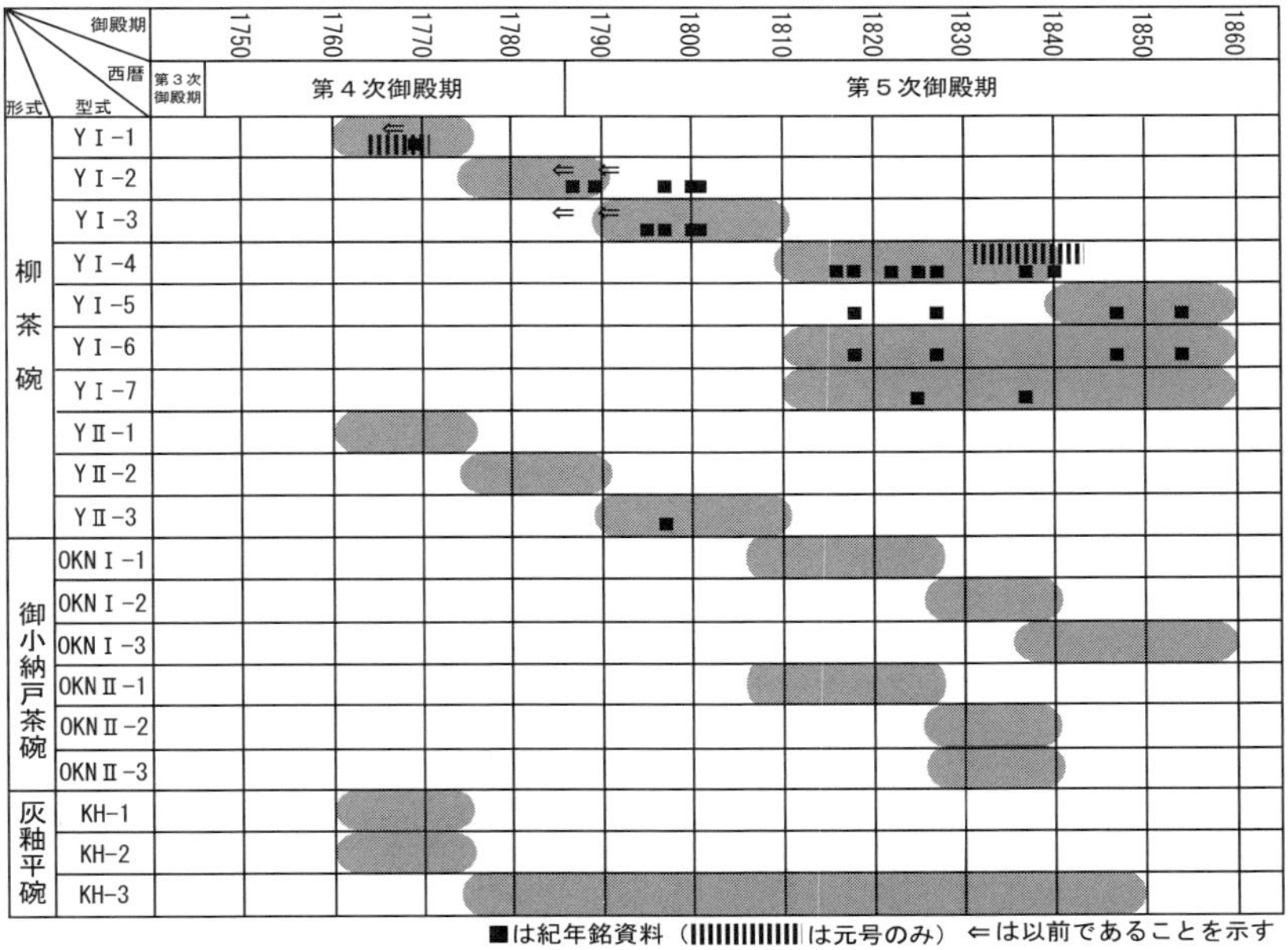

から御小納戸役など邸内の役職や部屋に調度として常備されていたものであることが判る（内野二〇〇五）。麴町邸においてはⅣ期前半頃から日常使用される陶磁器の中に小振りの碗類が多く確認されるようになり、藩邸内で公的に調度されるようになった可能性が指摘されている（後藤一九九四）。

このような市谷邸と麴町邸における一八世紀中葉から後葉の陶磁器碗類の様相の変化にみられる画期は邸内の役職の規模や性格の変化を示している可能性がある。

三　まとめ

尾張藩の市谷邸（上屋敷）、麴町邸（中屋敷）、戸山荘（下屋敷）について、発掘調査で得られた考古資料の中から、屋敷の構成要素をいくつか取り上げ、その時期ごとの変化について見てきた。それぞれの屋敷で発掘調査面積、調査地点の性格が異なるため、三つの屋敷を一律に比較することはできなかったが、一部、共通点や連動性を確認できたと考えられる。

御殿建物や長屋建物の基礎構造が掘立柱から礎石に変化するのは、市谷邸のみではなく、麴町邸や戸山荘においてもみとめられたが、この傾向は尾張藩に限るものではなく、一七世紀代の台地上に立地する大名屋敷をはじめとする武家屋敷の一般的なあり方であったと思われる。大名屋敷の御殿の基礎構造が掘立柱であったという事実は意外であり、今後その在り方の意味を再検討する必要がある。掘立柱から礎石建物への変化は、屋敷内における建物の建替えや土地利用による地盤の脆弱化と瓦葺きの建物への対応として考えられる。

江戸在地の瓦、いわゆる江戸式の瓦当を持つ瓦は尾張藩に限らず、他の武家屋敷においても一七世紀代から使用されているが、一八世紀前半から東海産の瓦を採用するのは尾張藩特有の事象である。東海式の瓦は当初は名古屋城下で生産され、尾張藩邸のみに供給されていたが、一八世紀後半から常滑や高浜などの海浜地帯に生産の主体が移り、尾張藩の屋敷以外の場所でも使用されるようになる。詳細な動向は今後検討する余地があるが、江戸の屋敷の経営が国許の産業のあり方に影響を与えた好例と言えよう。

石垣や石組溝・石組桝の変化は、尾張藩独自の動きではなく、当時の江戸における石材の流通に連動したものであり、市谷邸におけるその在り方はまさにその典型とすることができる。

遺物出土量や公用碗類などは屋敷内における人々の生活様式や組織の在り方を探ることのできる資料と言える。市谷邸において一八世紀半ば以降出土量が増加するのは、西側添え地の獲得と麴町邸からの家臣の移住が影響とされるように、尾張藩の内的な事情であると考えられるが、その一方、江戸一般の在り方とも比較する必要がある。御小納戸茶碗や柳茶碗、灰釉平碗は尾張藩市谷邸特有の遺物であるが、そのような特定の組織に帰属する器物が顕在化する在り方が、大名屋敷のあり方として通有のものであるか否かは今後検討の余地がある。

発掘調査によって得られた考古資料からは江戸時代を通じて大名屋敷が多様に変化していた様子がうかがえる。考古資料それぞれの変化については個々の大名屋敷内部の事情や国元との関係など、藩の独自性として捉えられる場合もあるが、一方、当時の都市江戸における一般的な動向のひとつに過ぎない場合もある。大名屋敷の経営は藩の財政を傾ける程の支出があったとされるが、反面、それは国元や都市江戸、あるいは他の地方に暮す人々の経済や文化を大きく刺激するものでもあった。近世大名屋敷を構成する物質的構成要素の時間的変化とその要因を解きほぐすことは、大名屋敷そのものの研究のみならず、それを取り巻く経済的・文化的環境の考察にも寄与すること大であり、今後の重要な課題である。

〔引用・参考文献〕

Ⅰ 論 文

内野　正　二〇〇四ａ「尾張藩市谷邸に葺かれた瓦の様相――尾張藩上屋敷跡遺跡出土資料から――」『研究論集』ⅩⅩ　東京都埋蔵文化財センター

内野　正　二〇〇四ｂ「発掘調査成果からみた尾張藩市谷邸――尾張藩上屋敷跡遺跡――」『考古学ジャーナル』№五一四　ニューサイエンス社

内野　正　二〇〇五「出土陶器碗からみた尾張藩市谷邸の画期――柳茶碗・御小納戸茶碗・灰釉平碗の分析から――」『研究論集』ⅩⅩⅠ　東京都埋蔵文化財センター

内野　正　二〇〇九「近世江戸における石組施設の変遷と画期――江戸遺跡検出事例から――」『江戸をつくった土木技術』（江戸遺跡研究会第二二回大会発表要旨）

金子　智　一九九四「尾張藩麴町邸出土瓦類の検討――軒平・軒桟瓦瓦当文様の変遷を中心として――」『尾張藩麴町邸跡』新日本製鐵株式会社・紀尾井町6―18遺跡調査会

後藤宏樹　一九九四「江戸時代の麴町と尾張藩麴町邸の変遷」『尾張藩麴町邸跡』新日本製鐵株式会社・紀尾井町6―18遺跡調査会

渋谷葉子　一九九四「尾張藩江戸藩邸のなかの麴町邸」『尾張藩麴町邸跡』新日本製鐵株式会社・紀尾井町6―18遺跡調査会

渋谷葉子　二〇〇〇「尾張藩市谷邸絵図史料の編年と考察」『尾張藩上屋敷跡遺跡Ⅴ――絵図集成編――』東京都埋蔵文化財センター

渋谷葉子　二〇〇六ａ「尾張徳川家の江戸屋敷」『徳川御三家　江戸屋敷発掘物語――尾張家への誘い――』新宿歴史博物館

渋谷葉子　二〇〇六ｂ「尾張徳川家江戸屋敷～市谷・麴町・戸山～絵図集成」『徳川御三家　江戸屋敷発掘物語――尾張家への誘い――』新宿歴史博物館

栩木　真　二〇〇三「地理的・歴史的環境」『尾張徳川家下屋敷跡Ⅱ』早稲田大学・新宿区戸山遺跡調査会

宮崎勝美　一九九四「尾張藩麴町邸絵図について」『尾張藩麴町邸跡』新日本製鐵株式会社・紀尾井町6―18遺跡調査会

宮崎勝美　二〇〇一「大名屋敷の性格と配置」『図説　江戸考古学研究事典』柏書房

村田香澄　二〇〇三「市谷邸の塀と土――復元図作成と通しての課題――」『尾張藩上屋敷跡遺跡Ⅸ』東京都埋蔵文化財センター

Ⅱ　報告書

〈市谷邸関連〉

報1　新宿区市谷本村町遺跡調査団　一九九三『尾張藩徳川家上屋敷跡―大蔵省印刷局市谷倉庫増築に伴う緊急発掘調査報告書―』

報2　新宿区市谷本村町遺跡調査団　一九九五『市谷本村町遺跡―（仮称）警視庁単身待機宿舎服遠寮建設に伴う緊急発掘調査報告書―』

報3　新宿区教育委員会　一九九五『市谷本村町遺跡―（仮称）防衛庁共済組合市ヶ谷結婚式場（教会式）新築工事に伴う緊急発掘調査概要報告―』

報4　新宿区市谷本村町遺跡調査団　一九九九『市谷本村町遺跡Ⅳ―大蔵省印刷局市谷倉庫改築に伴う緊急発掘調査報告書―』

報5　東京都埋蔵文化財センター　一九九六『尾張藩上屋敷跡遺跡Ⅰ』

報6　東京都埋蔵文化財センター　一九九七『尾張藩上屋敷跡遺跡Ⅱ』

報7　東京都埋蔵文化財センター　一九九八『尾張藩上屋敷跡遺跡Ⅲ』

報8　東京都埋蔵文化財センター　一九九九『尾張藩上屋敷跡遺跡Ⅳ』

報9　東京都埋蔵文化財センター　二〇〇〇a『尾張藩上屋敷跡遺跡Ⅴ』

報10　東京都埋蔵文化財センター　二〇〇〇b『尾張藩上屋敷跡遺跡Ⅵ』

報11　東京都埋蔵文化財センター　二〇〇一a『尾張藩上屋敷跡遺跡Ⅶ』

報12　東京都埋蔵文化財センター　二〇〇一b『尾張藩上屋敷跡遺跡Ⅷ』

報13　東京都埋蔵文化財センター　二〇〇二a『尾張藩上屋敷跡遺跡Ⅸ』

報14　東京都埋蔵文化財センター　二〇〇二b『尾張藩上屋敷跡遺跡Ⅹ』

報15　東京都埋蔵文化財センター　二〇〇二c『尾張藩上屋敷跡遺跡XⅠ』

報16　東京都埋蔵文化財センター　二〇〇〇d『市谷本村町遺跡―市ヶ谷北地区―』

報17　東京都埋蔵文化財センター　二〇〇二e『市谷本村町遺跡―市ヶ谷西地区―』

報18　東京都埋蔵文化財センター　二〇〇五『市谷本村町遺跡―市谷本村町マンション計画に伴う発掘調査報告書―』
報19　東京都埋蔵文化財センター　二〇〇六『尾張藩上屋敷跡遺跡XⅡ』

〈麹町邸関連〉

報20　新日本製鐵株式会社・紀尾井町6―18遺跡調査会　一九九四『尾張藩麹町邸跡』
報21　宗教法人カトリックイエズス会・千代田区麹町6丁目遺跡調査会　一九九五『麹町六丁目遺跡』
報22　ハウス食品株式会社・紀尾井町6―34遺跡調査会　一九九七『尾張藩麹町邸跡Ⅱ』
報23　学校法人上智学院・加藤建設株式会社　二〇〇六『尾張藩麹町邸跡Ⅲ』

〈戸山荘関連〉

報24　戸山遺跡調査会　一九九一『戸山遺跡』
報25　早稲田大学第一・第二文学部　一九九四『早稲田大学戸山キャンパス埋蔵文化財試掘調査概報』
報26　東京都下水道局・№85遺跡調査団　一九九九『尾張徳川家下屋敷跡Ⅲ』
報27　新宿区教育委員会　二〇〇一『尾張徳川家下屋敷跡遺跡』
報28　早稲田大学・新宿区戸山遺跡調査会　二〇〇三『尾張徳川家下屋敷跡Ⅱ』
報29　東京都埋蔵文化財センター　二〇〇八『尾張徳川家下屋敷跡Ⅴ』

仙台藩伊達家芝屋敷の形成と変遷

——沿岸域の大名江戸屋敷の造成——

石﨑俊哉

一　仙台藩伊達家江戸屋敷と芝屋敷

仙台藩伊達家江戸屋敷は、慶長六年（一六〇一）伊達政宗が徳川家康より、「御屋敷」「櫻田」「愛宕ノ下」「芝」の四カ所を拝領することに始まる（『治家記録』慶長六年十月巳亥大上旬「（略）○伏見ニ於テ、大神君ヨリ、公ヘ江戸ニ御屋敷ヲ賜ハルヘキ旨、仰出サル。○公江戸御屋敷、櫻田・愛宕ノ下・芝四箇所共ニ此年一度ニ拝領シ玉フヤ、又追々拝領シ玉フヤ、様子不知、（略）」）。伊達家江戸屋敷の所在・変遷については、表1に示した。『治家記録』中では、芝口海手屋敷の呼称について「浜屋敷」「浜（ノ）御屋敷」などと表記される。本文中では、便宜的に「伊達家芝屋敷」と表記する。

伊達家芝屋敷は、寛永十八年（一六四一）増上寺境内に拝領した下屋敷（慶長六年拝領の「芝」屋敷を指すか）の召し上げに伴い、替地として拝領を受ける（『治家記録』寛永十八年五月二十六日条「江戸ニ於テ阿部対馬守殿宅ヘ、久世九左衛門ヲ召出サレ、公ノ御下屋敷召ラルノ旨、仰渡サル。此御屋敷ハ今ノ増上寺ノ境内ナリ、此以後、替地トシテ浜ノ御屋敷ヲ賜フ。此月霜月下旬以

表1　仙台藩伊達家江戸屋敷一覧

区分・所在	拝領・取得	坪数（残地）	上地・譲渡	備考
上屋敷				
外桜田	慶長八年（一六〇三）　拝領	不詳	寛文元年（一六六一）二月三日　上地	
愛宕下	寛文元年（一六六一）二月三日　唱替	一〇、八四二	延宝四年（一六七六）	外桜田屋敷上地後一時上屋敷
芝口海手	延宝四年（一六七六）　唱替か	二五、八一五	明治二年（一八六九）四月十九日	宝永四年七月六日　海手分割上地 寛保三年十月　海手拝領囲込 明治二年　日比谷邸下賜
中屋敷				
愛宕下	寛永年間	一〇、八四二	寛文元年（一六六一）	上屋敷へ唱替
愛宕下	延宝四年（一六七六）		明治二年（一八六九）以降	芝口海手屋敷の上屋敷唱替により中屋敷へ
山下門内	（拝領年不詳）	七、八三六	明暦三年（一六五七）五月十四日	
下屋敷				
芝口海手	寛永十八年（一六四一）　拝領		延宝四年（一六七六）	上屋敷へ唱替か
高輪台	明暦三年（一六五七）五月十四日　拝領	不詳	不詳	山下門内屋敷の替地
品川	万治元年（一六五八）五月十六日　拝領	（三、一四〇）	明治二年（一八六九）	宝永四年七月九日　添地拝領 元文二年二月十六日　切坪相対替 文化五年三月　切坪相対替 天保十一年六月十九　相対替囲込
麻布	寛文元年（一六六一）三月五日　拝領	（二一、一九三）	明治二年（一八六九）	享保八年八月五日　分割上地 安政五年三月十五日　切坪相対替
宇田川町	延宝三年（一六七五）九月朔日　拝領	二、五〇〇	元禄八年（一六九五）七月二日　相対替	

麻布六本木	元禄八年(一六九五)七月二日　相対替	(四、三一六)	元禄十三年(一七〇〇)二月　相対替	元禄十一年二月　分割上地
深川	元禄十一年(一六九八)二月　拝領	一、八三九	明治二年(一八六九)	元抱地・蔵屋敷 文化五年三月五日　相対替増地
大崎	元文二年(一七三七)十月二十八日　相対替	二三、六七〇	明治二年(一八六九)	寛保三年八月十八日　抱地囲込
木挽町	不詳	二、〇二五	天保十一年(一八四〇)六月十九日　相対替	
千住小塚原	安政五年(一八五八)三月十五日　相対替	二、四〇〇	明治二年(一八六九)	

(おもに桂又四郎編「江戸藩邸沿革」〈『東京市史稿』市街篇四七〉より作成)

後歟、年月不知、今ノ御上屋敷是ナリ」)。

延宝四年十二月(一六七六)四代藩主綱村の移徙《わたまし》に先行して屋敷内の作事が行われることから、この状況が唱替による下屋敷から上屋敷への変化を示すと考えられる。宝永四年(一七〇七)海手汐留川沿いでの新道造営があり、脇坂家芝屋敷共々屋敷の一部を幕府に接収され、同時に代替えとして品川屋敷への添地を拝領する。またこれに伴い、脇坂家・保科家両芝屋敷を区画する境堀および伊達家船入場水門付近への架橋がなされる。寛保三年(一七四三)には、六代藩主宗村の襲封に伴い、芝上屋敷への移徙を契機として奥向きを中心とした屋敷の大規模な改変がなされる。これを起因として自分普請により、宝永四年に減じた海手道路部分を添地として囲い込み、屋敷を拡張する。加えて、浜御殿側の堀(汐留川)の一部を埋め立て海手道路の付け替えを行う。ちなみに、宗村夫人は徳川吉宗養女利根姫である。以後、御用地として接収されるまで、屋敷外郭域の変化はない。

伊達家芝屋敷は、『日比谷邸日記』(仙台市博物館所蔵/『汐留遺跡Ⅳ』第一分冊資料編所収)明治二年(一八六九)四月二十日の記事より、同年四月十九日に東京府への引き渡しを行うとあり、ここに終焉を迎えることとなる。日比谷邸は大名小路（江戸城内堀と外堀に挟まれる区画）南端の日比谷御門と数寄屋橋御門の間で内堀に面する区画に位置し、その下賜は芝屋敷引き渡しに遡ることと考えられる。「明治二己巳年改正東京大絵図全」（明治二年三月、東京都立中央図書館所蔵／『汐留遺跡Ⅳ』第一分冊資料編付図所収）では、日比谷邸の位置に「家紋（竹に雀）伊達亀三郎」（伊達亀三郎は第十四代藩主宗基）と表記される。「大槻安広履歴」（平一九六九）によると明治二年以降の伊達家の私邸は、日比谷邸と愛宕邸の二カ所になるようである。拝領以後、芝屋敷に甚大な被害を与え、事後大規模な屋敷の普請が行われた主な被災は以下である。

明暦三年大火　『治家記録』明暦三年一月十九日条「御屋敷桜田ノ御上屋敷、及ヒ御本屋敷、浜ノ御下屋敷、愛宕ノ御中屋敷四所共ニ焼失ス。御下屋敷ノ内、御兵具蔵一宇、御大所蔵一宇許リ残レリ」

寛文八年大火　『治家記録』寛文八年二月一日条「上屋敷浜屋敷及伊達兵部太輔殿〈宗勝〉田村右京亮殿屋敷類焼ス」

元禄十六年震災　『家世実紀』元禄十六年十一月二十三日条「此方三御屋敷御座之内不残破損」

『治家記録』元禄十六年十一月二十二日条「二十二日甲子今夜丑刻大地震卯刻ニ及テ止是後十二月下旬ニ至テ日々地震数回ナリ」

『治家記録』元禄十六年十一月二十四日条「二十四日丙寅一昨夜中ヨリ数回震スルヲ以テ老中方ノ邸へ公義使ヲ以テ公方桂昌院殿御安否ヲ伺ハル」

宝永四年
富士山噴火　『治家記録』宝永四年十一月二十三日条「午上刻ヨリ西南ノ方曇リ、雷泣如ク鳴動、不絶戸障子鳴響キ、折々地震、未上刻ヨリ大曇リ灰降ル、酉刻ヨリ丑刻マテ鳴響キ、砂降ル、寅上刻ヨリ風吹キ明発ニ止ム」

『治家記録』宝永四年十一月二十五日条「卯刻ヨリ西南東曇リ、巳刻少晴、午刻東西南曇リ鳴響ク、未下刻ヨリ天曇リ砂降ル、申刻ヨリ雷鳴ノ如シ、入夜砂降リ鳴動、寅刻砂止ム、富士山焼却ト云々」

享保三年十二月火災　『治家記録』享保三年十二月二十九日条「第宅ハ奥ニ至マテ不残焼却表長屋大手門ヨリ三十間計北ノ方残ル中長屋府庫等ハ大半存スル旨」

享保九年大火　『治家記録』享保九年一月晦日条「今日芝口筋ヨリ之出火ニ而私居屋敷致類焼候本宅不残類焼仕西表長屋南之方江打廻シ相残北之方長屋半分相残中長屋茂少々焼残申候東裏門等少残致候此段御届仕候以上」

享保十六年大火　『治家記録』享保十六年四月十五日条「南方ノ長屋炎上防クコト不能楽屋書院御座間奥方等延焼シ本邸ハ尽ク焼却ス」

天明四年大火　『治家記録』天明四年十二月二十七日条「上邸及ヒ木挽丁邸灰燼トナル」

寛政六年大火　『治家記録』寛政六年一月十日条「上邸尽ク灰燼ス」

文政七年火災　『治家記録』文政七年十二月五日条「上邸延焼正門及ヒ外堂宇尽ク灰燼ス」

これら被災の痕跡は、遺構にみる屋敷内諸施設の空間配置および屋敷の変遷を考える上で外郭域の変化と合わせ重要な事象である。以上に挙げた史料を踏まえ、拝領から終焉までに至る屋敷外郭域の変化を中心に画期となりうる事象は以下にまとめることができる。

画期①　寛永十八年　下屋敷拝領。下屋敷空間の成立と船入場空間の形成。

画期②　延宝四年　上屋敷唱替。初期上屋敷空間の成立。

画期③　宝永四年　屋敷地の縮小。幕府による新規道路造営のため屋敷海手側一部を接収。

画期④　寛保三年　拝領囲込。自分普請により海手側へ屋敷拡張。

画期⑤　明治二年　屋敷引き渡し。

さらに、延宝四年以降の上屋敷の画期について、佐藤巧氏は『治家記録』に現れる被災と屋敷造営に関する記録や、屋敷内の部屋名に関する詳細な分析により、以下のⅦ期に区分している（佐藤一九八五）。確認している伊達家芝屋敷絵図を含めまとめると以下のとおりである。

Ⅰ期　延宝四年～享保三年（一六七六～一七一八）…享保三年十二月類焼まで

Ⅱ期　享保六年～享保九年（一七二一～二四）………享保六年上邸落成以降、享保九年一月類焼まで

Ⅲ期　享保十年～享保十六年（一七二五～三一）……享保十年仮館完成以降、享保十六年延焼まで

Ⅳ期　享保十九年～天明四年（一七三四～八四）……享保十九年新築完成以降、天明四年灰燼まで

「伊達家芝上屋敷絵図」（『朴沢家文書』仙台市博物館所蔵／佐藤一九八五・附図一―二／図1―1）

「伊達家芝上屋敷絵図」（同上／同上　附図一―一）

「伊達家芝上屋敷御表方造作物差図」（同上／同上　附図一―三）

Ⅴ期　天明五年～寛政六年（一七八五～九四）………寛政六年大火上屋敷焼失〈筆者による。以下同じ〉

Ⅵ期　文化元年～文政七年（一八〇四～二四）………文政七年大火上屋敷焼失

「御上屋敷絵図」（『近世留守家文書』奥州市立水沢図書館所蔵／図2）…文化二年頃（「松平金之助」保科容往襲封年）

「仙台藩江戸上屋敷略絵図」（『松林家文書』／図1―2）…文化十四年頃

Ⅶ期　文政八年～明治二年（一八二五～六九）………明治二年四月十九日引渡しまで

1
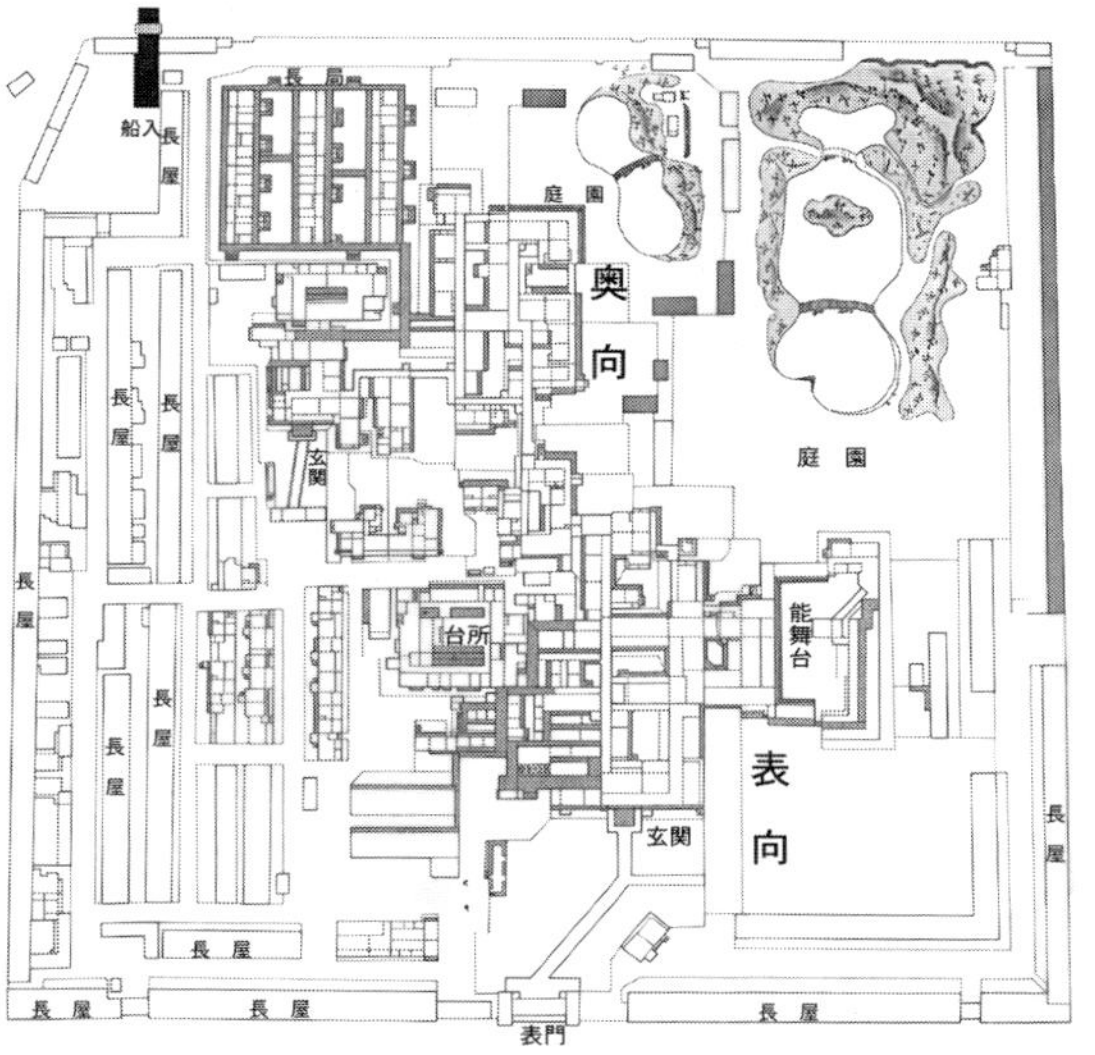

「伊達家芝上屋敷絵図」
享保16年から天明4年の姿
佐藤巧『近世武士住宅』付図よりトレース

2
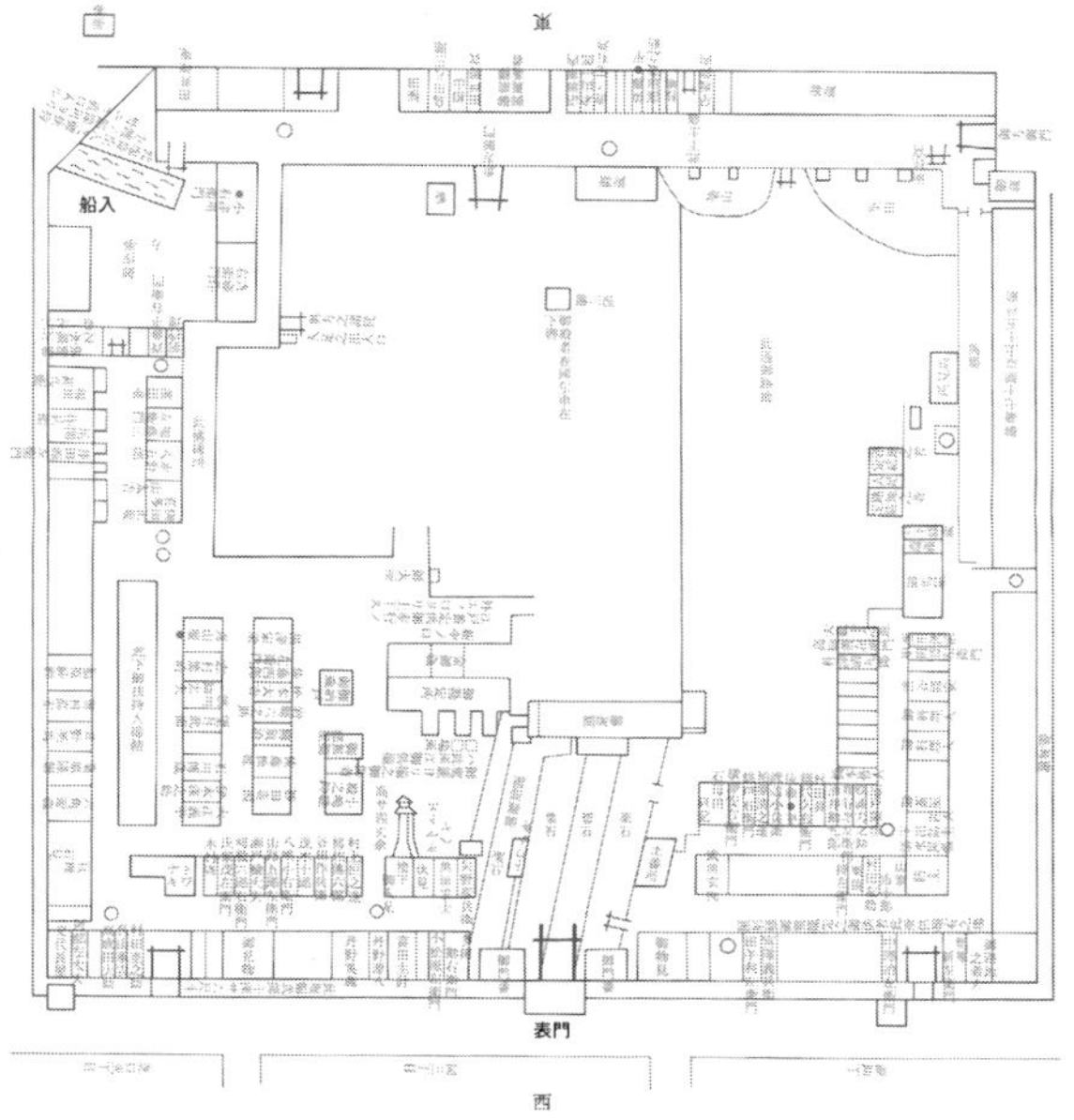

「仙台藩江戸上屋敷略絵図」
文化14年当時
渡辺洋一「『仙台藩江戸上屋敷略絵図』について」より

図1　伊達家芝屋敷絵図1

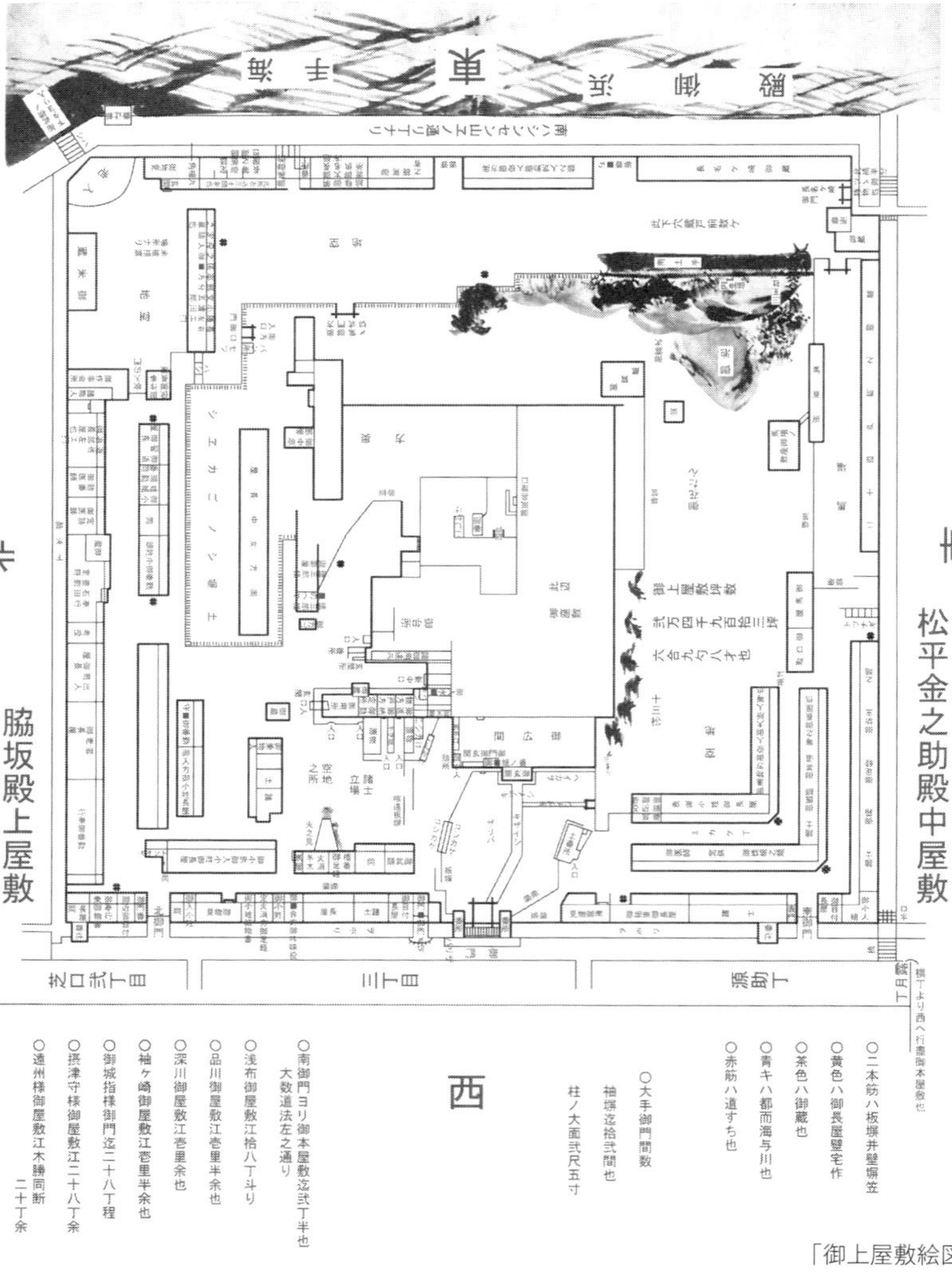
東
北
西
南
脇坂殿上屋敷
松平金之助殿中屋敷
芝口弐丁目
三丁目
源助丁
御上屋敷惣坪数
弐万四千九百拾三坪
六合九勺八才也
○二本筋ハ板塀并壁塀笠
○黄色ハ御長屋壁宅作
○茶色ハ御蔵也
○青キハ都而海与川也
○赤筋ハ道すち也
○大手御門間数
袖塀迄拾弐間也
柱ノ大面弐尺五寸
○南御門ヨリ御本屋敷迄弐丁半也
大数道法左之通り
○浅布御屋敷江拾八丁斗り
○品川御屋敷江壱里半余也
○深川御屋敷江壱里余也
○袖ヶ崎御屋敷江壱里半余也
○御城指様御門迄二十八丁程
○摂津守様御屋敷江二十八丁余
○遠州様御屋敷江木勝同断
二十丁余
「御上屋敷絵図」

図２　伊達家芝屋敷絵図２（『汐留遺跡Ⅳ』より）

「江戸御屋敷御殿略絵図」（宮城県立図書館所蔵／『汐留遺跡Ⅰ』第一分冊所収）…「天保十年仲秋写之」の記述「伊達家芝上屋敷絵図」と「江戸御屋敷御殿略絵図」および「御上屋敷絵図」とを対比した場合、奥向きの建物形状の変化および庭園未描写などその姿を大きく変えていることが指摘でき、少なくとも寛政六年（一七九四）大火以降、屋敷造作により御殿エリアが大きく変化する。

二　伊達家芝屋敷の造成

1　伊達家芝屋敷の形成基盤について

江戸沿岸域の原風景は、「江戸前島」と呼称される半島状の砂州と、その西側に位置し江戸城直下まで深く入り込む「日比谷（の）入江」に代表される。地盤高図（図3）を参考にすると、前者は本来本郷台地から南に連続する台地が波の浸食作用により形成された洪積層からなる波蝕台（埋没地形である「日本橋台地」と呼称）を基盤とし、この上部に堆積した沖積層を基層とする。また、後者は埋没谷（「丸の内谷」と呼称）を基底とし、さらに「日本橋台地」はその東側に形成された同様の埋没谷である「昭和通り谷」に挟まれる（貝塚一九七九・一九九〇）。汐留遺跡は、本郷台地縁辺の駿河台下から広がる「日本橋台地」を基底とする平坦な地形の最南端にあたる。基盤層を形成する洪積層（東京層と呼称される硬質粘土層・ドタン）より上位の堆積は、下部より小礫と貝殻片から構成される堆積層（有楽町貝層）、沖積粘土層、沖積砂層からなる。よってこの沖積砂層は、江戸時代「前島」と呼称された半島状の砂州の母体であり、また江戸時代この地を拝領された大名の江戸屋敷の基層ともなる。汐留遺跡を含む沿岸域の埋め立ておよび地盤改良な

図３　東京の地形と－10ｍ地盤高（グレーは埋没谷）

どによる造成は、『慶長見聞集』（巻之七）の記述から徳川家康の江戸入部（天正十八年〈一五九〇〉）以後、江戸城造成と合わせて実施された都市江戸の基盤整備の一環として成立したと類推される。

伊達家芝屋敷範囲の堆積状況をさらに詳述すると、以下のとおりである。基盤層である硬質粘土層（標高約マイナス一・二メートル）は、屋敷中程の地点まで南へ緩く傾斜するが、おおむね平坦な面を形成する。硬質粘土層より下位は洪積砂層であり、沖積層上部の砂層とは異なり粒子の粗い砂である。硬質粘土層は保科家屋敷境（会仙川）付近で途切れ、基盤層は南側へ急激に傾斜するが、直上の貝層は若干の傾斜はあるものの基盤層との間に堆積する粘砂質の沖積層を挟みほぼ水平な堆積状態を保つ。貝層上位には、沖積粘質土層が堆積する。さらに、その上層として砂層が堆積し、これが芝屋敷の直接の基層を形成する。沖積砂層は、下位において微細な粘土粒を含むが、ロームブロックなどの混入土や脇坂家・保科家の屋敷拡張範囲にみられる重層的な木片層の堆積も認められず、総体的に極めて緻密で均質な砂粒である。また、砂層最上部のかなりの範囲が黄褐色を呈することから、恒常的に地下水の影響を受け得る状態（還元状態）であったというよりはむしろ空気にさらされた状態（酸化状態）を示すと判断され、脇坂・保科両芝屋敷を含め三屋敷の中では比較的地盤条件の良い範囲における選地であったことが想定される。以上の状況から、伊達家芝屋敷形成期における造成は、大規模な客土をもって埋め立てたとするよりも、むしろ地味の悪い箇所の地盤改良が主ではなかったかと推測するものである。

2 伊達家芝下屋敷の造成過程

伊達家芝下屋敷造成域の基本的な土留め施設は、土留め竹柵と土留め板柵である。両者とも造成対象域に対して前面を土留め面とし、構造的にはおおむね前面支持杭と横木材である板もしくは竹からなる。板柵の多くは、前面支持杭の背後に設置される。また、竹柵は支持杭に絡めて重層的に積み上げられる。さらに両者とも背後の構造として、前面を支持する控えの横木材およびそれを留める支持杭からなる。堆積層と土留め施設の関係では、土留め竹柵・板柵において重層的に積まれる横木材の最下端が沖積粘土層より下位には至らないことが注目される。これは、土留め施設を設置する際に基盤層まで掘り下げず、おおむね沖積粘土層まで除去したうえで横木材を設置しつつ、前面を支持杭で留めた後に杭をより深く打ち込み、さらに背後の控えの横木材・支持杭も下部に地山（砂層・粘土層）を残した状態で設置されたものと推測する。

これら土留め竹柵・板柵の下端標高値は、マイナス〇・二～マイナス一・三メートルとややバラツキがあるものの、おおむね屋敷南側および海手側において低くなる傾向が数値から読みとれる。また、土留め施設の傾斜角度に着目すると、約四五度、七〇度前後、九〇度近似、の数値にまとめることができる。傾斜角が大きいほど土留め施設にかかる負荷の高いことは想像に難くなく、よって土圧に対する支持力も高いものと考えられる（表2）。

造成のプロセスは、土留め施設面の方向およびそれに区画される背後の土留め対象範囲の推移から大筋推測できる。本稿の中では、便宜的に、土留め施設により区画された造成対象範囲を「土留め空間」、船入場空間を含め一定期間機能したと考えられる区画を「空間」、空間と外部との連絡口を「開口部」と呼称する（図5）。

造成過程1　伊達家芝下屋敷造成第一段階。初期造成域の形成。初期造成域は、より陸地に近い伊達家芝屋敷の西側に位置する空間で、約五五メートル（約二九間…一間＝六・三尺／約一・九一メートル換算）の間隔を置き平行する二条の竹柵を各々土留め空間東縁とし、脇坂家・保科家両芝屋敷境に至る二区画の造成域を形成する。土留め竹柵の最大長は、屋敷南北幅に当たる約二九〇メートル（約一五二間…同上換算）である。両者とも竹柵上部付近で貝殻の堆積層が顕著に認められ、なおかつこの二条の土留め竹柵は南北両面を同様の竹柵によって区画される三カ所の水路状空間が付随し、さらにそれぞれがほぼ等しい位置に設置される構造上の共通点がみられる。また、土留め空間東縁竹柵と水路状空間北縁竹柵が連続的に構築されている状況もあることから当初この水路状空間が東側に開口していたことを示し、次の行程に進行する段階で同様の竹柵により閉鎖する工程を踏む（図6）。以上の事象より水路状空間は、造成域の駆水を目的とした施設と考えられ、柵上部の貝殻層も同様の意味合いが想定される。

造成過程1―① 土留め空間A（第一次初期造成域）の形成。土留め竹柵の最下端標高値はマイナス〇・六～マイナス〇・八メートル、傾きは約四五～五〇度W（西側傾斜）を計る。

造成過程1―② 土留め空間B（第二次初期造成域）の形成。土留め竹柵の最下端標高値はマイナス〇・八～マイナス一・〇メートルを計り、傾きは約六五～七三度Wである。

造成過程1とした土留め空間Aと土留め空間Bの各東縁竹柵にみられる傾斜角の差は、後者がより支持力のある施設と推定され、前者が経過的な施設と捉えられ、前者から後者への段階的な進行を示すと判断できる。

造成過程2 伊達家芝下屋敷造成第二段階。

造成過程2―① 海手側の初期船入場空間（空間A＋ア＋B＋イ＋C＋D）の形成を目的としたこれを取り巻く空間の造成であり、かつ下屋敷造成域が確定する段階である。土留め施設は、基本的に板柵による。造成区画は、以下に区分される。

① 土留め空間C…脇坂家芝屋敷に面する屋敷外郭北縁の造成空間。土留め空間南縁は板柵による。

この南縁土留め板柵西端は、土留め空間B東縁竹柵の上端よりも上位に位置し、さらに土留め空間D西縁板柵

表２—２　伊達家芝屋敷土留め施設一覧

	区画		名称	面方向	遺構番号	柵下端【胴木上端】最小標高値	傾き平均値	備　　考
船入場空間	空間Ｃ		石垣	南西	5H-680	【-1.47~-1.99】		間知石・胴木　石垣部分的に一段のみの遺存
			石垣	南西	１号堀北石垣			5H-680 に同じ　間知石・胴木
			石垣	北東	5H-678	【-2.15~-1.95】		間知石・胴木
			石垣	北東	１号堀南石垣			5H-678 に同じ　間知石・胴木
			石垣	北西	5G-626			間知石・胴木　石垣最上端 -0.40
			石垣	北西	6H-306	【-1.60】		間知石・胴木
	空間イ		石垣	南東	１号堀東石垣	【-1.30】		石垣最上端 -0.90
	空間Ｄ		石垣	南東	6I-468	【-1.93~-1.38】		
			石垣	北西	6I-467	【-1.30~-1.50】		間知石・胴木
	開口部Ｂ		石垣	南西	6H-267			間知石・胴木　開口部Ｂ北
			石垣	南西	6H-336			間知石
			石垣	北東	6H-305			間知石・胴木　開口部Ｂ南
			石垣	北東	6H-304			間知石
	開口部Ｃ付近		石垣	南東	6I-469			間知石・胴木　5I-111 板柵へ
			石垣	北東２	6I-472			間知石・胴木　6I-468 と直行
			石垣	南西	6I-498			間知石・胴木
			石垣	北西１	6I-493			開口部Ｃ古南西石垣へ連続
			石垣	北西２	6I-492	【-1.20】		間知石・胴木　開口部Ｃ古北東石垣へ連続
			土留め板柵	北西	6I-475	-0.74		6H-285 と同じ
			石垣	北東	6I-466			間知石・胴木　開口部Ｃ新
			石垣	北西	6I-467			間知石・胴木　6I-466 と直行　隅角切石
			石垣	南西	6I-499			間知石
			石垣	南西	6I-516			間知石
			石垣	北東	6I-516			間知石
	開口部Ｃ		石垣	南西	6I-473			間知石・胴木　開口部Ｃ南西石垣
			石垣	北東	6I-474			間知石・胴木　開口部Ｃ北東石垣
船入場縮小	空間Ｄ縮小		石垣	南西	6I-470			間知石・胴木
			石垣	北西	6I-471			間知石・胴木
			石垣	南西	6I-461			間知石・胴木
			石垣	南東	6I-465			間知石
			石垣	南東	6I-464			間知石・胴木
			土留め板柵	南東	6I-507			
			土留め板柵	北西	6H-271			
			土留め板柵	南東	6I-413			
			土留め板柵	北東	6I-414			
			土留め板柵	北西	6I-415			
			土留め板柵	南東	6I-416			
			土留め板柵	北東	6I-417			

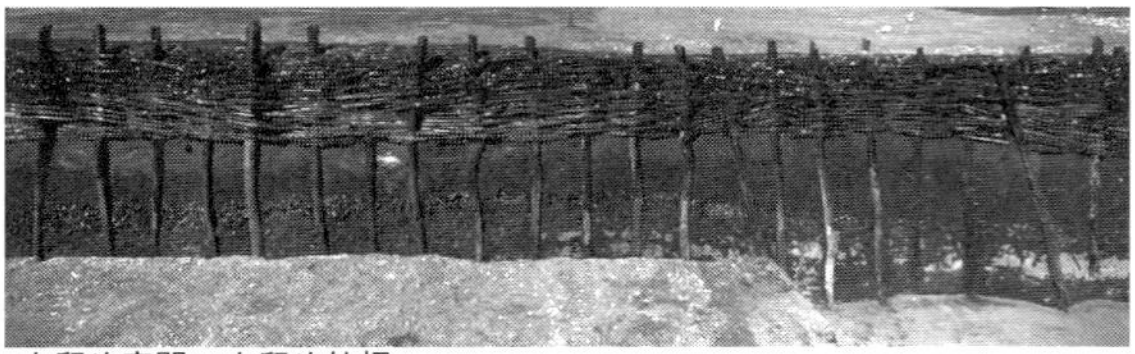

土留め空間Ｂ土留め竹柵

土留め竹柵断面

土留め空間Ｆ土留め板柵

図４　土留め施設
（東京都教育委員会提供）

表２―１　伊達家芝屋敷土留め施設一覧

	区画		名称	面方向	遺構番号	柵下端【胴木上端】最小標高値	傾き平均値	備　考
	屋敷境堀		空間		6J-500			脇坂家芝屋敷とを区画する堀
	屋敷境堀	屋敷北縁	石垣	北東	6J-665			間知石・胴木
			石垣	北東	6J-666			間知石・胴木
			石垣	北東	6J-568			間知石・胴木
			土留め板柵？	北東	6J-367			控え横木・杭のみ
造成過程1	土留め空間A	東縁	土留め竹柵	南東	5K-315	−0.60 平均	47°	上部貝殻層
			土留め竹柵	南東	4J-386	−0.80 平均	45~50°	上部貝殻層
			土留め竹柵？	南東	4K-074			水路１北　上部貝殻層のみ
			土留め竹柵？	北西	4K-083			水路１南　遺存遺構なし
			土留め竹柵	南東	4J-456			水路２北　竹柵残片
			土留め竹柵？	北西	4J-457			水路２南　遺存遺構なし
			土留め竹柵？	南東				水路３北　上部貝殻層
			土留め竹柵？	北西				水路３南　上部貝殻層
	土留め空間B	東縁	土留め竹柵	南東	5J-265	−0.80 平均	70°	上部貝殻層
			土留め竹柵	南東	5J-500	−0.80~−1.00	65~73°	上部貝殻層
			土留め竹柵	南東	5J-500	−1.00	60°	上部貝殻層
			土留め竹柵	南東	5J-266	−0.70		水路１北　上部貝殻層
			土留め竹柵	北西	5J-263	−0.80		水路１南　上部貝殻層
			土留め竹柵	南東	5J-577			水路２北　上部貝殻層？
			土留め竹柵	北西	5J-578			上部貝殻層？
			土留め竹柵？	南東				水路２南　実体不明　5J-500 が断絶
			土留め竹柵？	北西				水路３南　実体不明　5J-500 が断絶
造成過程2	土留め空間C	南縁	土留め板柵	南西	5J-264			5J-267 に直交接続
			土留め板柵	南西	5J-049	−0.40~−0.60	65°	
	土留め空間D	東縁	土留め板柵	南東	5J-050	−0.5~−0.90	65°	
		西縁	土留め板柵	北西	5J-267			5J-264 と直交接続
			土留め板柵	北西	1号土留	0.30	*90°	5J-267 と同列
		南縁	土留め板柵	南西	2号土留	−0.25		水路状空間北
	土留め空間E	南縁	土留め板柵	南西	5I-110	−0.40	33°	水路状空間北
		東縁	石垣	南東	6I-469			空間C 船入場石垣　間知石
	土留め空間F	北縁	土留め板柵	北東	5J-501	−0.20~−0.70	75°	水路状空間南
			土留め板柵	北東	5I-111			水路状空間南
		東縁	土留め板柵	南東	6I-234	−0.40	40°	
			土留め板柵	南東	6I-234	−0.60	40°	
		南縁	土留め板柵	南西	5H-018	−0.70	56°	
			土留め板柵	南西	5H-018	−0.60	45°	
			土留め板柵	南西	3号土留		*90°	4号土留めに直交
			土留め板柵	南西	5H-019		*59°	
	土留め空間G	北縁	土留め板柵	北東	4H-313	−1.00	65°	
			土留め板柵	北東	6号土留	−0.80	*90°	
			土留め板柵	北東	5H-681		*90°	
			土留め竹柵	北東	5H-679		*90°	
	土留め空間H	北縁	土留め板柵	北東	5H-681	−1.30	*90°	
			土留め竹柵	北東	5H-679	−0.80	*90°	
	開口部A		石垣	南東	4H-119	【−2.65~−2.90】		会川側への水路　間知石・胴木
			石垣	北西	4H-118	【−2.26~−2.70】		会川側への水路　間知石・胴木
	土留め空間I	西縁	土留め板柵	北西	5G-627	−1.10	40°	
	土留め空間J	西縁	土留め板柵	北西	6I-475	−0.74	35~40°	
			土留め板柵	北西	6H-285	−0.7 平均	35~40°	6I-475 に同じ
初期船入場空間	空間A	北縁	土留め板柵	北東	6I-235	−1.62	*90°	
		東縁	土留め板柵	南東	6I-307	−1.20	73°	
		南縁	土留め板柵	南西	5H-677			概ね支持杭のみ
			土留め板柵	南西	5号土留	−1.50	*90°	5H-677 に連続
	空間ア	東縁	土留め板柵	南東	4号土留	−0.50	*90°	3号土留に直交
			土留め板柵	南東	5H-734			空間A内　杭のみ
	空間B	北縁	石垣	北東	6I-472			間知石
		東縁	石垣	南東	6I-468			間知石・胴木

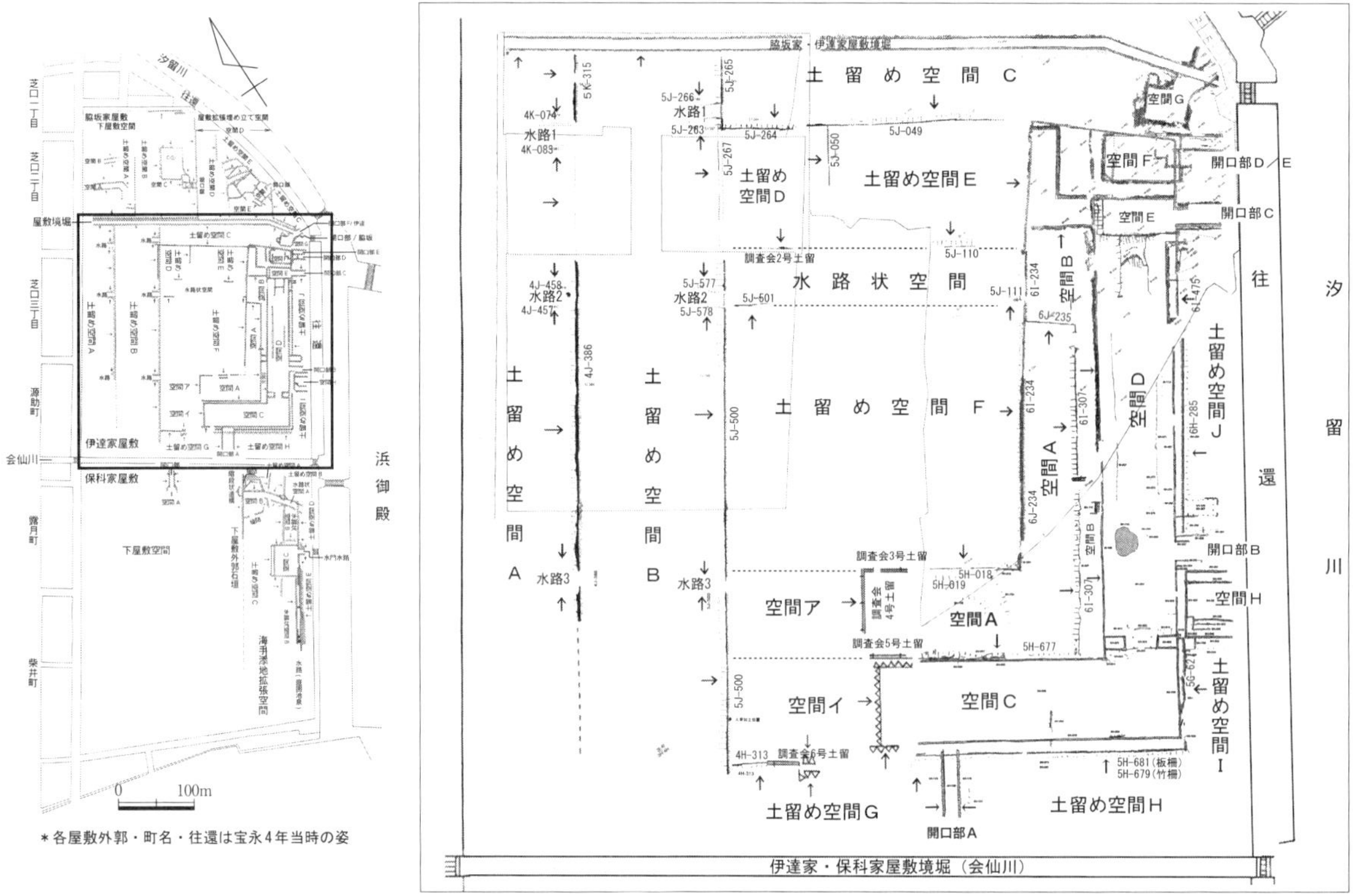

図5　伊達家芝屋敷造成域遺構配置図

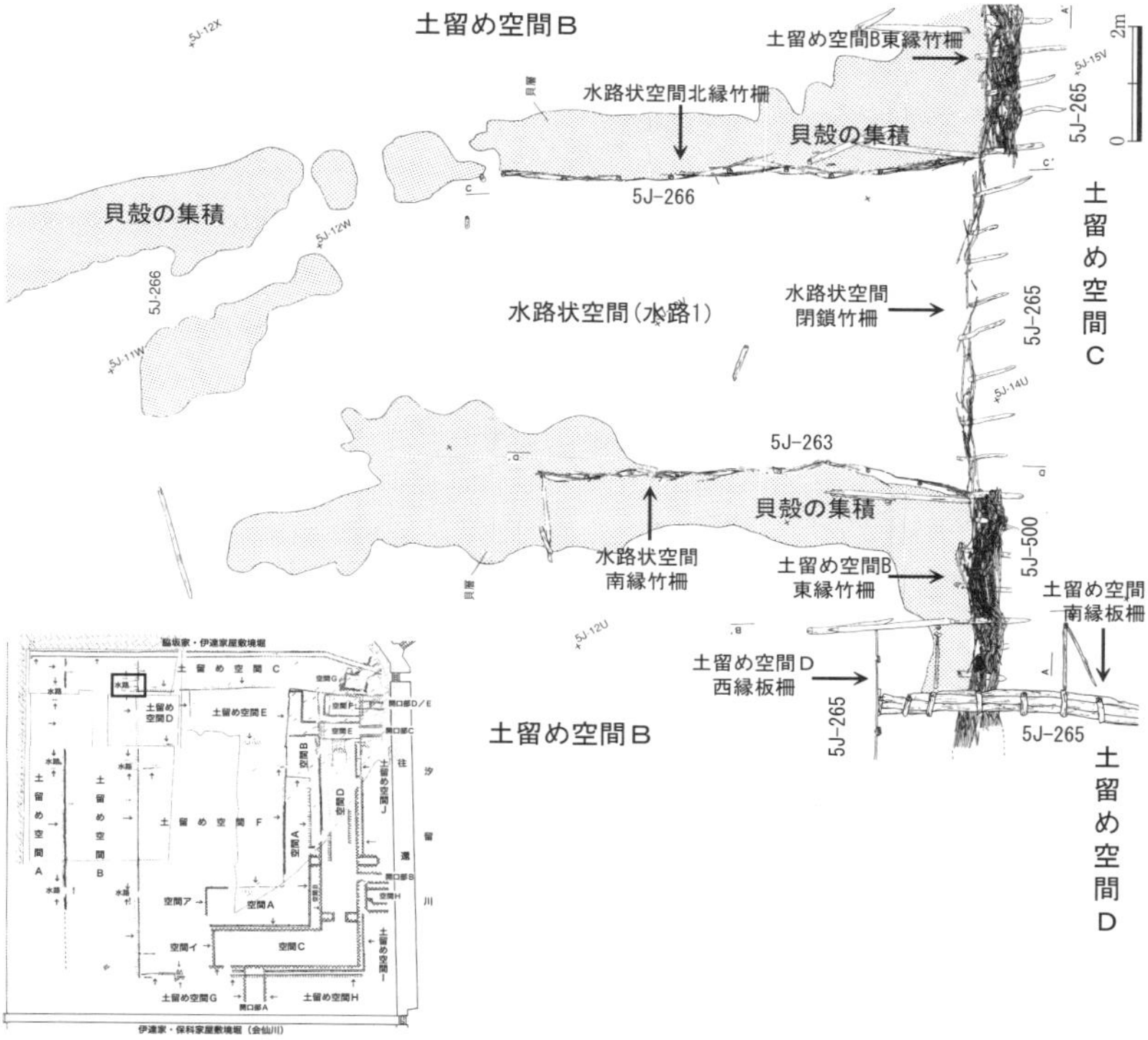

土留め空間B水路状空間開口部（南東より）
（東京都教育委員会提供）

図6　土留め空間B水路と土留め空間D板柵

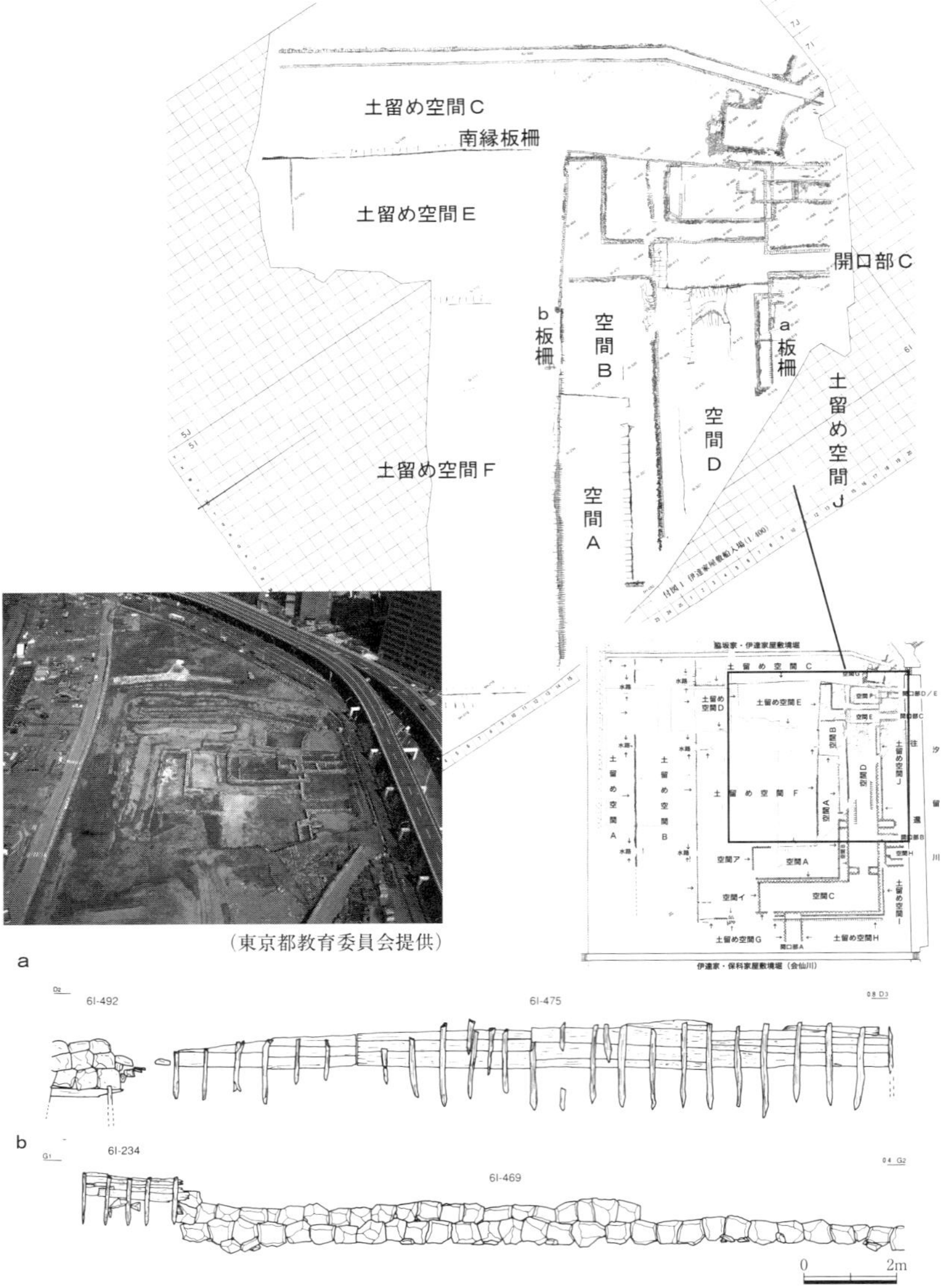

（東京都教育委員会提供）

図７　空間Ｄ北辺石垣と土留め板柵

に直行し連続することから、これらは土留め空間B東縁竹柵に後続する施設であることが窺われる（図6）。また、南縁土留め板柵東端は、初期船入場空間の北側が石垣に置き換わった段階で断絶した状況を示すことから、本来はより海手まで延伸していたものと想定される（図7）。土留め空間C北縁は、一部過渡的な土留め施設を構成する杭列が認められるが、最終的に土留め空間A・Bを含め、脇坂家屋敷境堀を構成する石垣となる。

②　土留め空間D・E・F…屋敷内部の造成空間。土留め施設は板柵によるが、構造的な違いがみられる。

この範囲の土留め板柵の様相からその特徴を以下にまとめる。一つは土留め空間D・E南縁板柵と土留め空間F北縁板柵で区画される空間が挙げられる。この空間は、両土留め板柵で維持された水路状の呈をなし、仮に水路として機能したならば、造成過程における駆水を目的とした経過的な施設を想起する。次に、土留め空間D西縁板柵が土留め空間C南縁板柵と一連の造作によることは前段で述べたとおりであり、いずれにしてもこの範囲の造成は土留め空間Bに後続する過程と捉えることができる。さらに、土留め空間F南縁・東縁板柵の傾斜角が各々近似の値を示し、連続する構造をもつことから一連の造作と判断される。かつ土留め空間F東縁土留め板柵は、土留め空間C南縁土留め板柵同様、初期船入場空間の北側が石垣に置き換わった段階での断絶状況を示しており、本来北側へ延伸し、石垣が構築されるまでの間、板柵が初期船入場空間を維持する一連の土留め施設として機能したものと推察される（図7—b）。

③　土留め空間G・H…保科家屋敷境堀で区画される屋敷外郭南縁の造成空間。

土留め施設は板柵を基本とし、一部竹柵が認められる。両者は、保科家屋敷境（会仙川）へ接続すると考えられる開口部A空間（間知石組み石垣による水路）を境界に便宜的に東西に区分したが、本来は一連の造成空間である。保科家屋敷境側では、屋敷境が石垣に移行する以前の初期段階の造成に伴う土留め施設は確認できていない。

土留め空間G・H北縁土留め板柵は、開口部A空間を構築する石垣により断絶することから開口部A構築以前の土留め施設であると判断できる。また、板柵西端は土留め空間B東縁竹柵に接することから、造成の段階的な進行として理解される。土留め竹柵は、土留め板柵背後に接するように設置されるが、開口部A護岸石垣の上部を通過する土留め施設であることから、開口部A廃絶以後の造作であると判断できる。以上の状況からこの造成域では、開口部A石垣構築以前の板柵による造成段階と開口部A廃絶以後の竹柵による造成段階が指摘でき、土留め竹柵は船入場空間Cが石垣に置き換わる段階で設置された可能性が高い。開口部Aは、その石垣胴木上端標高値がマイナス二・二六〜マイナス二・九〇メートルを計り、船入場空間C南縁石垣胴木と比べ約〇・五メートル低いことからもそれとの連続性はないと判断する。

④　土留め空間I・J…海手側汐留川に面する屋敷外郭東縁の造成空間。汐留川に面する土留め施設は調査区外のため不明だが、西縁は板柵による。

これら造成空間は、船入場空間Dと連続する開口部B空間（間知石組み石垣による水路）を境に南北に区分したが、本来は一連の造成空間である。これは、両者の西縁土留め板柵の構造および傾斜角の類似性から指摘し得る。さらに、土留め空間F東縁・南縁板柵と近似する傾斜角を示し、相対する位置における一連の造成過程が想定される。これら土留め板柵は、船入場空間Dの石垣が構築されるまでの間、初期船入場空間を維持する一連の土留め施設として機能したものと考える。

以上、本造成過程での各造成空間の段階的な形成過程を明瞭には示し得ないものの、土留め空間Cが脇坂家屋敷境に面することから伊達家芝屋敷の北縁を区画するもので屋敷内部の造成域に先行した造成空間であると判断され、以下C→D→E・Fの進行過程を想定する。同様に、土留め空間G・Hは保科家屋敷屋敷境を区画する造成空間であり、かつ土留め空間D北縁板柵西端が土留空間B東縁竹柵に接していることからも、土留め空間Cと同様より先行した造成空間と理解すべきであろう。

造成過程2―② 初期船入場空間（空間A＋ア＋B＋イ＋C＋D）の北側を間知石組み石垣に置き換え護岸とし、開口部Cを海手汐留川への進退口とする段階である。

土留め空間C南縁板柵東端、土留め空間F東縁板柵北端、土留め空間J西縁板柵北端にみられる石垣との断絶が示すように、初期の造成過程ではまず板柵で囲われた空間を確保したと類推される（図7）。さらに、板柵を保持しつつ北側を石垣に替え開口部Cを進退口とする過渡的な船入場空間が完成する。

造成過程3 伊達家芝下屋敷造成第三段階。初期船入場空間の縮小。

空間A・アを埋め立て、空間B・イ・C・Dが形成される。土留め施設は、基本的に板柵である。空間アは、土留め空間F南縁板柵が本来西方向へ延伸していた状況があり、空間ア東縁土留め板柵の性格が空間Aの西縁を区画する土留め施設と考えられることから、空間Aの縮小範囲と仮定した。海手への進退口は、開口部Cである。また、会仙川への開口部Aは造成過程2―②あるいは本過程での構築と推定する。

空間A北縁・東縁・南縁土留め板柵は、船入場空間C・D護岸が石垣へ移行する経過的な土留め施設と位置付け得るが、土留め空間F板柵と比較して直立に近いこと、さらに土留め空間H北縁板柵を裁断する開口部Aの存在も加味し、初期の船入場空間を保持するための施設と理解する。

造成過程4 伊達家芝下屋敷造成第四段階。船入場空間（空間C・D）の形成と縮小。

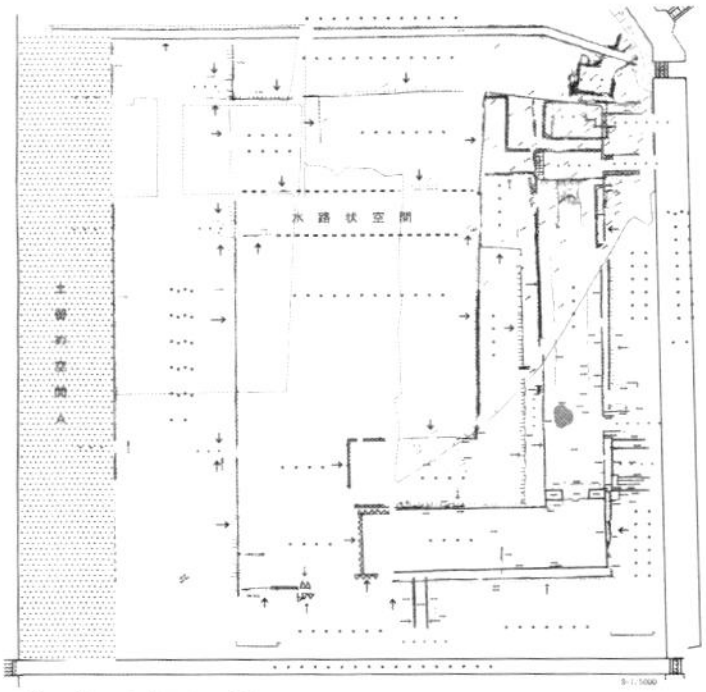

造成過程1-①

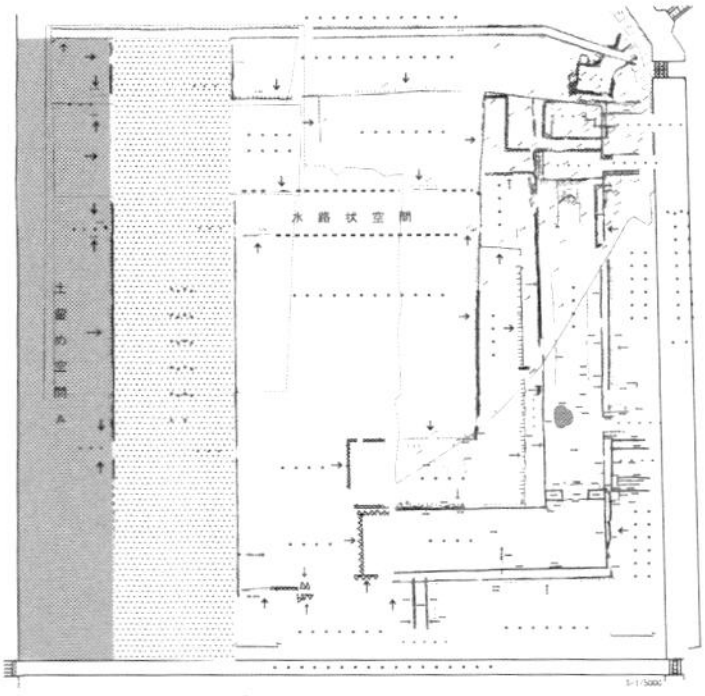

造成過程1-②

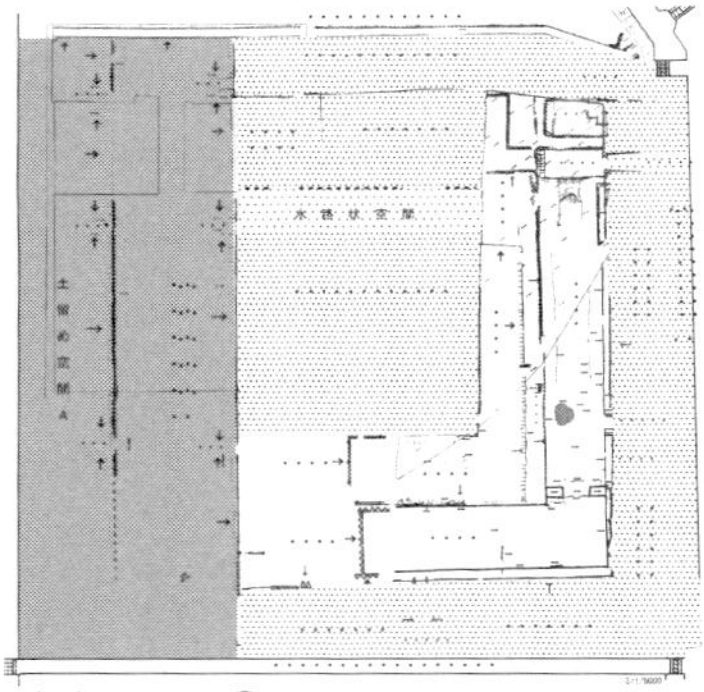

造成過程2-①

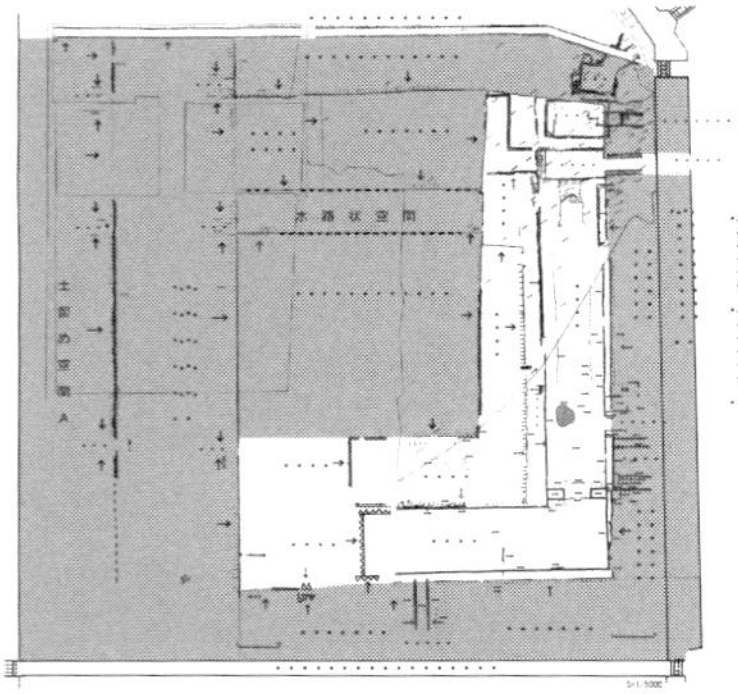

造成過程2-②

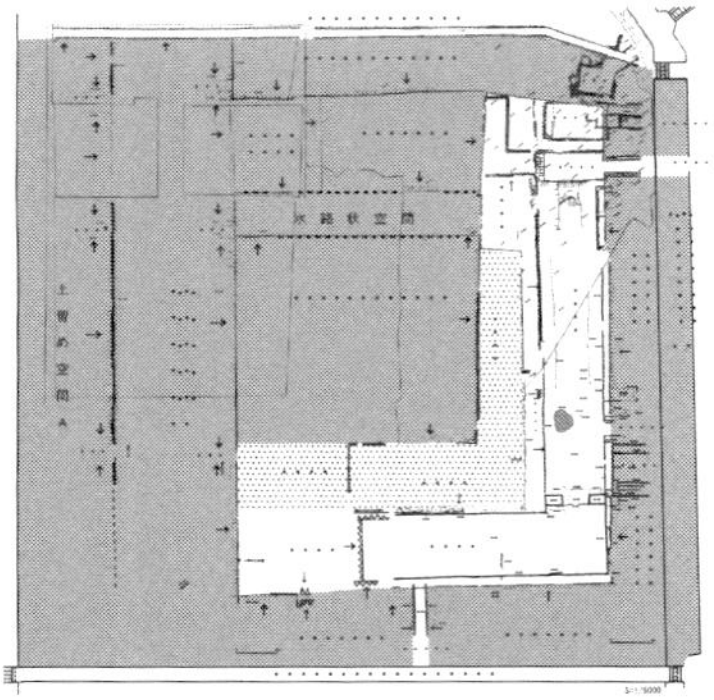

造成過程3

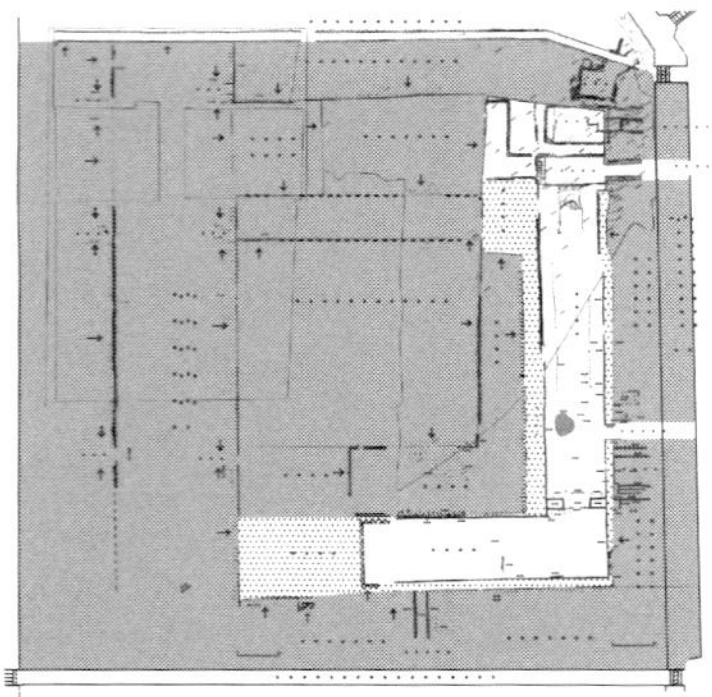

造成過程4

図８　伊達家芝屋敷の造成過程（1）

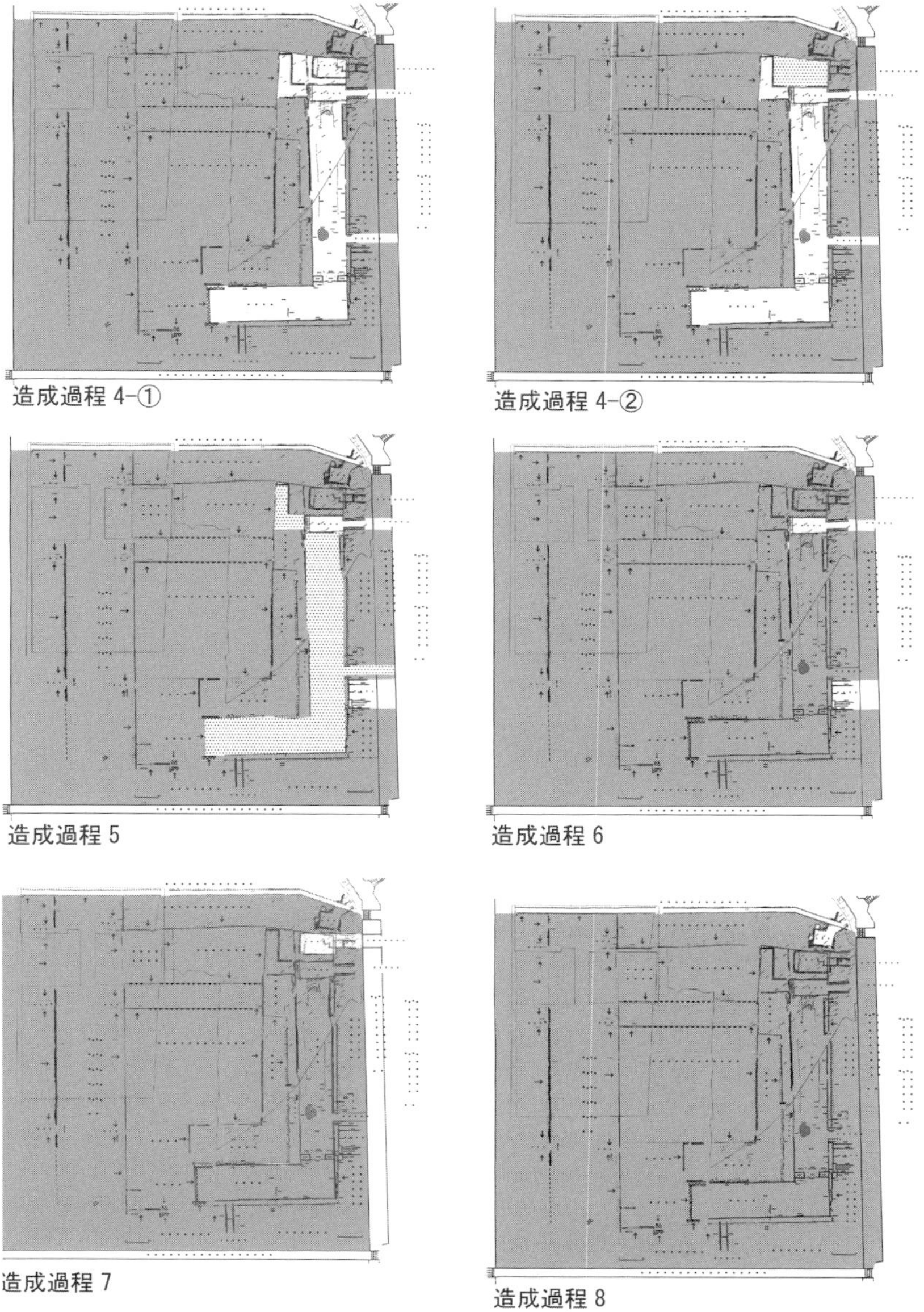

図 9　伊達家芝屋敷の造成過程（2）

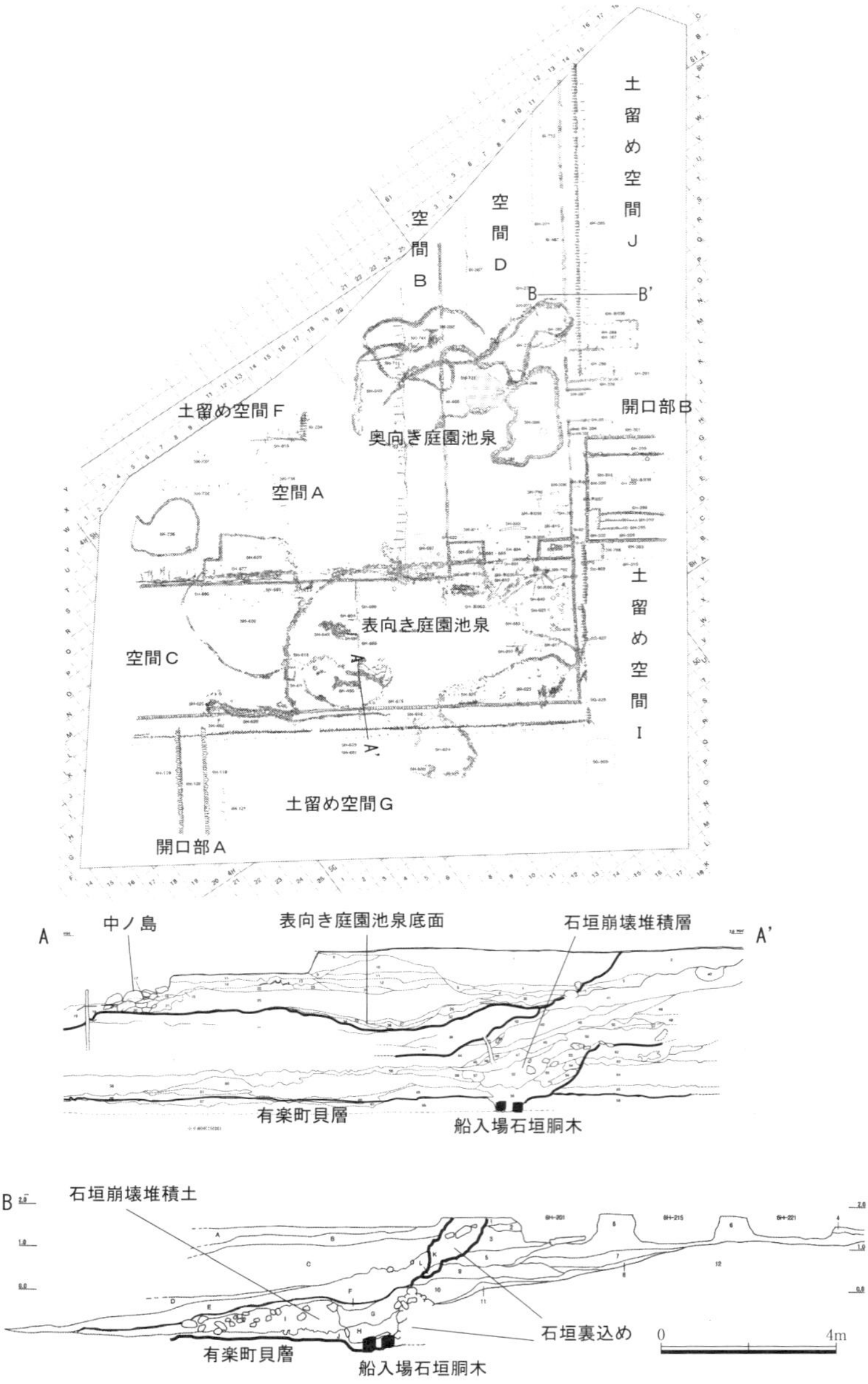

図10　船入場空間と芝上屋敷庭園池泉の配置

初期船入場空間の一部空間B・イを埋め立て、護岸として胴木を敷設した間知石組み石垣からなる空間C・Dの成立をもって完成形としての船入場空間が確定する。空間Cと空間Dは、間知石組み石垣による堤防により区分される。ここでは、水門と考えられる四本の柱を確認している。海手汐留川への進退口としては、開口部Cに加え開口部Bが構築される。石垣石材は、おおむね安山岩が使用され、裏込めは礫およびドタン（硬質粘土ブロック）である。胴木基礎上面の標高値（表2）をみると、胴木は北から南へ向かい緩く傾斜する。さらに、船入場空間C・Dの構底面は胴木上面の標高値に等しく、かつこれが船入場構築段階での掘削深度を示すと推察される。構底面は、おおよそ屋敷中ほどまでは硬質粘土層および有楽町貝層面が確認できる。

本来の船入場石垣の高さに関して、土留め空間J西縁では石垣裏込めが標高約一・七メートル付近において確認され（図10A—A′）、また土留め空間Hにおいても裏込めの崩壊状況より石垣上部が標高約一・五メートル付近と想定される（図10B—B′）点から、上記標高値が少なくとも海手側および保科家屋敷境側における下屋敷外周域（あるいは下屋敷全域）のおおよその地表面を示すと判断される。

以上この造成過程をもって、海手側に逆L字形をした広大な船入場空間を保有する下屋敷空間の造成が完了する（造成過程4—①）。さらに、空間D北側における護岸石垣による区画の変化から、船入場空間北側の一部が埋め戻され若干縮小した段階のあることが窺われる（造成過程4—②）。

3　伊達家芝上屋敷空間の成立と変遷

造成過程5　伊達家芝上屋敷造成段階。船入場空間C・Dの埋め立てと船入場空間Eの成立。

本造成過程における船入場空間の埋め立ては、広大な船入場がその役割を終えたことを意味する。埋め立てに伴い空間C・D護岸の石垣はごく一部を除き、多くは撤去された状態で胴木を残すのみであり、また埋め立て層中から石垣に用いられたと判断される間知石の出土は認められないため他所への転用が想定される。

船入場空間Eは、北縁が空間D護岸石垣を継承し、西縁が新設の護岸石垣により縮小し、南縁は空間Dのうち開口部C付近までの埋め立て造成域北縁土留め板柵により区画された空間である。したがって、同船入場空間は開口部Cを共有する船入場空間Dの埋め立て縮小の最終の姿と言える。また、船入場空間H（6H—292・293他）は、船入場空間C・Dの進退口である開口部B南縁石垣を撤去し構築されることから、船入場空間C・Dの埋め立て・縮小の過程の中で形成された海手に開口する独立した船入場であると考える。

船入場空間C・D造成域の埋め立て層は、おおむね沖積砂層に近似する砂層であり、部分的に木屑が砂層と互層をなし堆積する範囲が認められ、そこでは比較的多くの遺物が出土した。これら埋め立て層中の出土遺物のうち紀年銘を有する資料には、空間C埋め立て層（5H—666遺構）出土の木製品荷札墨書紀年「寛文五年」（一六六五）、同出土瀬戸・美濃産飴釉香炉墨書紀年「寛文六年」（表向き庭園池泉…5H—420遺構最下層）、空間D埋め立て層（5H—743遺構）出土の木製品荷札墨書紀年「延宝元年」（一六七三）がある。以上の資料から、埋め立て開始時期は上屋敷成立年代である延宝四年を定点とした場合、それに先行して行われていたことが窺われ、少なくとも「寛文五年」を下限とする時期には開始されたと考える。よって、船入場空間C・Dの機能も早い段階から失われていたことが予想される。

造成過程6　伊達家芝上屋敷第一段階。初期上屋敷空間の確定。

伊達家芝上屋敷の造作は、延宝四年藩主移徙以前から行われていたことは『治家記録』からも窺い知れる。屋敷の規模は、南北約二九〇メートル（初期造成域に同じ／約一五二間…一間＝六・三尺、約一・九一メートル換算）、東西は汐留川までの区画幅約二七〇メートル（約一四一間…同上換算）である。船入場は、空間Eおよび空間Hが併置する。

ここで注目したいのは芝上屋敷空間における庭園池泉、特に表向き庭園池泉と船入場空間Cの位置関係において、強い相関関係が認められることである。すなわち、池泉のほぼ全域が船入場空間に収まり、また池泉北東護岸のラインが船入場空間C北縁石垣ラインとおおよそ等位置で、かつ平行している点に端的に示される。この範囲における船入場石垣は、図10に示した位置同様ほぼ完全に撤去されており、この状況が上屋敷造営において庭園池泉を選地するにあたり、船入場空間を念頭に入れた意識の現れと理解される。

造成過程7　伊達家芝上屋敷第二段階。初期上屋敷空間の縮小。船入場空間の廃絶・新設。

宝永四年新道造営に伴う屋敷海手の一部が接収、縮小する段階である。新道造営による屋敷の縮小は脇坂家芝屋敷でも連動した事象である。脇坂家資料である龍野文庫所収の「宝永四年居屋敷北堀通道ニ成候ニ付差上候間数之絵図」（『汐留遺跡Ⅳ』第一分冊資料編付図所収）に新道の幅は一〇間（約一九メートル…一間＝約一・九一メートル換算）とあり、伊達家側においても同様の縮小幅であったと想定される。船入場空間は、空間Eを廃絶し、北寄りに空間Fを新設する。この空間Fは、「伊達家芝上屋敷絵図」に描かれた姿と考えられる（図1―1）。さらに、船入場空間H（6H―292）も同様に、空間内出土木製品荷札墨書紀年「貞享元年」（一六八四）から、廃絶の要因として宝永四年の新道造営が想定される。

造成過程8　伊達家芝上屋敷第三段階。上屋敷空間の再拡張。

寛保三年（一七四三）、自分普請により屋敷を拡張する段階である。これ以降屋敷外郭域に変化はみられないが、火災・建替えに伴う建物配置など屋敷内の造作の変化に変遷を辿ることができる。幕末時の屋敷面積は、二万五八一九余坪（八万五二〇三平方メートル…一坪＝三・三平方メートル換算）である（『諸向地取調書』安政三年〈一八五六〉）。

屋敷内変化の一つとして、脇坂家屋敷境堀に開口する空間Gが船入場空間F廃絶後の船入場空間として新設される点がある。構築時期は特定できないが、「仙台藩江戸上屋敷略絵図」（図1―2）・「御上屋敷絵図」（図2）に描かれる位置に該当し、一九世紀には既にこの位置に移動していたことが窺われる。船入場の終焉は御用地として明治新政府により接収されることに起因するが、その廃絶時期は海手側道路部分も含め鉄道用地に組み込まれることから、明治二年（一八六九）四月屋敷引渡し以降、明治五年九月（旧暦）鉄道開業までの間に埋め立てられたと推定される。

三　ま　と　め

伊達家芝屋敷の造成は、下屋敷空間の造成および船入場の形成、上屋敷空間形成に伴う船入場空間の縮小・廃絶、新規船入場空間の構築の諸過程が延宝四年（一六七六）唱替による初期上屋敷空間の形成まで段階的に進行する。上屋敷空間の変遷は、一章で示した画期②における屋敷縮小、画期③における屋敷拡張に示される外郭域の変化に求められる。前章で述べた造成過程を基軸に、伊達家芝屋敷の変遷について以下に整理する。

○伊達家芝下屋敷第一段階　寛永十八年（一六四一）下屋敷拝領時

造成過程1から3に示したように、初期造成域から海手造成域までを方形に区画（土留め空間A～J）し段階的に進行する。さらに、この方形に区画された造成域で囲われた空間（初期船入場空間）の確保も、土留め対象範囲の位置により当初から計画されたものと想定され、よって海手側に大規模な船入施設を設置することが初期の伊達家芝屋敷造成の主たる目的のひとつにあったと考えられる。初期造成に伴う埋め立て層中での陶磁器を含め遺物の出土はほとんど確認していないため、年代を補完する資料はない。ただし、保科家芝屋敷との対比から、両芝屋敷の造営が拝領以後になされたとすると、保科家芝屋敷の拝領が寛永十六年であり伊達家芝屋敷の拝領年より二年早く、伊達家屋敷を挟み、より海手に位置する範囲の造成が先行することとなる。前述したとおり基盤層である洪積層は、保科家芝屋敷側に向かい急激に傾斜し、造成地としては伊達家屋敷と比較した場合良い条件にはないことが想定できる。また、保科家芝屋敷における初期の遺構の確認標高値が伊達家芝屋敷のそれに比して低い位置にあることからも、造成当初から保科家芝屋敷と伊達家芝屋敷とでは段差のある屋敷面であったと判断される。以上の状況を加味すると、両者の拝領年には二年間のタイムラグがあるものの、沿岸域の拝領地を都市江戸の造成における沿岸域の造成と位置付けた場合、両者の造成は同時に進行し、拝領を前提とした造成であったと類推するものである。

○伊達家芝下屋敷第二段階

造成過程4—①は、間知石組み石垣による船入場空間の完成をもって伊達家芝下屋敷空間が確定した段階である。船入場空間を含めた伊達家芝屋敷の造成は、土留め空間を形成する施設の位置付けにより、大きな断絶のない一連のプロセスによってなされたと解釈される。したがって、江戸屋敷の造営が拝領者自身によりなされたことは一般に理解されるところであり、この海手側の広大な船入場の造成主体者についても芝屋敷の拝領者自身、つまり伊達家であることは十分想定に足る。よって、下屋敷としての拝領域もこの空間を含めた範囲であると考えるのが自然な解釈と言えよう。出土資料からみて、土留め空間Fおよび空間Aに位置する遺構出土の木製品墨書文字紀年銘資料「明暦三年」（一六五七、窪み…5I—落ち込み1）・「寛文四年」（一六六四、池泉…5H—726遺構）「寛文十年」（池泉…5H—726遺構）、および一七世紀前半〜中頃の年代観を示す陶磁器を出土する遺構の位置から判断して、少なくとも船入場以西の造成域までは下屋敷空間として位置付けることができる。

この船入場の成立時期・目的を示す史料は目にしていないが、右で述べた理由から海手船入場は下屋敷拝領時には既に存在していたものと判断する。さらに、脇坂家芝屋敷との境界である屋敷境は、造成当初土留め空間Cにみられる過渡的な土留め施設（板柵）を設けるが、下屋敷空間確定時には間知石組み石垣であったと考える。これは、脇坂家芝下屋敷の外郭施設が当初土留め板柵で形成され、その後その南縁と海手南北隅角を間知石組み石垣に置き換えられることにも示され、伊達家芝屋敷北縁石垣造作に連動した改変であったと理解している。

○伊達家芝下屋敷第三段階

造成過程4―②は、船入場空間の部分的な縮小に示される小変化である。造成過程5は、前章で挙げた空間内出土の紀年銘資料の年代観より、延宝四年以前において既に船入場空間の埋め立ては実施されていたことを示唆するものである。この船入場の縮小過程の要因として、下屋敷最終段階においては広大な船入場の役割は既に終わり、上屋敷唱替にあたっての必要性に応じた所作と理解するのが妥当と考える。

○伊達家芝上屋敷第一段階　延宝四年上屋敷唱替より宝永四年（一七〇七）新道造営による屋敷縮小まで　佐藤Ⅰ期

屋敷外郭域の変化として、二基の船入場の設置がある。船入場（空間E）は、海手への開口部を共有しつつ下屋敷段階の広大な船入場の縮小形として屋敷北東部に位置する。船入場空間Eは、小規模な縮小過程がある（斉藤二〇〇〇）。また、加えて新規船入場（空間H）が新設され、これも石積みの変化から空間の縮小過程が読み取れる。

○伊達家芝上屋敷第二段階　宝永四年より寛保三年（一七四三）拝領囲い込みによる屋敷拡張まで　佐藤Ⅰ～Ⅳ期

新道造営に伴う屋敷の縮小により、船入場の位置が北へやや移動し新規船入場（空間F）が開設され、船入場空間

Hは廃絶する。また、船入場空間Fは、石積みの変化から八段階の改変・縮小過程が指摘される（斉藤二〇〇〇）。

○伊達家芝上屋敷第三段階　寛保三年より明治二年（一八六九）接収まで　佐藤Ⅳ～Ⅶ期

屋敷外郭域は、海手道路を囲い込み拡幅する。同時に、浜御殿側の堀（汐留川）を自分普請により埋め立て、さらに道路を付け替える。この段階では、船入場（空間F）の廃絶および新規船入場（空間G）の開設、奥向き庭園池跡の変遷（四段階）、表向き庭園池跡の変遷（二段階）などが屋敷内の変化として遺構に明瞭に表れ、被災を示唆する遺構とともに変遷段階の細分が可能である。

最後に、伊達家芝屋敷初期拝領域について述べ、まとめに替えたい。海手に船入りあるいは船着きの施設を有することは、脇坂家・保科家両芝下屋敷においても共通する事象として捉えることができる。三者とも甲府宰相屋敷（浜御殿）造営（承応三年〈一六五四〉以降）以前の拝領であり、初期拝領域は直接江戸湾に面する。伊達家芝屋敷と脇坂家・保科家両芝屋敷とを比較すると、後二者の下屋敷空間は海手側の土留め施設（板柵・石垣）により下屋敷の拝領域が明確に区画され、後の海手への埋め立て拡張域とは明瞭に区分されるのに対し、一方伊達家芝屋敷の場合は、拡張域として捉え得る空間（船入場）に対する下屋敷拝領域を区分する境界が不明確であることが特徴である。

先にも述べたが、伊達家芝下屋敷の拝領域は海手の広大な船入場を含めた範囲であるとするのは自然な理解とも言える。江戸図を参考にすると、「寛永江戸全図」（寛永十八～十九年、臼杵市教育委員会所蔵　図11）では、海手添地拡張以前の脇坂・保科芝下屋敷海手外郭域に対し伊達家芝下屋敷の外郭域がより張り出して描かれる。汐留遺跡の調査成果である脇坂家芝下屋敷海手外郭の土留め板柵および保科家芝下屋敷の海手外郭石垣の位置と対比した場合、三者の位置関係は絵図とおおむね一致する。よって、この図に描かれる伊達家芝下屋敷は、船入場空間を含めた範囲と理解することも可能である。やや時代が下る「江戸大絵図」（明暦年間、三井文庫所蔵）では、三者の下屋敷海手外郭線はほぼ

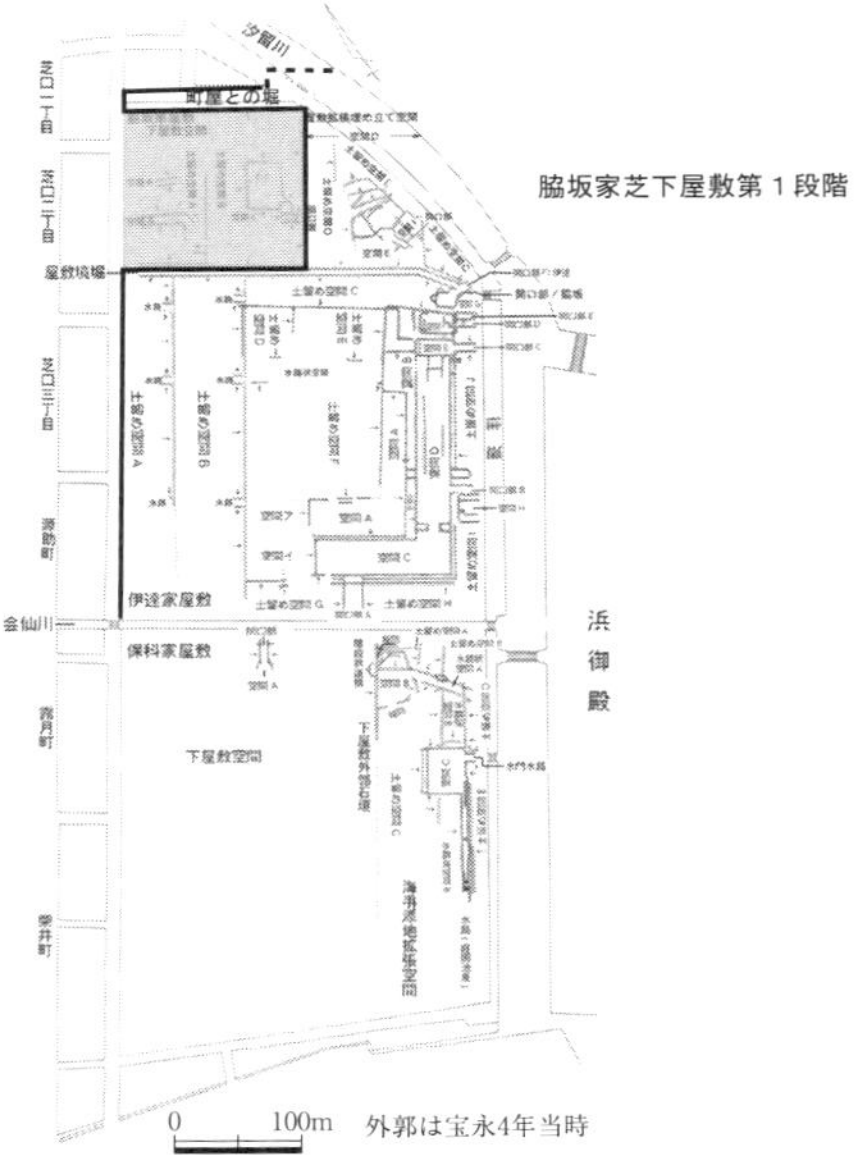

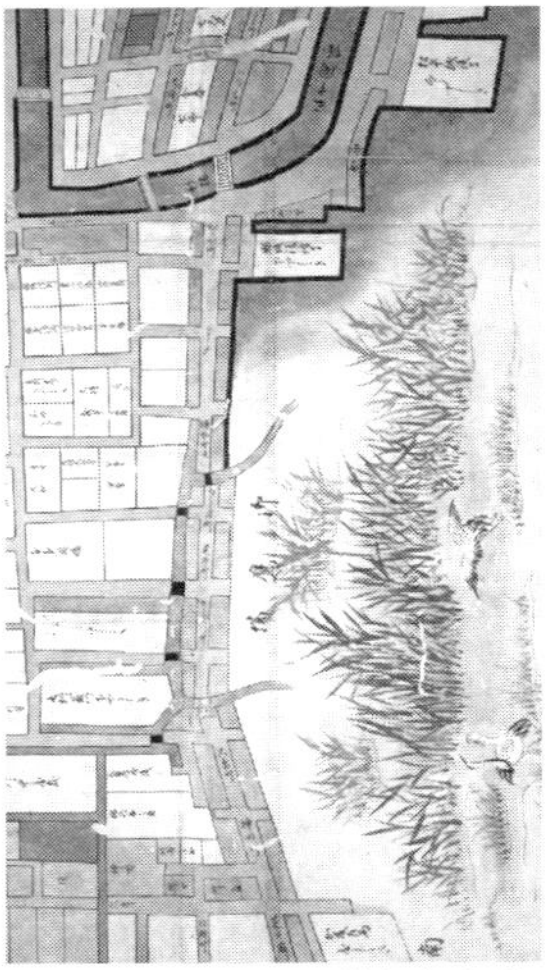

「武州豊嶋郡江戸庄図」(寛永9年、部分)
東京都立中央図書館特別文庫室所蔵

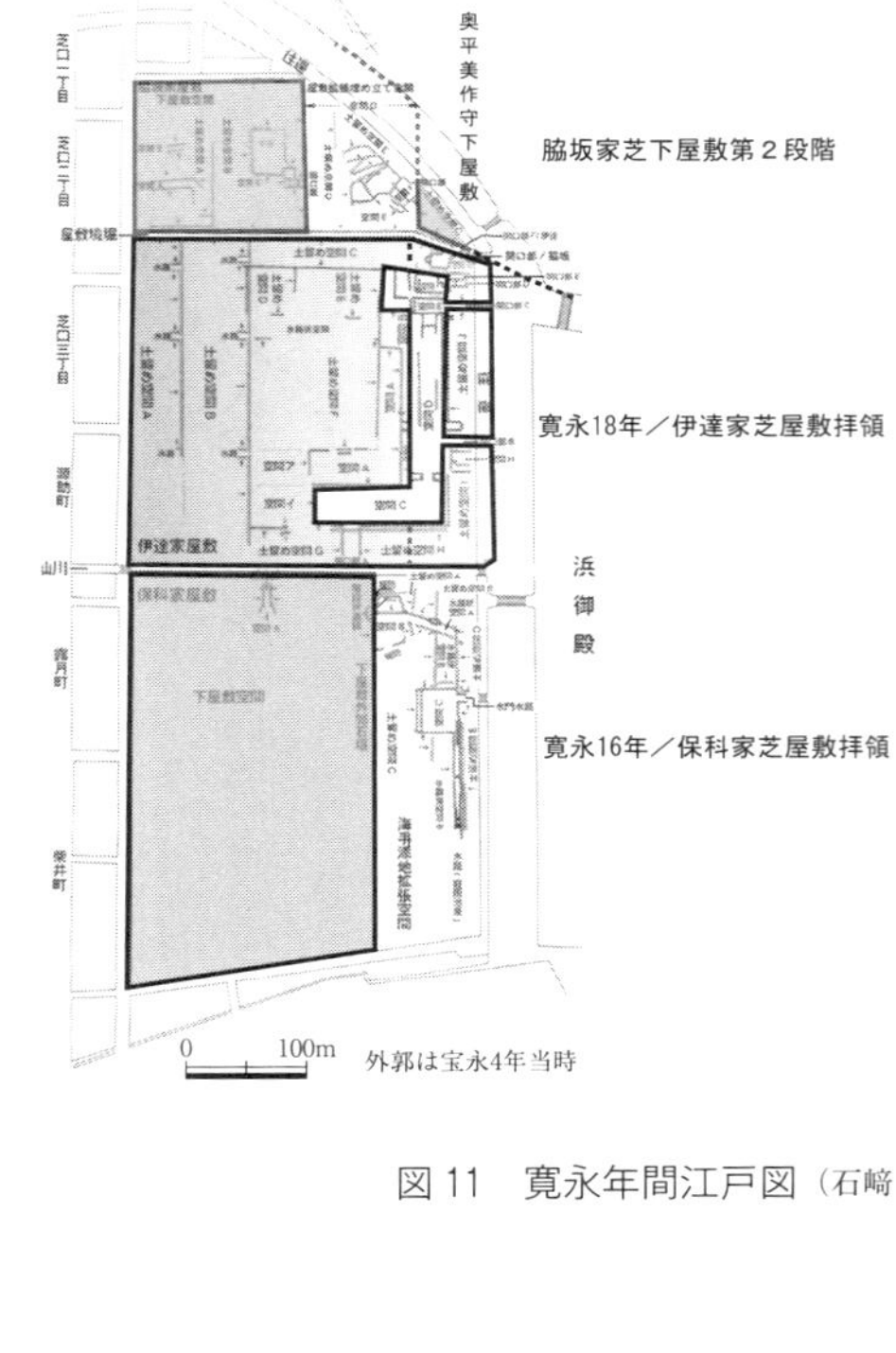

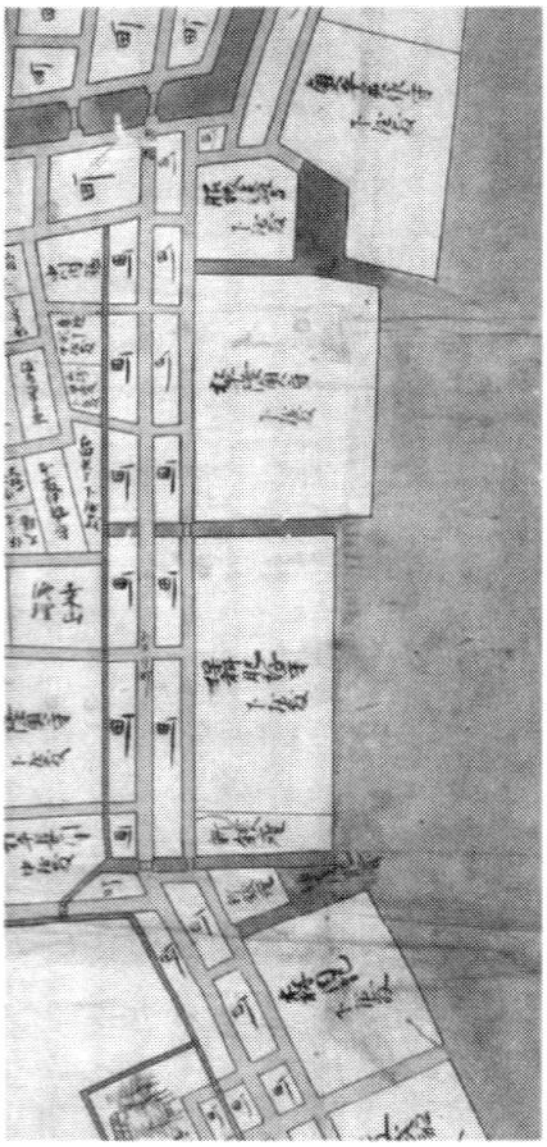

「寛永江戸全図」(寛永 18～19 年、部分)
臼杵市教育委員会所蔵

図 11　寛永年間江戸図（石崎 2008 より）

一線で表現されるが、保科家芝屋敷の海手側に「御用之地」と描かれる張り出しがみられる。これが、保科家芝屋敷の延宝五年における添地の範囲を示しているとすれば、伊達家芝下屋敷の拝領域は初期上屋敷空間より西側、船入場空間を含まない、土留め空間C・D・E・Fおよび空間A（空間ア・イを含む）までの範囲が想定される。また、「新添江戸之図」（明暦三年、東京都立中央図書館所蔵）では、三者の海手に波状の海岸線が描かれ、これが自然地形を示しているとすれば、拝領空間より海手側の未拝領域の存在が想定される。「新版江戸大絵図　本」（寛文十年、東京都立公文書館所蔵）では、脇坂・伊達両芝屋敷の外郭線は一致し、浜御殿および境界としての堀（汐留川）が描かれる。保科家芝下屋敷は、前二者より屋敷外郭線が海手添地分陸地側に位置し、屋敷拡張以前の姿を良く示す。この絵図からは、伊達家芝下屋敷の範囲が船入場空間を含むエリアであることが窺われる。

絵図に対する無批判な対応は避けねばならぬと考えるが、以上の絵図に示された各芝屋敷海手外郭線の姿と遺構に示される海手外郭施設の位置関係を総合すると、伊達家芝下屋敷の拝領域は船入場空間を内包するエリアも含め考えるのが妥当であろう。保科家『家世実紀』は海手添地拝領願いに関して詳細に記録するが、伊達家『治家記録』ではこれに相当する記述が見当たらないことも以上の状況を示唆する（『汐留遺跡Ⅳ』第一分冊資料編所収）。また、脇坂家芝下屋敷外郭施設にみる土留め板柵から石垣への変化と、さらに同屋敷側の屋敷境石垣の石積みにおける二段階の不連続面が、段階的な屋敷拡張の過程を示しているのに対し、伊達家芝屋敷側石垣は石積みの明瞭な違いが認められず、一連の造作によると判断されることも拝領域の範囲を示唆する（石﨑二〇〇八）。

海手に位置する各芝屋敷に見られる船入り・船着き施設の意味として、当然物資の荷揚げの目的が挙げられるが、当初の主たる目的には江戸城普請と無縁ではないと類推するものである。

〔付　記〕

本稿は、二〇〇六年江戸遺跡研究会第二〇回大会発表要旨「汐留遺跡に見る大名屋敷の造成――伊達家芝屋敷の形成を中心に――」を基に作成したものであるが、拙稿「汐留遺跡・伊達家芝屋敷の基準遺構と紀年銘資料」（『汐留遺跡Ⅳ』第一分冊所収）の内容を付加したうえで修正を加えた。造成過程の表記については、変更を加えているが意図するところは同じである。また、煩雑な数値データは一覧表としてまとめた。

〔引用・参考文献〕

石﨑俊哉　一九九八「脇坂家浜屋敷の造成――土留め施設の意味――」『龍野藩江戸屋敷の生活』龍野市立歴史文化資料館

石﨑俊哉　二〇〇四「汐留遺跡における大名江戸屋敷の変遷と出土陶磁器の位置」『受容層の違いによる九州陶磁の様相』第一四回九州近世陶磁学会資料　九州近世陶磁学会

石﨑俊哉　二〇〇七「続　汐留遺跡にみる大名屋敷の造成――保科家芝屋敷の形成について――」『研究論集』ＸＸⅢ　東京都埋蔵文化財センター

石﨑俊哉　二〇〇八「続続　汐留遺跡にみる大名屋敷の造成――脇坂家芝屋敷の形成と沿岸域造成の一様相――」『研究論集』ＸＸⅣ　東京都埋蔵文化財センター

貝塚爽平　一九七九『東京の自然史』〈増補第二版〉紀伊国屋書店

貝塚爽平　一九九〇『富士山はなぜそこにあるのか』丸善

斉藤　進　二〇〇〇「伊達家屋敷の船入場について」・「土留め遺構について」『汐留遺跡Ⅱ』第一分冊所収

佐藤　巧　一九八五『近世武士住宅』叢文社

汐留遺跡調査会　一九九六『汐留遺跡』

平　重道　一九六九「大槻安弘履歴」『伊達政宗・戊辰戦争』宝文堂

平　重道編　一九七二～八二『伊達家治家記録』一～二四　宝文堂

東京都埋蔵文化財センター　一九九七『汐留遺跡Ⅰ』

東京都埋蔵文化財センター　二〇〇〇　『汐留遺跡Ⅱ』
東京都埋蔵文化財センター　二〇〇三　『汐留遺跡Ⅲ』
東京都埋蔵文化財センター　二〇〇六　『汐留遺跡Ⅳ』
三浦浄心　『慶長見聞集』　一九九二　江戸叢書刊行会編『江戸叢書』第二巻所収　鳳文書館

加賀藩本郷邸東域の開発
――斜面地にみる大名屋敷の造成――

成瀬晃司

はじめに

東京大学本郷キャンパスは、本郷台地と呼ばれる南北に伸びる舌状台地上にあり、赤門、育徳園心字池（通称、三四郎池）などで知られるように、江戸時代にはキャンパスの大部分が加賀藩本郷邸の存在した場所にあたる。加賀藩邸以外には、現在の弥生地区（農学部キャンパスなど）、浅野地区（工学部研究・実験施設）が水戸藩中屋敷に、本郷通り沿いが旗本屋敷、幕臣組屋敷、町屋などに該当する。また江戸時代以前にも弥生時代をはじめ、旧石器、縄文、古墳、古代、中世とさまざまな時代の遺跡が存在する複合遺跡群である。そのためキャンパス内で校舎建て替えなどの工事に伴って発掘調査が必要となり、特に一九八〇年代後半以降、校舎の老朽化に伴う建設ラッシュが続き、現在までに約五〇カ所の調査を行っている（図1）。その成果は、学術報告書の刊行をはじめ、調査担当者による論考、学会発表などの場で報告されている。本稿は、筆者が調査を担当してきた医学部附属病院地区（以下、病院地区）における成果

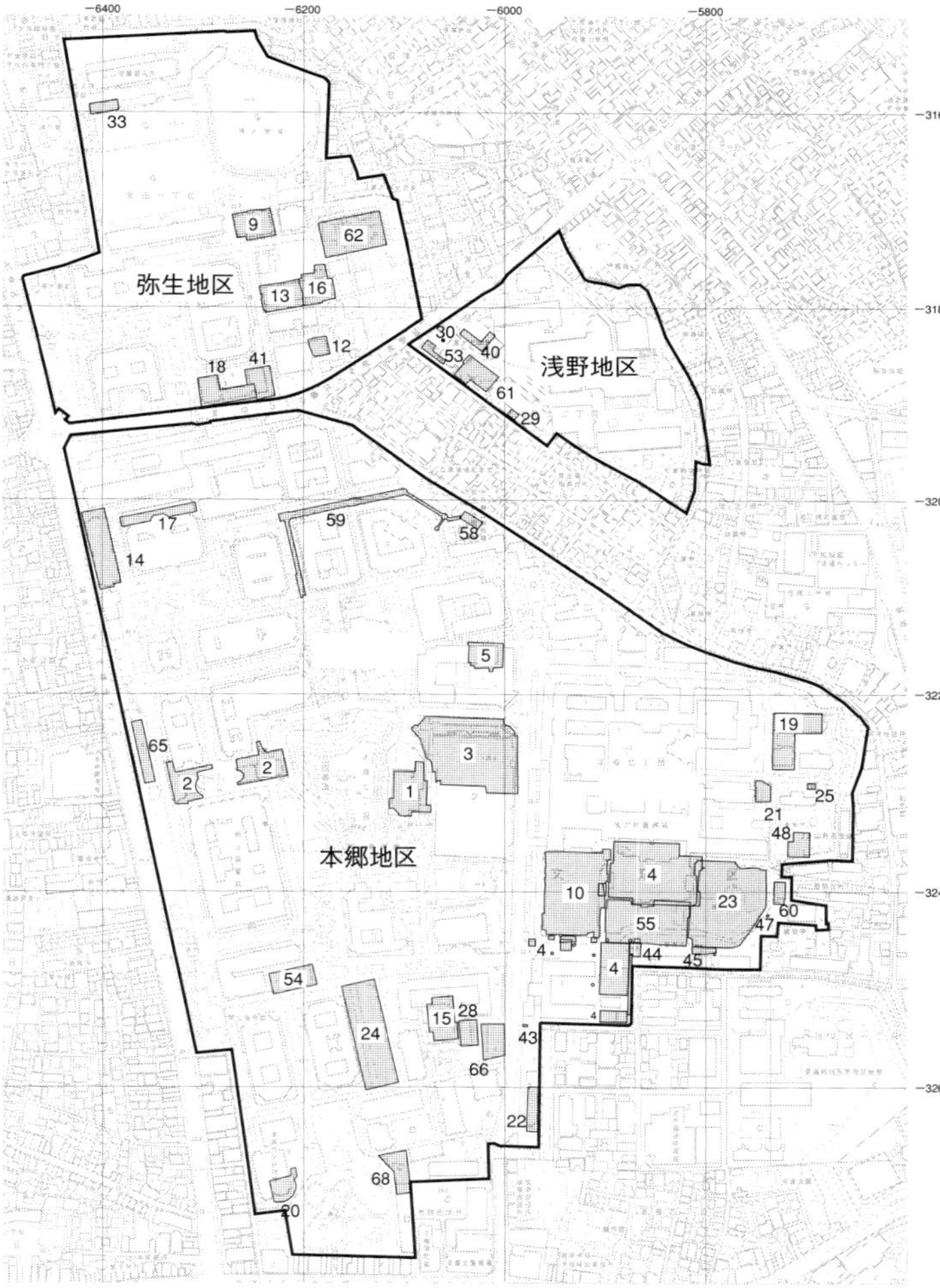

図１　本郷構内の調査地点（1/10,000）

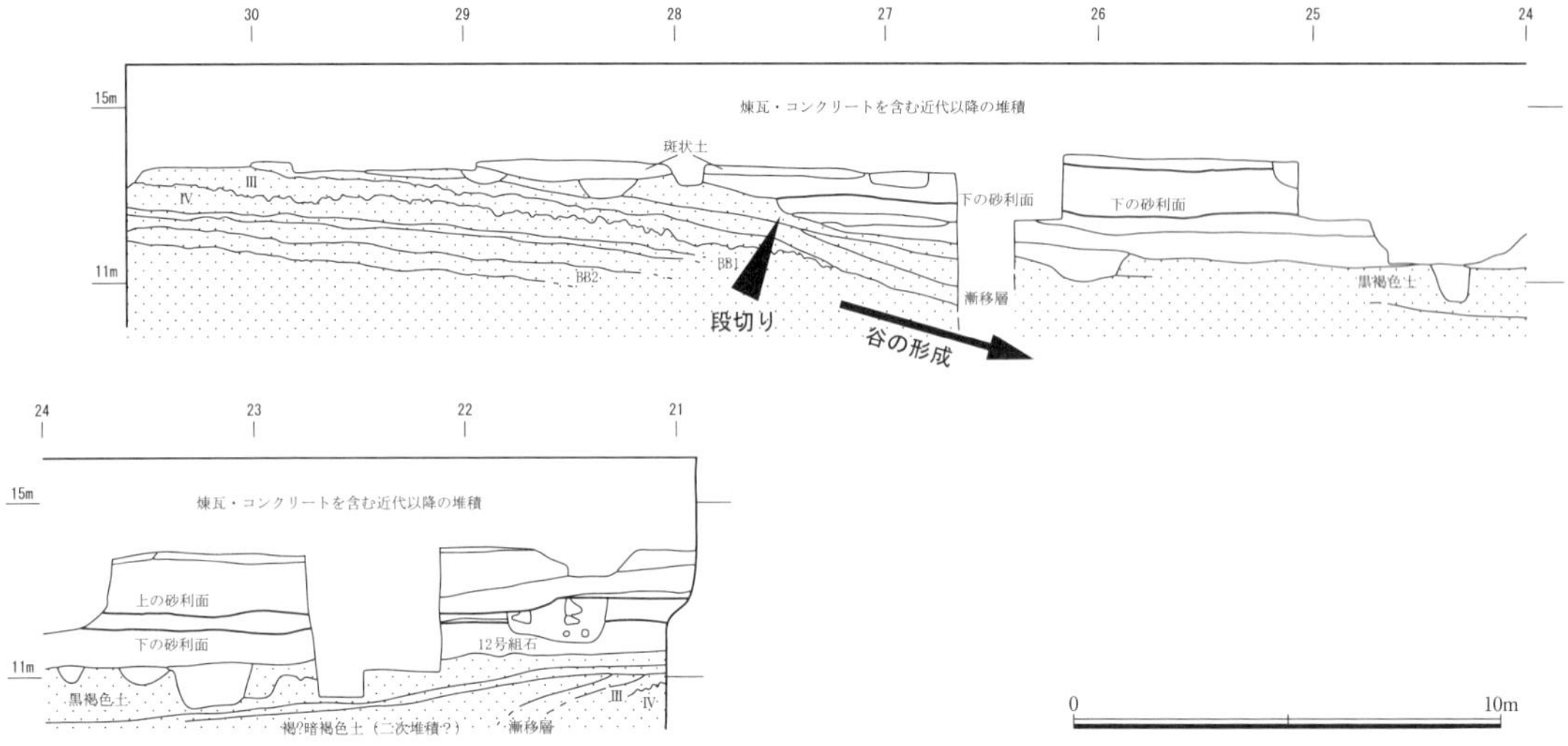

図２　中央診療棟地点の基本層序
（網掛け部分は，自然堆積層）

図3　本郷邸東域（病院地区）の初期開発（寛永頃）

の一部である。

病院地区は、本郷キャンパスの東域に位置し、本郷台地が不忍池方面の低地へ向かう緩斜面上に位置する（図1）。現状では看護師宿舎地点（19）南にある切り通し状の沢筋が開析谷の面影を残しているが、病院地区再開発に伴う長年の発掘調査の結果、設備管理棟地点東から第二中央診療棟地点（55）を北流し、中央診療棟地点内で東に向きを変え、入院棟地点（23）をほぼ東流し、看護師宿舎第二地点（46）南から低地へ開く埋没谷の存在が明らかになった。土層観察からすでに古代までにはある程度埋没し（図2の網掛け部分）、谷筋に向かう極緩やかな斜面地を形成していたことが確認された。その景観は江戸時代初頭、すなわち加賀藩がこの地を下賜されるまでは大きく変化することはなかった。

一　本郷邸史の概略

本郷邸の開発を理解するために、文献史料よりそれに関する概要を一七世紀代の事象に絞って以下に列記する（表）。これらの事象を整理すると、本郷邸下賜から上屋敷にいたるまで、以下の画期が想定できる。

① 元和二・三年（一六一六・一七）に下賜されたものの、実際に運用を開始したのは、約一〇年後の寛永三、四年（一六二六、二七）である。

② 御成から一〇年後の寛永十六年に大聖寺・富山両藩邸が建設され、前藩主利常も居住する。

③ 明暦三年（一六五七）の大火を契機に、五代藩主綱紀は本郷邸に常住。藩邸南側の二万坪が与えられ、本郷邸屋敷地の骨角が固まる。また、形式上は下屋敷だが、藩主居住地となり機能的、居住人口的には実質上屋敷とし

表　本郷邸関連年表

和暦	西暦	項目
元和二・三	一六一六〜一七	三代藩主利常、大久保相模守忠隣邸跡地を下屋敷として与えられる。
寛永三	一六二六	初めて周囲を木柵で囲む。
寛永四	一六二七	利常の子、利次・利治や生母寿福院など、国元より出府して居住する。また、邸内に多くの長屋を造営して、小田原町・メッタ町に賃居していた微臣を収容する。
寛永六	一六二九	寛永三年から造営の御成御殿完成。四月将軍家光、大御所秀忠御成。
寛永十六	一六三九	邸内の一部（東側）を富山藩・大聖寺藩上屋敷地として貸し与える。隠居した利常も居住する。
慶安三	一六五〇	三月本郷五丁目から出火、加賀藩本郷邸全焼。利常は大聖寺藩上屋敷に仮住。翌八月再建なる。
明暦三	一六五七	正月明暦の大火で上屋敷辰口邸焼失。五代藩主綱紀本郷邸に避難して、以後常住する。七月牛込邸の替地の一部として、藩邸南に接続する同心本多丹下、朝比奈左近、坪内惣兵衛の同心屋敷二万坪を与えられる。
万治二	一六五九	本郷六丁目町屋（一〇一坪）を二百両で永代買収する。
万治三	一六六〇	正月、湯島天神前から出火、邸内「御表門」およびその続き長屋焼失。
寛文三	一六六三	三月、本郷五丁目門前南角屋敷（十一余坪）を一六五両で永代買収する。
寛文五	一六六五	証人制度廃止。その後も黒多門邸（証人屋敷）は存し、聞番・足軽などが居住する。
天和二	一六八二	十二月、白山から出火、本郷邸焼失。綱紀は駒込邸に避難。
天和三	一六八三	三月、上屋敷となる。黒多門邸を大聖寺藩邸中に加える。
貞享四	一六八七	殿舎（貞享二年から建設）竣成。九月綱紀移住。
元禄十五	一七〇二	四月、御成御殿竣成（藩邸南東部分）将軍綱吉御成。
元禄十六	一七〇三	十一月、小石川水戸藩邸から出火、本郷邸焼失。宝永五年再建なる。

（東京大学遺跡調査室一九八九より抜粋・加筆）

て運営されていたといえよう。

④　天和二年（一六八二）の火災を契機に、翌年上屋敷となり、大聖寺藩・富山藩邸との地割りが再整理される。

さて、この文献記録と考古学的成果に基づき、本郷台地の東縁緩斜面上に位置する藩邸東域の開発状況の変遷を復元したい。

二　本郷邸下賜から寛永御成の頃

先述したように、藩邸東域は不忍池方面へ続く本郷台地縁辺緩斜面上に立地しているが、そこには幾筋もの開析谷による浸食が認められ、小舌状台地が鋸歯状に連なる形状を呈している。病院地区の調査で検出された埋没谷もその一つである（図3）。

本郷邸から検出された溝、石組などの区画施設は、おおむね真北方向に対し平行ないし直交する一群と、本郷通り方向（N—一二度—W）に平行ないし直交する一群に大別することができるが、そのいずれにもあてはまらない一群がある。病院地区においては外来診療棟地点のＳＤ45、ＳＤ253、ＳＤ54、第二中央診療棟地点のＳＤ1660、入院棟地点のＳＤ803などが該当する（図3）。これらの遺構は、自然堆積層上もしくは盛土最下面上に構築され、また供伴する出土遺物も一七世紀前半に帰属し、藩邸内検出遺構のなかでも最も古い一群として位置付けられる。溝の断面形態も箱薬研形（ＳＤ45、ＳＤ1660など）から長方形を呈する点で共通する（図4・5）。この遺構群の主軸は、蛇行する埋没谷とほぼ平行ないし直交する傾向があり、本段階の屋敷内区割りが自然地形の規制下で行われ、大々的な土地改変が行われていなかったことを物語っている。裏返せば、藩邸全域に及ぶような大規模開発を必要としない藩邸利用、すなわち小

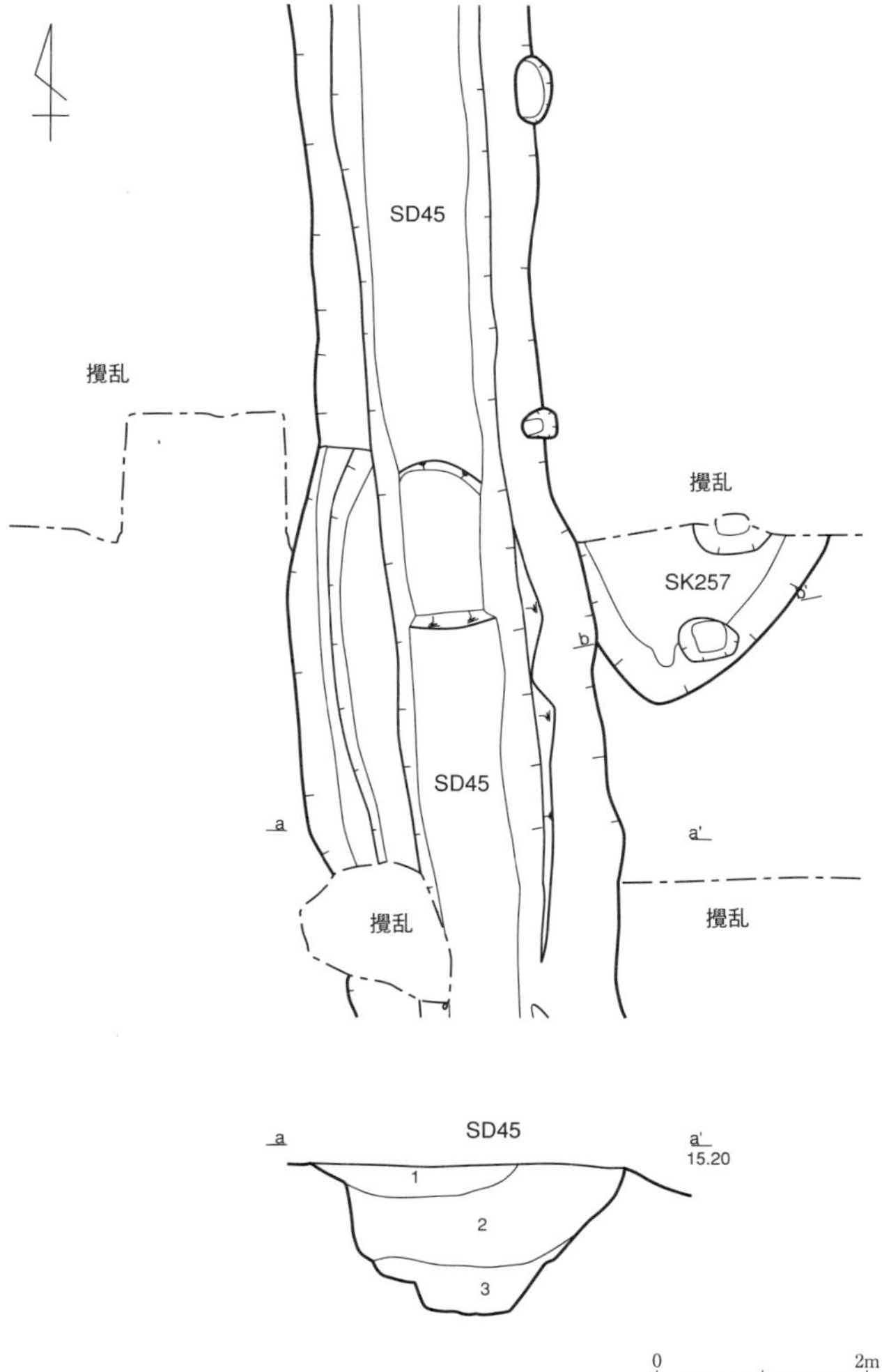

SD45
1　暗褐色土　（砂利・ローム粒・黒色土粒含）
2　暗黄褐色土（ローム塊多含）
3　暗褐色土　（炭化物粒・焼土粒少含）

図４　外来診療棟地点・SD45（部分）

規模開発の集合体とみることができる。

加賀藩士山田四郎右衛門が宝永年間に編纂した『三壺聞書』（石川県図書館協会一九七二）に、「江戸にて神田の御屋敷御普請の事」として、

寛永三年四月の初より八月の末まで一日も雨降る事なし。（中略）同年三月の秋より、神田の下屋敷に御普請被仰付。加州の下屋敷とて神田に先年より御拝領にてありけれ共、前は本郷の町をさかひ、後は不忍の池をさかひ、草茫々たる小笹原に谷嶺も有之て、所々に番人又は下々の者のみ有之、屋敷の内まだらに茶園してぞ居たりける。先ず四方に塀を懸けさせられ、御館共立てさせ給ひ、別けて寿福院様の御屋形も立ち、又は御姫様の御屋形、千勝様・宮松様の御屋形も建てさせらる。追々に金沢より御子様方御引越被成入らせらる。天徳院様御遠行ありし故也と、諸人申ならしける。御上屋敷の御近所、小田原町・めった町に加賀衆借家して在りけるを、大方神田に長屋を建て置かせられける（後略）。（傍線、筆者註）

本書は「聞書」の書名通り伝聞によって編纂された史料で

図５　外来診療棟地点　SD45

あることに留意する必要があるが、傍線部分に示されているように、邸内は、草が生い茂る起伏に富んだ地形で、ほとんど利用されていなかった様子が窺える。そして塀を構え、屋敷を建設し、翌寛永四年（一六二七）妻子や家臣が移住し、本格的な土地活用が始まったとされ、三年後の六年には御成御殿が完成し、四月二十六日将軍家光、同二十九日大御所秀忠の本郷邸御成が実施される。

この御成に関連する遺構に、寛永六年銘の木簡や、白木の御敷、箸、カワラケなどが多量に廃棄された中央診療棟地点の「池状遺構」がある。(1)この遺構は埋没谷に向かう自然堆積層上に構築されており、寛永六年頃の藩邸東域は、先述した溝なども含め、自然地形に対し大規模な造成事業はほとんど行われていないことが確認された。こうした藩邸東域の状況から、史料に記されているような屋敷や御成御殿などの初期藩邸開発は、「江戸図屏風」にも描かれているように（一四三ページ）後の育徳園南側の台地上を中心として行われていた可能性が高い。

本郷邸東域の開発が本格的に開始されるのは、富山藩、大聖寺藩の加賀藩二支藩の誕生によって藩邸東域に各藩上屋敷が設置された寛永十六年以降と考えられる。

三　寛永年間後半から寛文年間の頃

本段階でまず特質すべき事象は、寛永十六年（一六三九）の支藩成立に伴い、該地に大聖寺藩邸、富山藩邸、黒多門邸(2)といった明確な土地利用が開始されたことであろう。本段階における区画施設は、各々の屋敷地の外郭がおおむね真北に平行もしくは直交方向を基準に区画されたことから、各邸内の区画施設もそれに準拠して建設されることになる。それに伴い、前段階では認められなかった自然地形の改変による土地の平準化が顕著に認められるようになる。

本段階での緩斜面地に対する初期開発は、切り土、盛土による段切りを行い、雛壇状の平坦面を作出することによって行われた（図6）。

藩邸区画施設としては大聖寺藩邸を囲む区画溝（中央診療棟地点Ⅳ区3号溝、6号溝、第二中央診療棟地点ＳＤ1743、ＳＤ1744（図7））、黒多門邸を囲む柱穴列（入院棟地点ＳＢ814、ＳＢ2457）などがある（図8・9）。前者の溝状遺構は断面長方形を呈し、坑底にピットが付設されている点で共通する。こうした形態の溝は大聖寺藩邸内に位置する外来診療棟地点ＳＤ92、ＳＤ196や、富山藩邸を囲む中央診療棟地点Ⅴ区1、2号溝（図10）などにもみることができ、本段階の区画溝の一形態として定着していたことが推定できる(3)。

また、第二中央診療棟地点で検出されたＳＲ1643は西側に段切りを伴う道状遺構であるが（図9・11）、本遺構は中央診療棟地点南壁攪乱際の断面においても観察されている（図2の段切り部分）。このＳＲ1643より東側ではまだ傾斜面を残し、畑の畝痕と考えられる平行する溝状遺構群

図6　第2中央診療棟地点全景（寛永～寛文年間頃の遺構）

図７　藩邸地境溝
（第２中央診療棟地点）

図８　藩邸地境柱穴列
（入院棟地点）

の分布も認められ、『三壺聞書』に記されている茶園などの耕作地として利用されていたことが窺われる。このように大聖寺藩邸内における初期開発は加賀藩邸境からＳＲ1643間を中心とした藩邸西側で行われていたことが造成面の状態、遺構にみる土地利用状況などから考えられるのである。

ＳＲ1643の東側は、土層観察から盛土造成が繰り返し行われたことが認められるが（図12）、この盛土最下層、すなわち第一次造成土には玉砂利とともに多量の瓦片が含まれており、不用になった瓦を砕き、造成土中に二次利用されたことが確認された。出土した瓦片には加賀藩の家紋である梅鉢文を付した軒丸家紋瓦や、鯱瓦、鬼瓦なども伴い、それらには金箔が施された瓦も多数含まれていることから、藩邸内の御殿建物や櫓門に葺かれていた瓦と推定される。しかし被熱痕跡が認められないことから、火災以外の建物解体に伴って廃棄された可能性が高い。史料によると慶安三年（一六五〇）に、本郷五丁目富士塚周辺の同心屋敷を火元とする火災によって本郷邸

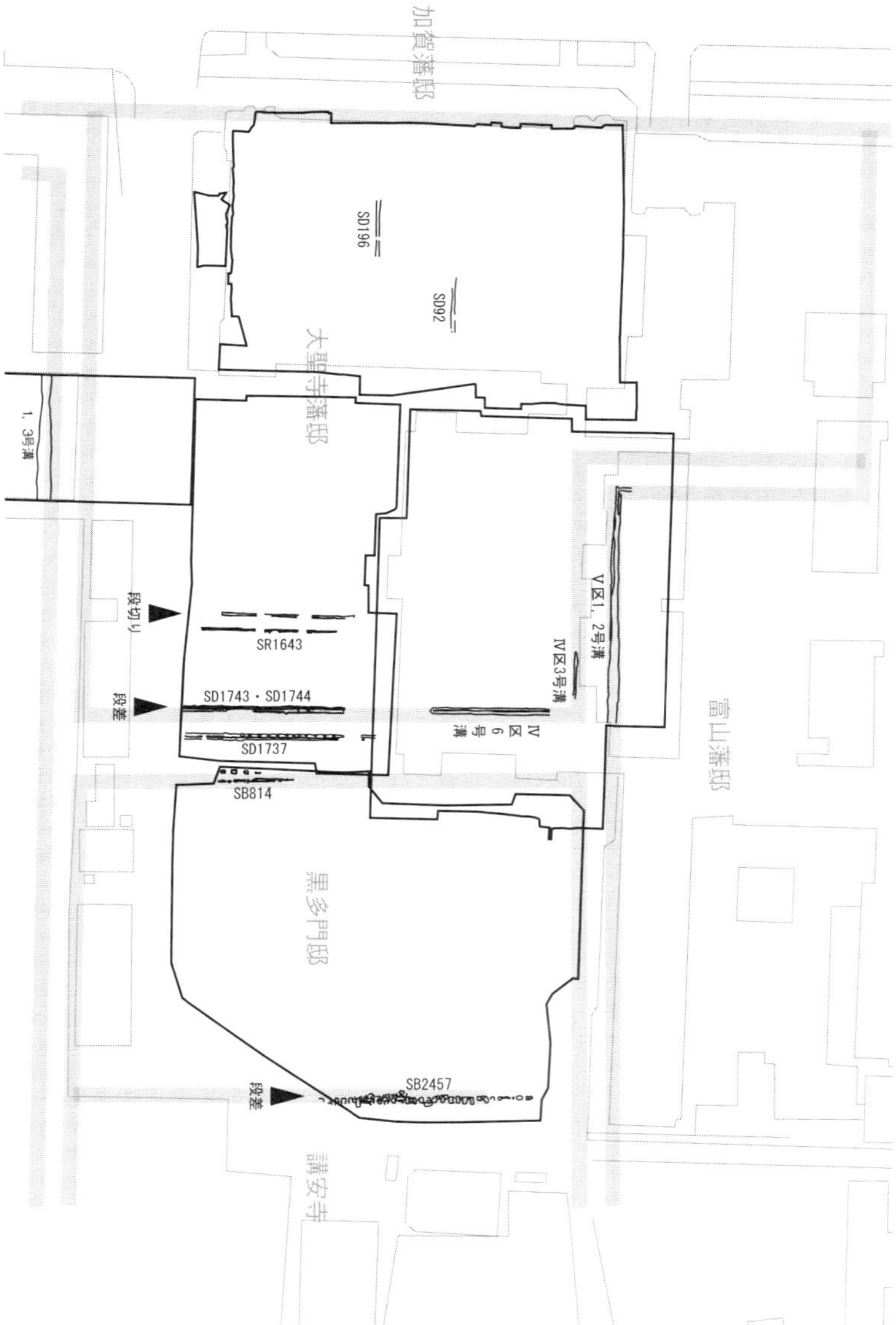

図9　本郷邸東域の初期開発（17世紀中葉頃）

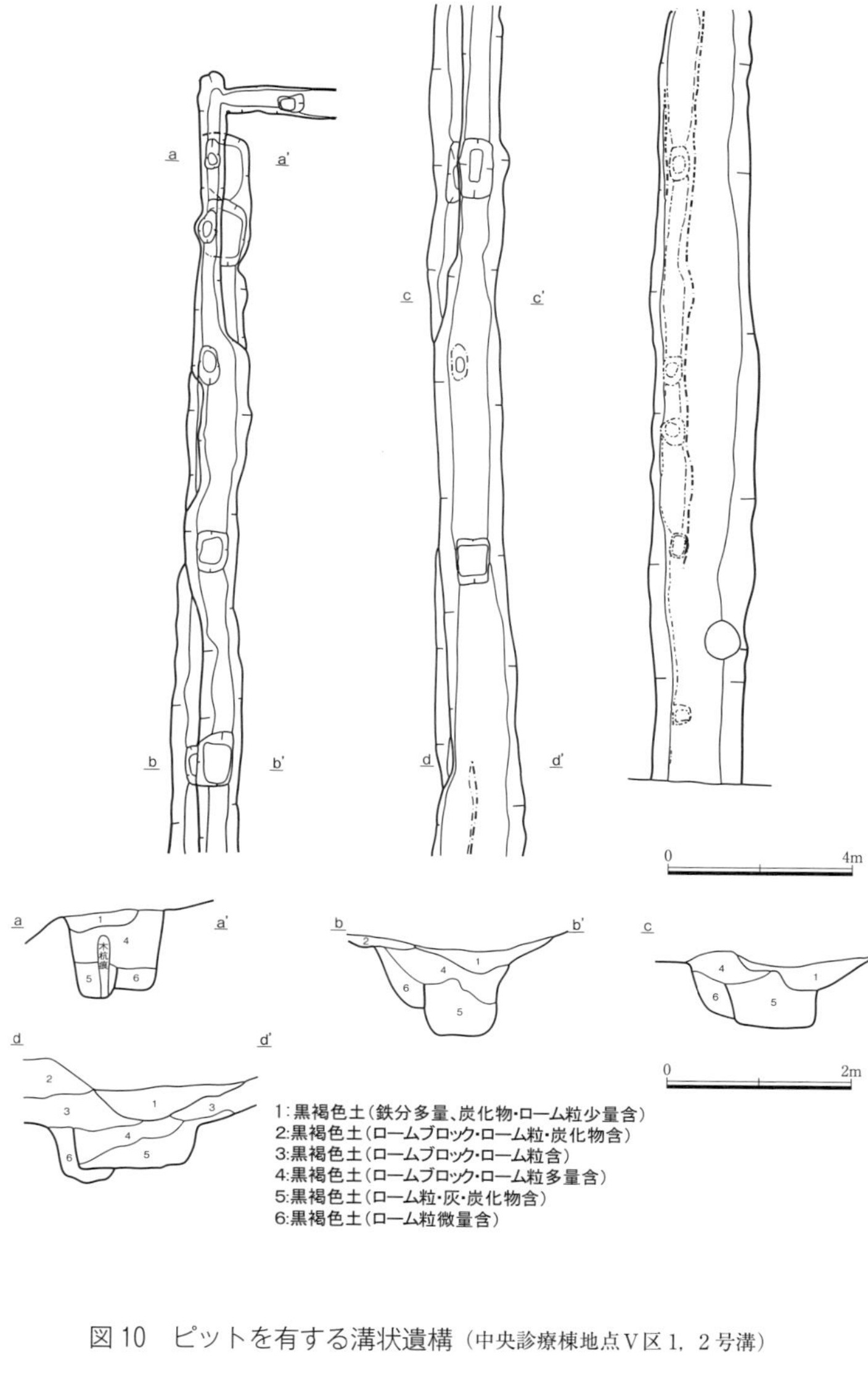

図10　ピットを有する溝状遺構（中央診療棟地点Ⅴ区1，2号溝）

図 11　切土の造成作業
（第 2 中央診療棟地点）

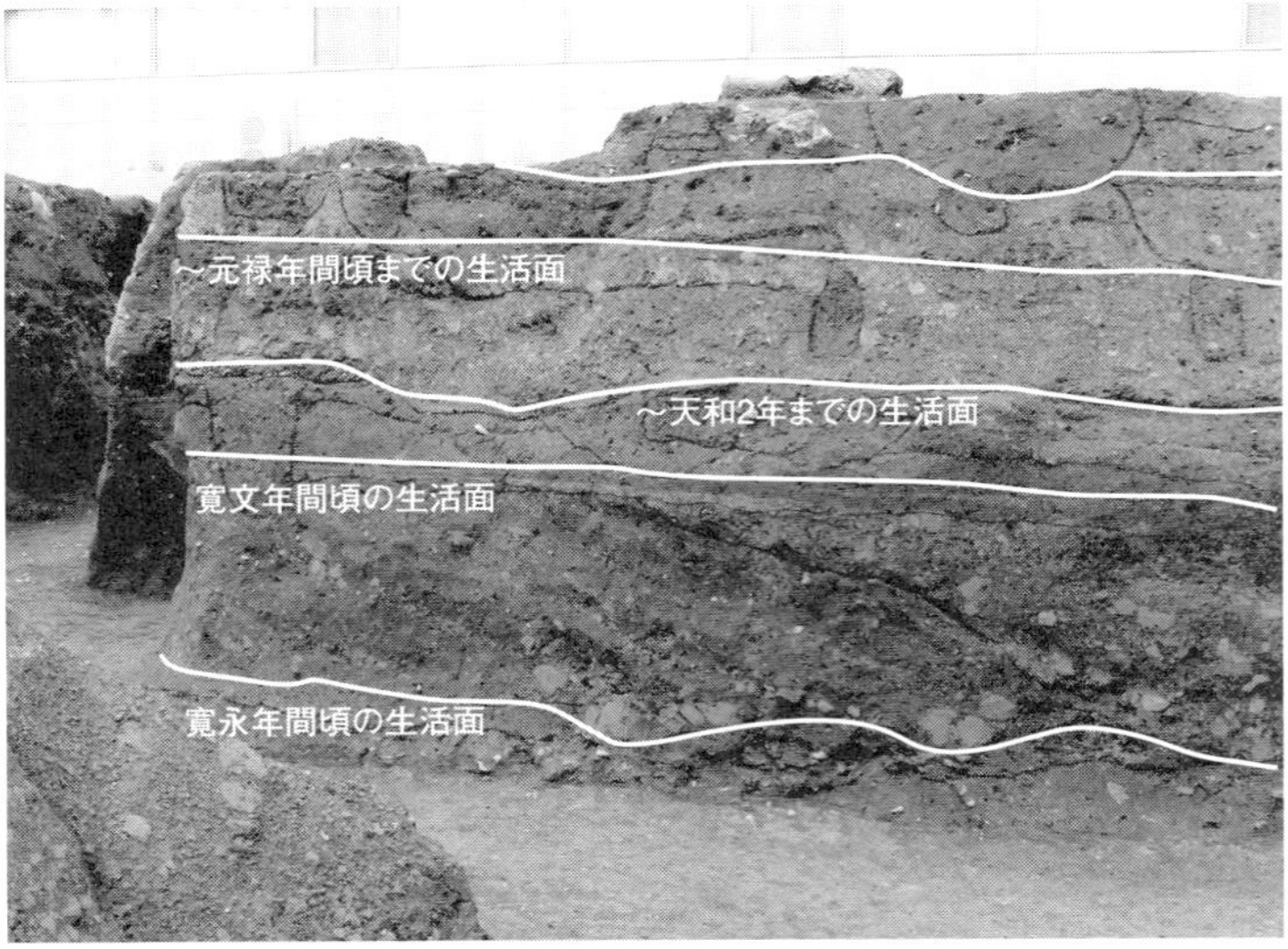

図 12　盛土による造成作業
（第 2 中央診療棟地点）

図13　「江戸図屏風」にみる加賀藩本郷邸
（国立歴史民俗博物館所蔵）

は全焼したとされることから、それ以前の建物解体によって発生したことが推定される。

ところで、寛永期の本郷邸の様子は「江戸図屏風」から知ることができる。それによると藩邸外周の櫓門、角櫓、塀は全て瓦葺きである。また、庭園（後の育徳園）の南東に立ち並ぶ御殿建物の屋根は茅葺きを基本とするが、棟部分と玄関と思われる唐破風軒先部分に瓦が使用されていることが判る（図13）。寛永十六年には大聖寺藩、富山藩の分封に伴う上屋敷建設や、同年の利常本郷邸居住に伴う御殿建設などの大規模開発が続く。それに伴って御成御殿を含む旧建物が解体され、そこで発生した不用瓦が、造成土に二次利用された可能性が推定される。

四　寛文年間から天和二年の頃

大聖寺藩邸の造成事業は寛文年間頃にはほぼ終了したことが、盛土層出土資料より推定することができる。前段階のＳＲ1643を挟む段差は「下の砂利面」（図２）の造成

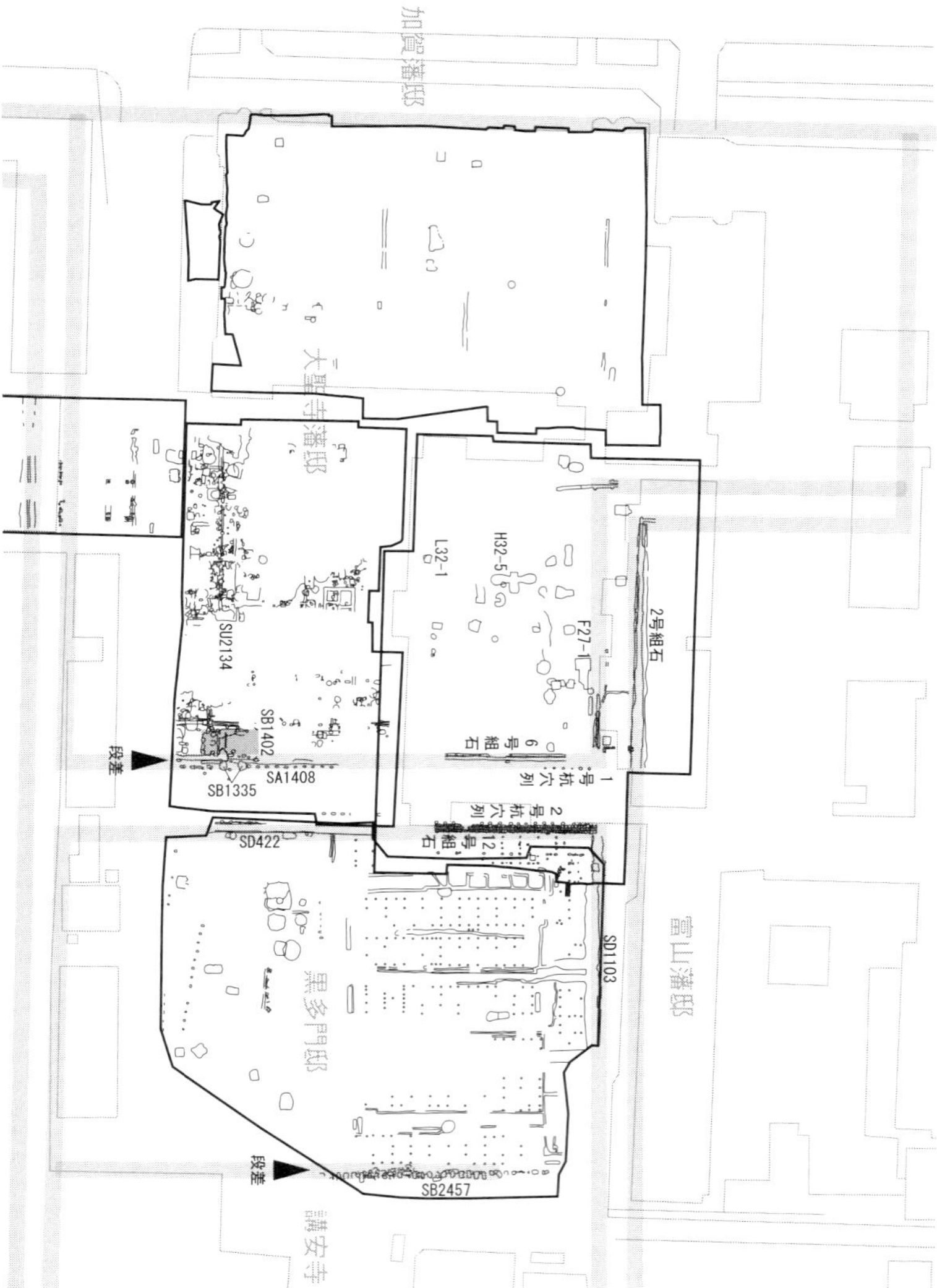

図14　本郷邸東域の開発（寛文～天和2年）

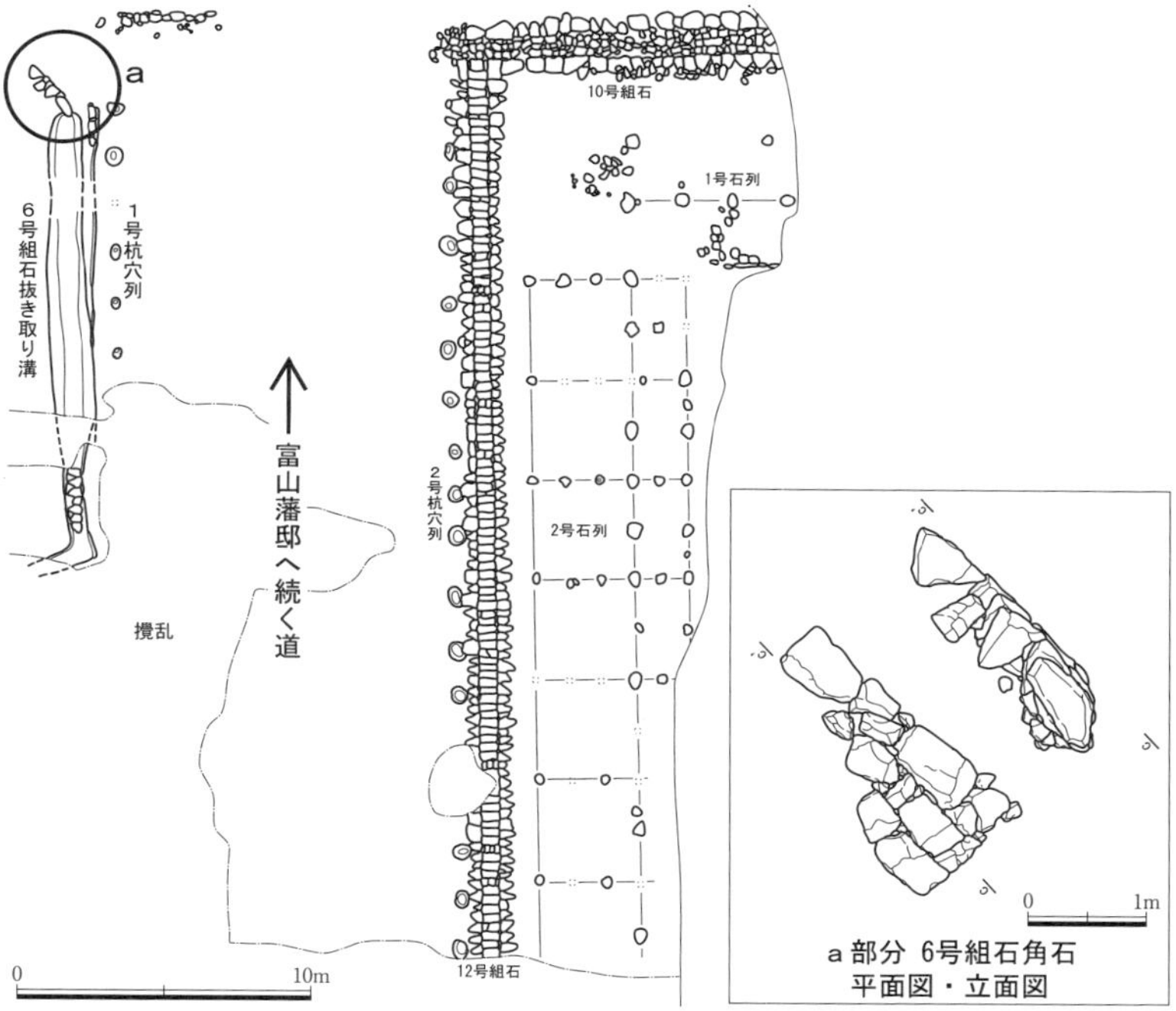

図15　中央診療棟地点　6・10・12号組石，1・2号杭穴列

によってほぼ平準化され、さらにその上に再度盛土造成を行い、藩邸全体がほぼ平準化された（図14）。その結果、中央診療棟地点6号組石南北部分、第二中央診療棟地点ＳＢ1402の東に位置する富山藩邸へ続く道との間に図15のａに示した石垣を構築するほどの明確な段差が生じた。またＳＢ1402は大聖寺藩邸表門と推定される建物の基礎遺構である（図16）。本遺構の道境には排水溝が伴い、藩邸側には切石による石組が付設されている。ＳＢ1402の北側から、中央診療棟地点に至り、一八世紀前葉に築石を抜き取るために掘られた深さ約一メートルを測る溝状遺構が検出されており、その深さから間知石による石垣がａ部分まで続いていたことが推測される。邸内の遺構には藩邸東側で、Ｆ27―1、Ｈ32―5など大形の地下室の分布をみることができ、門の位置も併せ、藩邸東側を中心に御殿空間が展開していたことが推測される。

一方、同時期の黒多門邸では長屋遺構と推定される礎石建物群が検出されている。本稿ではその詳細は省くが、全体的な様相として建物ごとに排水溝が縦横に巡らされている特徴を持つ（成瀬一九九七）。また、長屋各戸には炉状遺構が伴うことも報告されているが（大成一九九七）、ＳＢ1402の番屋をはじめ、大聖寺藩邸においても第二中央診療棟地点の一七世紀段階の遺構面で同様の遺構が多数検出されている。

五　天和三年から元禄年間頃

本郷邸は天和二年（一六八二）に白山から出火した火災によって全焼した。先述した大聖寺藩邸表門跡ＳＢ1402も本火災によって焼失したことが発掘調査によって明らかになっている。文献資料によると翌年三月、加賀藩邸が上屋敷に移行したのを契機に、大聖寺・富山両藩邸の地割り変更も実施されたとされる。その結果、大聖寺藩邸は、東側に位置する黒多門邸を取り込み、一方、西側が加賀藩邸に組み込まれたことによって、東西に長い長方形状の区画に変化した。この地割り変更に伴い富山藩邸に続く道は、新大聖寺藩邸と講安寺との地境に移設された（図17）。

さて、天和二年までの富山藩邸に続く道上には大聖寺藩邸地境に沿って第二中央診療棟地点ＳＡ1408、中央診療棟地点1号杭穴列、黒多門邸地境に沿って中央診療棟地点2号杭穴列とした直線状に並ぶピット列が構築されている（図14・15）。各ピットは約一八〇センチメートル間隔で配置され、土層観察によって柱痕が認められたことから、掘立柱による塀跡と判断されるピット列である。また埋土には焼土が含まれており、火災直後に構築された建造物と判断される。このうちＳＡ1408は、大聖寺藩邸表門跡ＳＢ1402前に構築されたＳＢ1335を挟んで南北方向に伸びている。ＳＢ1335は、長方形に半円形の張り出し部を持った平面形態を呈す二基の土坑で構成されている（図16）。各々の長方形部坑底には

図 16　第 2 中央診療棟地点　SB1402
（天和 2 年までの大聖寺藩邸表門跡，手前の半円形の土坑は SB1335）

切石を用いた礎石が設置されている。設置された切石は著しく被熱し、また埋土にも焼土が混入していることから、ＳＡ1408同様、火災後に構築された建造物であることが確認される。塀跡とした掘立柱列に挟まれ、礎石を有する二柱による建造物である本遺構は、冠木門のような簡素な門の基礎と推定され、礎石位置から推定される柱間は内々で二八五センチメートル、すなわち京間一・五間の門であったと想定される。さらに埋土の断面観察から、付随する半円形張り出し部分が長方形部分の埋土を掘り込んでいることが確認され、本遺構は本来長方形を呈する土坑であり、半円形張り出し部分は遺構廃絶時における柱の抜き取り坑と考えられる。以上の様相から、ＳＢ1335は火災直後の臨時の表門として、接続する柱穴列もそれに付随する藩邸外周の塀と位置付けることができる。

先述したように文献からは、火災から三カ月たった天和三年三月に屋敷割りの変更が実施されているので、それまでの間、藩邸を訪れる見舞客への対応など藩邸の体裁を早急に整えるための施設と考えられ、そこには武家の姿勢を垣間見ることができる。

屋敷割りの変更に伴い富山藩邸へ続く道が東へ移設されたことは先述したとおりであるが、それに伴い大聖寺藩邸では、天和二年までの道との間に存在した段差を解消すべくさらなる盛土造成が実施された。その結果、旧黒多門邸内でも埋没谷上部に位置する低域では、約二メートルにもおよぶ盛土が行われていたことが明らかになった。この盛土造成によって大聖寺藩邸全体はほぼ平準化され、過去複数箇所に及んだ低域部への段差は大聖寺藩邸東端に当たる入院棟地点ＳＤ１部分に集約された（図17）。ＳＤ１は築石抜き取りによる溝状遺構で残念ながらその実態をみることはできなかったが、その様相は富山藩邸との地境溝である中央診療棟地点６、10号組石、入院棟地点ＳＤ1103にみることができる。ＳＤ1103では黒多門邸に伴う天和二年までの石垣と天和三年増築の石垣との間で、裏込め石の石材、築石の加工精度、石垣の仰角などに大きな様相差が認められている（図18）。また、黒多門邸域を造成した盛土はハードロームを主体としているが、そのなかには火災時の被災陶磁器、瓦を主体とした瓦礫や焼土も多量に含まれていた。被災陶磁器には医学部教育研究棟地点（図１の24）における同火災焼土層出土遺物と接合例もあり、加賀藩邸側の瓦礫整理と大聖寺藩邸の造成事業がリンクして藩邸内で処理されていたことが認められている。

このように大々的に造成事業が執り行われた大聖寺藩邸であるが、造成が完了した藩邸東域に南北約五五メートル、東西約二〇メートル、最大深度約三・五メートルを測る巨大土坑が掘削された（図17・19）。ＳＫ３と名づけたこの遺構は、天和三年の大造成による藩邸全域平準化直後に掘削されていることから、大聖寺藩サイドで実施された必然性は考えがたく、加賀藩邸再建で必要になった造成土の供給源と推定している。また、ブロック状の泥炭土によって埋め戻されていることから、湿地帯の掘削土が搬入されたことが予想されたが、化学分析の結果、池沼地特有の植物遺体が含まれていることが判明した(4)。しかもその土量は三〇〇〇立方メートルを越える膨大な量で、本遺構と同等のか

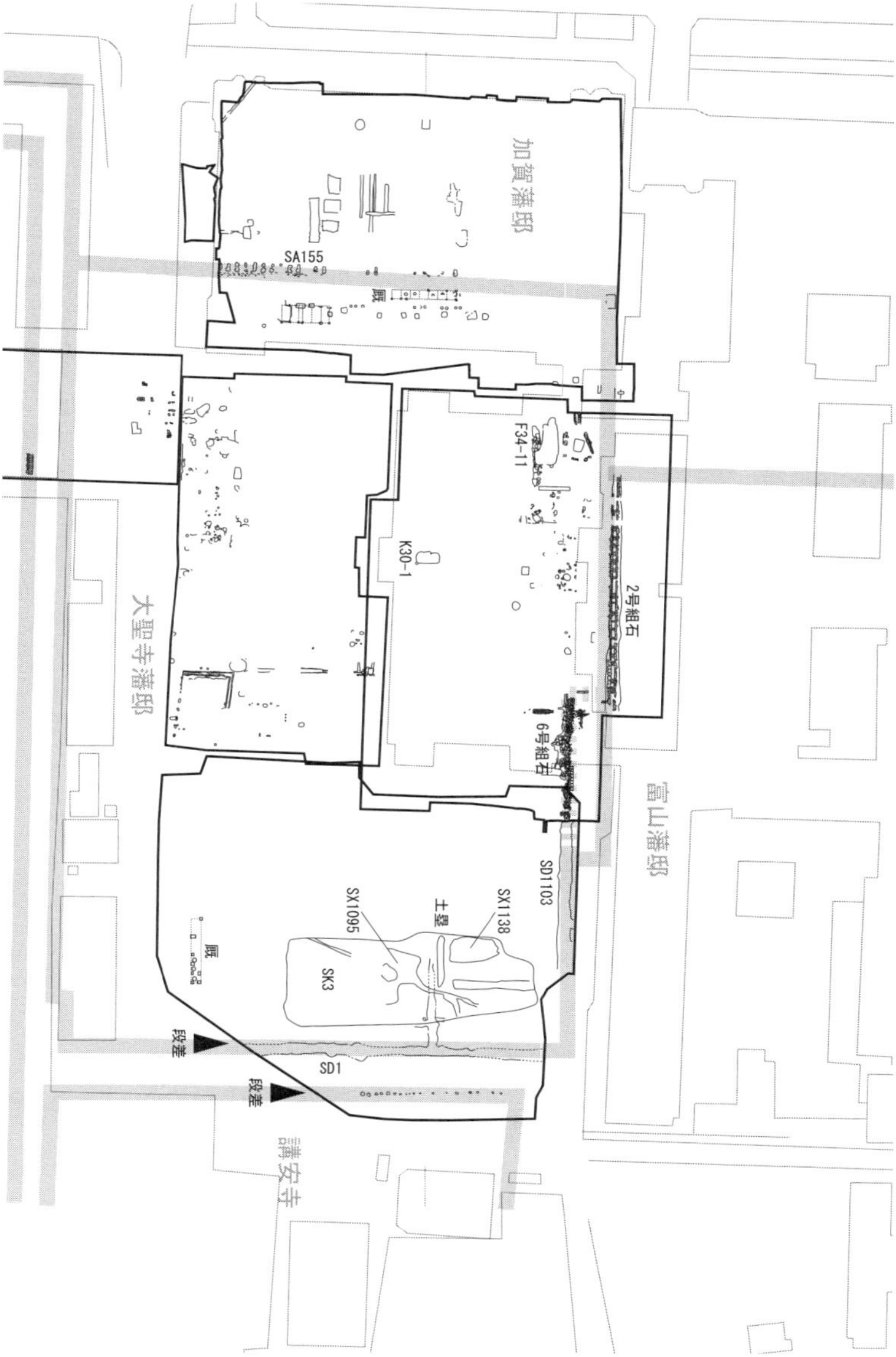

図17　本郷邸東域の開発（天和3〜元禄年間頃）

なり広い面積の池沼地が供給源となっていたことは想像に難しくない。本郷邸内でこれだけの土量の供給源といえば、育徳園心字池とその周辺以外には考えがたい。

心字池周辺の大名庭園としての形態は、寛永年間には中之島を伴う泉水、橋、御亭（四阿）、景石、樹林などの施設を構えていたことが文献、絵画資料から知ることができ、[5]下屋敷時代には御成庭園として、また藩主綱紀が本郷邸に居住する明暦年間以降は藩主の庭園として、その形を整えてきたものと推察される。そして、天和三年の本郷邸上屋敷移行に伴い、全焼した殿舎の再建に合わせ、庭園の修造も行われたと推定できる。

本郷邸内を描いた現存する最も古い絵図に「加州本郷第図」がある（図20）。この絵図は元禄元年（一六八八）に作成されたとされるが、内容的には、それ以前の本郷邸再建計画を描いた図と評価されている。庭園に関連する施設は、「江戸図屏風」にも描かれた中之島を伴う泉水、橋をはじめ、その後も園内に一貫してみられる栄螺山が描かれている。泉水北側は樹林が拡がり、入り組んだ苑路が描かれているが、この

図18　入院棟地点 SD1103 にみる盛土造成過程

苑路は心字池に向かい泉水を周回する苑路と合流し、回遊式庭園としての構造が整えられている様子が窺える。一方、泉水の南側に目を移すと、中之島を中心とする北側エリアが彩色されているのに対し、南側一帯が白抜き表記になっている。その南端部分に橋が架けられていることから、窪地であることには間違いがないと思われるが、この表現の差異は、泉水南側が湿地帯であったことを意味しているのではないだろうか。泉水南側と、SK3の面積はほぼ一致しており、SK3を埋め戻すだけの土量は、十分に備わっていた可能性は大いに考えられるのである（図21）。

また、遺物は陶磁器、土器をはじめその土質から木製品も多く、全体量ではコンテナ約一〇〇〇箱と膨大な量が出土している。そのうち肥前磁器碗は、一六八〇～九〇年代頃に長崎県波佐見町・高尾窯跡（波佐見町教育委員会一九九六）などで量産される高台が断面U字形を呈し、高台高が五ミリメートル以上を測る大振りの丸碗が主体を成す（図22）。本類型は体部主文様に手書きによる染付の他、コンニャク印判、型紙刷りなどの印刷技法によって施文される事例も多いのが特徴である。[6] 本類がまとまって出土した中央診療棟地点F34―11（一六八〇年代後半～九〇年代前半に位置付けられる資料）と比較すると、印刷技法においてF34―11ではコンニャク印判が主体を成しているのに対し、本資料ではコンニャク印判はほとんど含まれず、型紙刷りが主体を成していることから、F34―11よりも一段階古い様相と考えられる。実年代に比定すると一六八〇年代中頃から遅くとも九〇年代初頭を下限として位置付けることができよう。また木製遺物には什器のほか、鉋屑、建築廃材も多く含まれており、そのボリュームは、藩邸再建時に発生した建築廃材と推定するのが妥当である。実証には至っていないが、貞享二～四年（一六八五～八七）にかけて建設された加賀藩邸殿舎建築に伴う可能性も

図19　SK3完掘風景

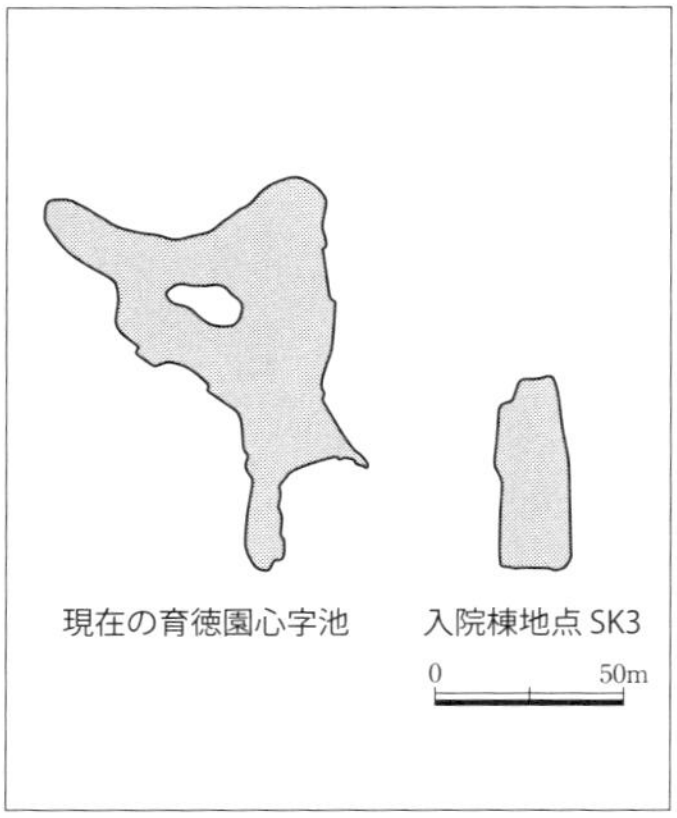

図 21　心字池と SK3 の面積比較

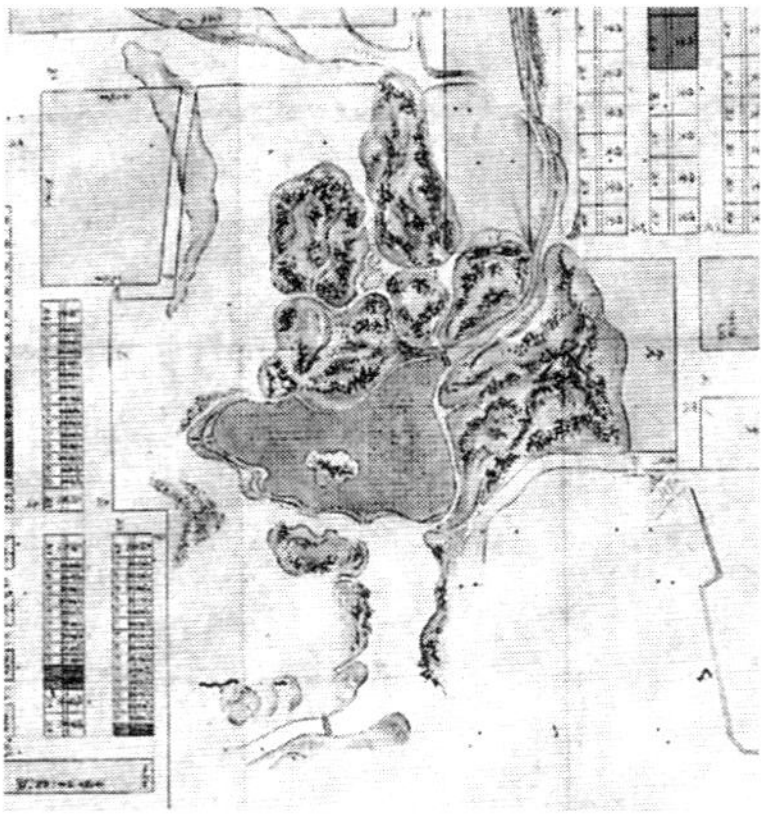

図 20　元禄年間の育徳園
（前田育徳会所蔵「加州本郷第図」より）

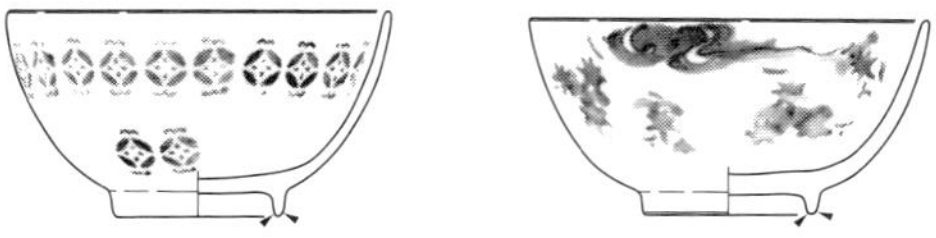

図 22　入院棟地点 SK3 出土肥前磁器碗

指摘することができる。すなわち、鉋屑、建築廃材、泥炭土の廃棄と併せ、遺構の掘削から埋戻しまで加賀藩邸再建に関連する行為であったことが考えられるのである。

　このようにＳＫ３は、大聖寺藩邸内にありながら、被災後の加賀藩邸再建の中で、造成土の供給元として、また瓦礫、建築廃材、不要土砂などの廃棄場として盛んに活用されたのである。このため、大聖寺藩邸の再建は、ＳＫ３埋没完了を待つことになる。

　泥炭土によって埋め戻されたＳＫ３は、その直上をローム土で整地され、屋敷割り変更後の造成は完了した。しかし、その区域は地盤の脆弱性のためか、庭園として利用されることになる。この庭園もロームの整地状況から二段階の造園作業による造成が認められ、最初に小判形をした泉水ＳＸ1138を伴う庭園が先行し、さらに一帯をローム土で再造成し、中之島を伴う泉水

ＳＸ1095を配置した庭園が造成される。いずれの泉水も底から壁にかけて漆喰を貼った人工池で、ＳＸ1095では導水路、排水路も検出されている。また泉水の周りからは、土塁状のマウントや多数の植栽痕が検出され、樹木が生い茂り、起伏に富んだ庭園景観が想定される（図23）。

六　その後の大聖寺藩邸

大聖寺藩邸内を描いた絵図面は文化年間とされる一枚のみで、加賀藩邸と比較すると絵画資料からの情報は極めて少ない。江戸切絵図によると一八世紀頃は藩邸南側に隣接する無縁坂へ続く道に対し家紋、名が表記されているが、一九世紀代になると東側に隣接する富山藩邸に続く道に対して表記されるようになる。文化年間の絵図でも富山藩邸に続く道に面して表門が描かれていることから、門の位置が藩邸南から東へ変化したことが推定される。

図23　大聖寺藩邸庭園遺構
（手前がSX1138，奥がSX1095）

大聖寺藩邸の調査で御殿建築遺構の検出例は総調査面積に対して意外と少ない（旧病院基礎による破壊も考えられる）。そのなかで第二中央診療棟地点南域から設備管理棟地点北域かけて比較的良好な礎石遺構が検出されている（図24）。詳細な年代決定は今後の整理作業を待つことになるが、一九世紀代の遺構に切られている基礎もあり、一八世紀から続く可能性がある。また第二中央診療棟地点東域では常滑大甕を利用した能舞台遺構が検出された。本遺構は火災によって廃絶された遺構で、一八世紀前半に比定する

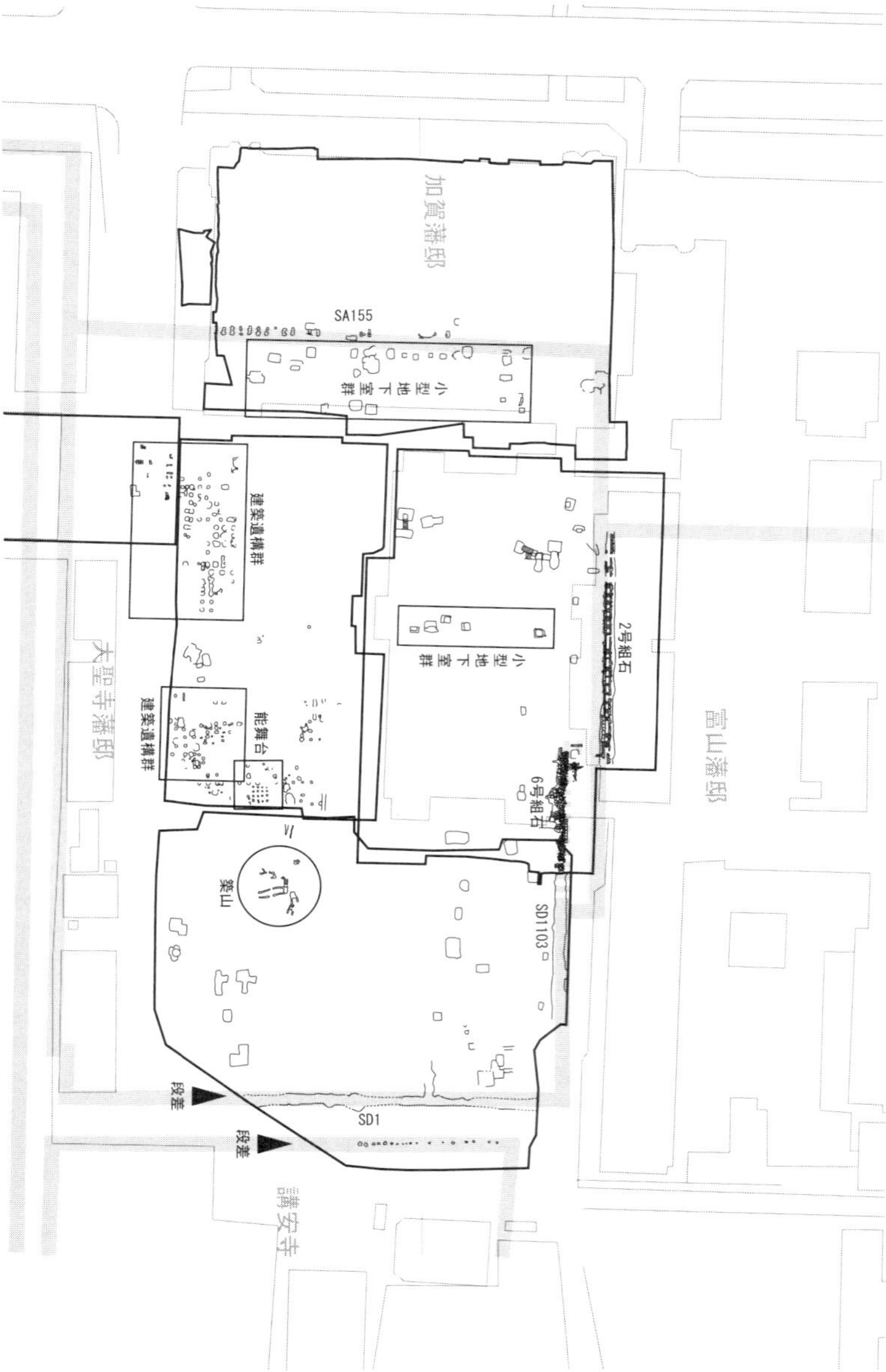

図24　本郷邸東域の開発（18世紀前半頃）

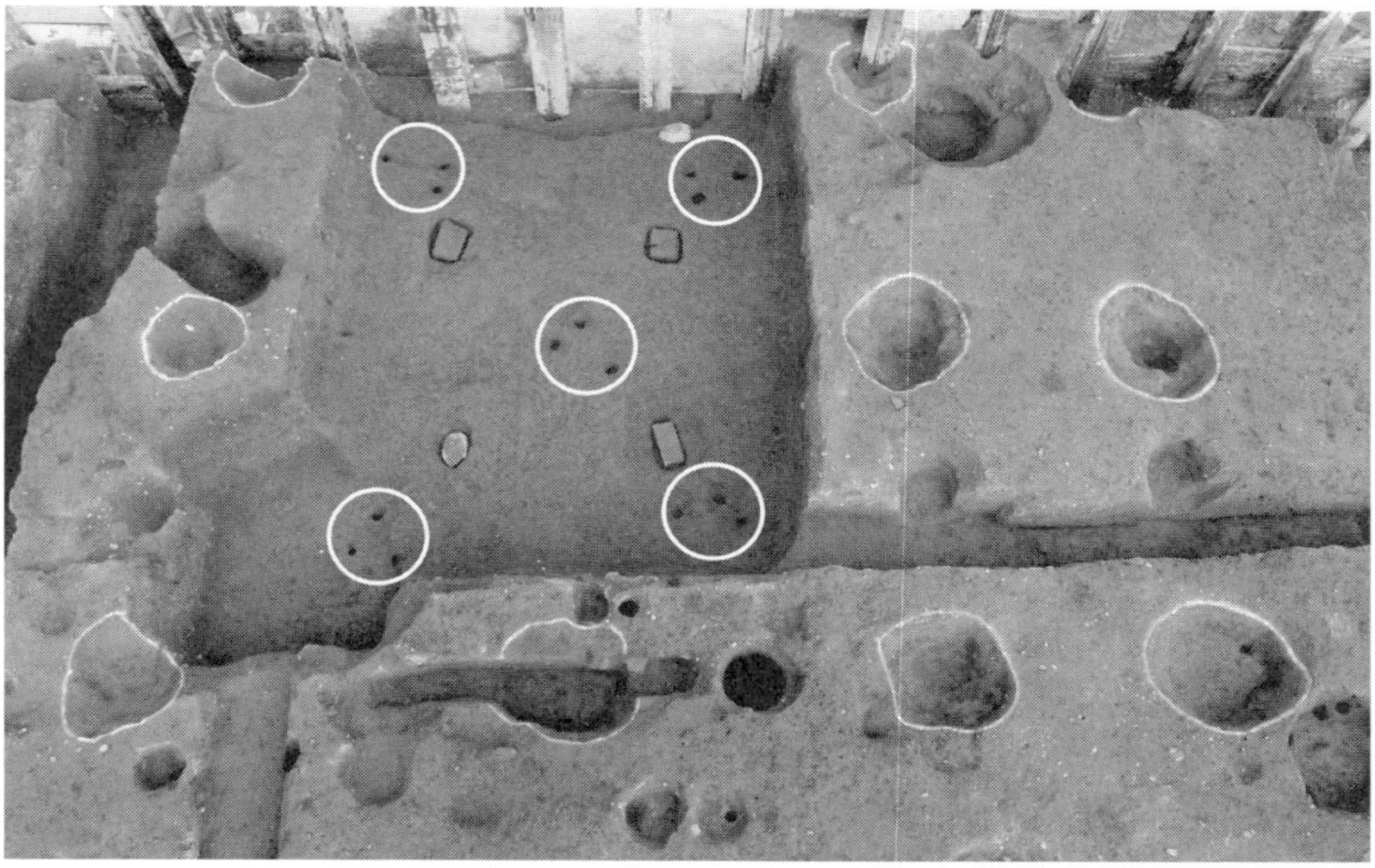

図 25　大聖寺藩邸・能舞台遺構
（第 2 中央診療棟地点．方形土坑内の 5 カ所の白丸は，甕を支えた杭痕）

図 26　大聖寺藩邸・築山遺構
（入院棟地点）

ことができる（図26）。その東には入院棟地点で検出された築山状石段遺構があり、庭園が存在した可能性がある（図25）。また、やはり一八世紀前半の火災により廃絶されたと比定される小型地下室が藩邸西域に南北に分布しており、南北方向に延びる長屋を想定することができる。断片的な資料ではあるが、一八世紀代の藩邸は、御殿建築に関する遺構が調査区南域に多く分布し、西域には長屋が想定されることから、御殿空間は表門を南に構え藩邸南域に、詰人空間は藩邸西域から北域に展開していたことが推定される。

おわりに

病院地区の調査事例から、大聖寺藩邸に関わる藩邸造成の様相を中心に、藩邸機能との関連、支藩と本藩（金沢藩）との関連を示す事例を紹介した。

そこには台地緩斜面上の立地という地理的条件のなか、旧地形の制約を越えなかった初期開発段階から、藩邸機能の拡大に伴ってひな壇状平準化による大規模造成が開始され、さらには大聖寺藩邸成立により低地域を中心とした大規模盛り土造成による平準域の拡大と、藩邸開発の進展に伴う斜面地の開発が繰り返し実施された様相が浮き彫りになった。またそこには、文献のみでは知ることができない本藩と支藩の関係に結びつけられる様相も垣間見ることができた。特に大聖寺藩上屋敷、富山藩上屋敷の場合は、幕府からの下賜とする他藩の江戸藩邸と異なり、本藩からの貸与であるという特殊事情が強く影響を及ぼしている点を重ね合わせて考えることが、藩邸開発、さらには藩邸構造の特質を理解する上で重要な要素の一つとして位置付けられる。

注

（1）調査時点では、複雑な平面形、盆状のテラス面などの形状から、御成庭園に造られた池の可能性を指摘したが、不定形平面形態、工具痕を残し整形が施されていない壁面状態、複数の遺構が重複しているかにみえる何カ所ものテラスを有する坑底形態、それに対し遺構重複が認められない埋土の堆積状況、藩邸周辺部を中心とする分布特性など「池状遺構」と属性を共有する遺構が、その後の藩邸内調査でもたびたび認められ、現在ではその規模、形状から藩邸内小規模造成に関する採土坑と推定している。

（2）「黒多門邸」は本来、幕府に対して人質を差し出す証人制度によって、江戸住まいを強いられた藩主の妻子らの居住区であったが、寛文五年（一六六五）の証人制度廃止以降、足軽・聞番が居住する詰人空間に変化した。ただしその上限は不明である。

（3）二〇〇九年に調査を行った赤門南に位置する伊藤国際学術研究センター地点から検出された同形態の溝状遺構では、溝底に並んだ楕円形ピットは、溝を埋め戻した後に掘削し、柱を埋めていることが埋土の観察から明らかになった。柱の建て替えの可能性や、溝とピット列が全く別遺構の可能性などが推定され、溝とピットの関係には注意を払う必要がある。

（4）泥炭層の化学分析の結果、珪藻化石は、有機汚濁の進んだ富栄養な池沼域で堆積した堆積物に由来。花粉化石は、マツ属が多く、モミ属、ツガ属、コナラ亜属、アカガシ亜属など、草本類では水湿地に生育する種を含むイネ科、カヤツリグサ科などが多産。種実遺体はオモダカ科の種子、タガラシ果実など水湿地を含む堆積域周辺に生育すると考えられる種類などで構成されることが明らかになり、いずれも周囲に水湿地の拡がる「富栄養な池沼域」で形成された堆積物に由来する結果となった。本郷邸近隣の環境では、三四郎池、不忍池などが候補として揚げられる。

（5）絵画資料では、「江戸図屛風」にその様相をみることができる。文献では『三壺聞書』に「（前略）十四年より茨木小刑部に御作事奉行被仰付、御露地・泉水・築山等出来し、つまりつまりに富士見の亭・麻木亭・達磨亭・傘の亭・三角亭・鳩の亭などなど名付けて、珍しかりける御物好の御亭出来し（後略）」と、寛永十七年（一六四〇）将軍家光の御成に備えて庭園が修造されたことが記されている（引用史料中では、御成を寛永十五年としているが、十七年の誤り）。また、「育徳園」の名称は、五代藩主綱紀によって命名されたとされ、寛永年間には、まだ使用されていない。

（6）型紙刷りによる施文方法は、一七世紀中葉頃に白泥を刷り込んだ製品が認められるが、染付を利用するようになるのは、天和二年（一六八二）の火災資料に含まれていることから一六七〇年代であることが確認されている。一方、同火災資料にはコンニャク印判による製品は認められないことから、染付型紙刷りがコンニャク印判に先行することが確認されている。また、コンニャク印判は、八〇年代以降の量産器種大量生産体制の流れにのって、一八世紀前半にかけて盛行する。

〔参考文献〕

石川県図書館協会　一九七二「三壺聞書」『加賀能登郷土図書叢刊』

大成可乃　一九九七「天和二年の火災で焼失した長屋に伴う炉状遺構について――東京大学医学部附属病院病棟地点出土事例を中心に――」『東京考古』一五

東京大学遺跡調査室　一九八九『理学部7号館地点』

東京大学遺跡調査室　一九九〇『法学部4号館・文学部3号館建設地遺跡』

東京大学遺跡調査室　一九九〇『医学部附属病院地点』

東京大学埋蔵文化財調査室　一九九〇『山上会館・御殿下記念館地点』

東京大学埋蔵文化財調査室　一九九七『東京大学構内遺跡調査研究年報』1

東京大学埋蔵文化財調査室　一九九九『東京大学構内遺跡調査研究年報』2

東京大学埋蔵文化財調査室　二〇〇四『東京大学構内遺跡調査研究年報』4

東京大学埋蔵文化財調査室　二〇〇五『医学部附属病院外来診療棟地点』

成瀬晃司　一九九四「江戸藩邸の地下空間――東京大学本郷構内の遺跡を例に――」『武家屋敷――空間と社会――』山川出版社

成瀬晃司　一九九七「加賀藩江戸藩邸の調査――天和二（一六八二）年焼失の長屋群――」『地方史・研究と方法の最前線』雄山閣出版

成瀬晃司　二〇〇三「大名藩邸における廃棄の一例――災害と造成からみた――」江戸遺跡研究会第一六回大会『遺跡からみた江戸のゴミ』

西秋良宏編　二〇〇〇『加賀殿再訪』

波佐見町教育委員会　一九九六『Ⅰ高尾窯跡　Ⅱ岳辺田郷圃場整備に伴う確認調査』

江戸周縁の大名屋敷——藤堂家染井屋敷——

小川祐司

はじめに

江戸藩邸のうち江戸城に近い上屋敷・中屋敷は、藩主が居住し政務を行なう場である。このため文献史料が豊富なうえに、近代以降は官公庁の敷地となる場合が多いことから、大規模な調査によってその実態が資史料から明らかにされている。一方、江戸郊外に位置する下屋敷・抱屋敷は、その別荘的な使われ方から文献史料に登場することは稀である。敷地の変遷も上屋敷とは対照的で、近代には民有地となり次第に細分化され住宅地と化していく。このため、発掘調査の多くは小規模なもので、広大な下屋敷・抱屋敷のごく一部を垣間見るにすぎず、実態は不明のままということも少なくはない。しかし近年はこの地道な調査の積み重ねによって、下屋敷の様相が徐々に明らかになりつつある。これによって、①造園・茶陶器製作などの趣味・娯楽的要素、②鍛冶・味噌醸造などの生産活動、③溝・塀・垣などによる外周境界施設、④墓地の存在、⑤低密度な施設配置といった特徴が指摘されている(古泉二〇〇四)。

ここでは津藩藤堂家染井屋敷における発掘調査の成果をもとに、江戸の周縁に位置する下屋敷・抱屋敷の一例をみていきたい。

一　江戸郊外に広がる藤堂家染井屋敷

藤堂家染井屋敷は、現在の東京都豊島区駒込四丁目を中心に広がる大名屋敷で、下屋敷・抱屋敷を含め「染井屋敷」「染井別荘」と呼ばれた。屋敷が位置する染井遺跡は、日光御成道（現本郷通り）の六義園から分岐する染井通りを境に、北側はのちに植木屋として発展する上駒込村染井、南側は津藩藤堂家、西端は林田藩建部家の屋敷が展開し（図1）、今日まで数多くの発掘調査がなされている（図2）。

図1　「江戸切絵図」染井巣鴨王子辺図
（嘉永7年〈1854〉　尾張屋板）

津藩（安濃津）藤堂家は、江戸城の縄張りをしたと伝えられる藤堂高虎を藩祖とする、伊勢・伊賀に二三万石余の所領を持つ外様大名である。藤堂家が江戸のはずれ、染井の地の下屋敷・抱屋敷に移り住むのは明暦の大火、いわゆる振袖火事のあとの万治元年（一六五八）のことである（斎藤二〇〇六）[1]。この大火によって辰ノ口の上屋敷と柳原の中屋敷を焼失してしまった二代藩主の藤堂高次は、辰ノ口邸の代わりとして現在のお茶の水付近に新たな上屋敷を拝領する。しかし、この屋敷も半年を経ずして、付近の火災によって類焼してしまう。これを契機に藤堂家は、火災の被害に遭いにくい染井に下屋敷を設けることとなる。一万両もの大金を費やして完成し

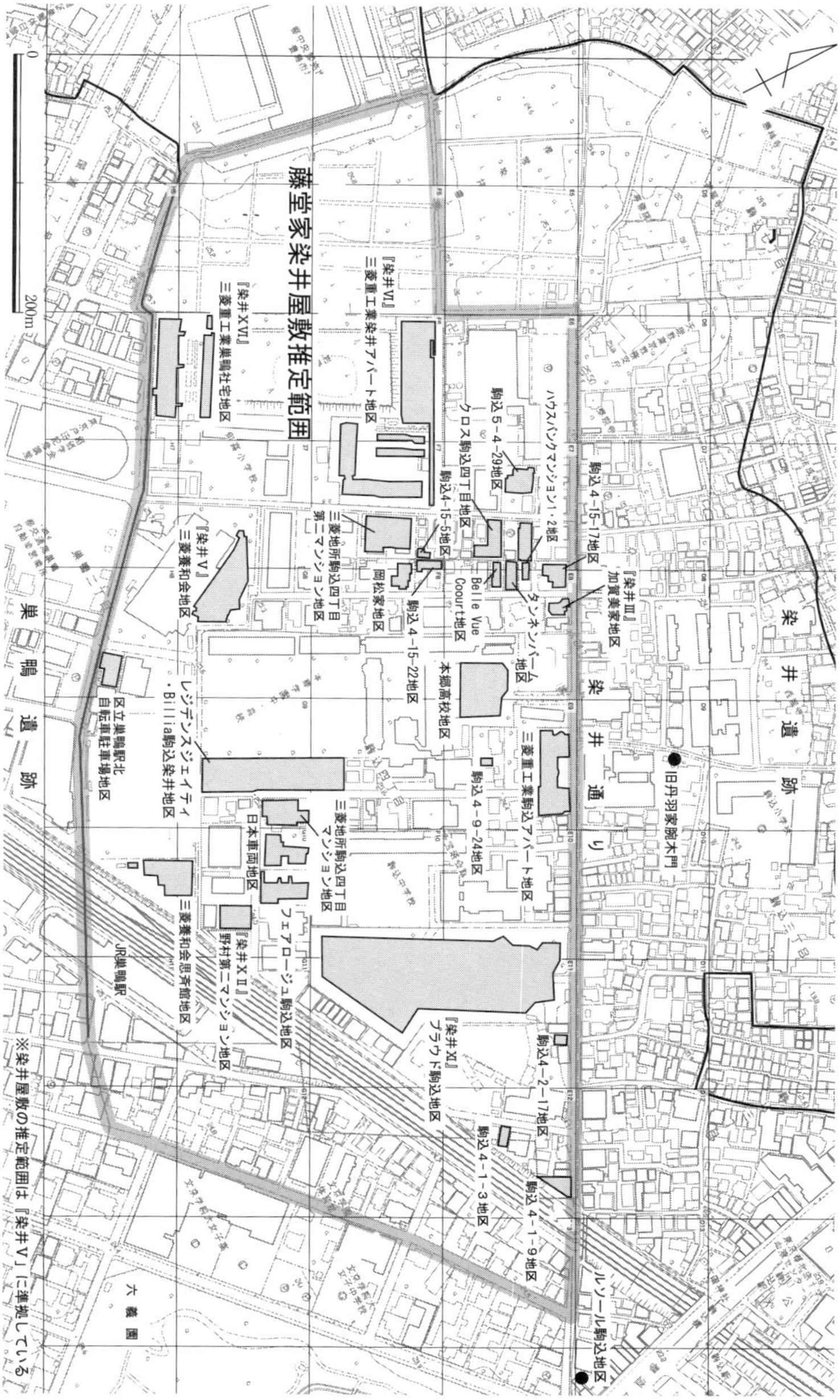

図2　藤堂家染井屋敷の推定範囲と既調査地点

たこの屋敷は、一時期、藩主以下二〇〇〇人近くが住み、下屋敷・抱屋敷を合わせて六万八〇〇〇坪余の広大な敷地を有していた。(2)

文献史料からみると染井屋敷には多様な建物などがあったことがわかる。残念ながら屋敷図面などは確認されていないが、染井に屋敷を構えた万治元年の「染井御屋敷惣入用之覚」(『公室年譜略』)には、表居間、奥部屋、茶屋、(能)舞台、米蔵、長屋といった建物や、辻番所、所塀、もがり塀などの区画施設の名が見られ、多くの施設が存在していたことがうかがわれる。鳥長屋が八棟もあるのは、動物好きであった二代藩主高次の趣味が反映されているのであろう。このほか一時期はヤマアラシや鶴、将軍家から下賜された白熊も染井で飼っていたようである。蔵は米以外にも金銭や武器を入れるものもあった。建物以外では、馬場や畑、金魚池などが確認できる。庭園については、「花園」という名称で見られ、藤堂家出入りの植木屋である伊藤伊兵衛の霧島ツツジなども植えられていた。

二　張り巡らされた堀と塀

大名屋敷では堀や溝、塀といった区画施設が発見されることが多く、染井屋敷からもこれらの遺構が確認されている。しかし他の大名屋敷と全く異なる点は、これらが藩邸の外周を囲うものだけではなく、ほとんどが敷地内に設けられていることである。塀は堀の内側に沿って連なるものも確認されており、相互関係が見られる。以下は、堀の配置が特徴的なプラウド駒込地区(『染井ＸⅠ』)を中心に、既報告の地区を見ていきたい。

1　堀

プラウド駒込地区で発見された堀は、それぞれに遺構番号を付しているが一連のものである（図3・4）。堀は調査区を縦断するように南北に延びたあと（314号・313号・323号）、西側へ折れてとまる（415号・335号）。この外側に上記の南側へ延びる堀と平行するように、もう一基の堀が鉤形に屈曲し（418号・349号・393号）、虎口を形成している。全体を見ると、調査区の半分を囲うような形で展開しているのがわかる。堀の軸線は、東西・南北方向ともに染井通りを基軸として設定した「染井グリッド」に沿う。[3] 全長は南北だけで一〇〇メートル以上、規模は開口部で幅五・三〜五・六メートル、底部では幅一・六メートル前後を測り、確認面からの深さは二・六〜三・四メートルにおよぶ。全体的に南北

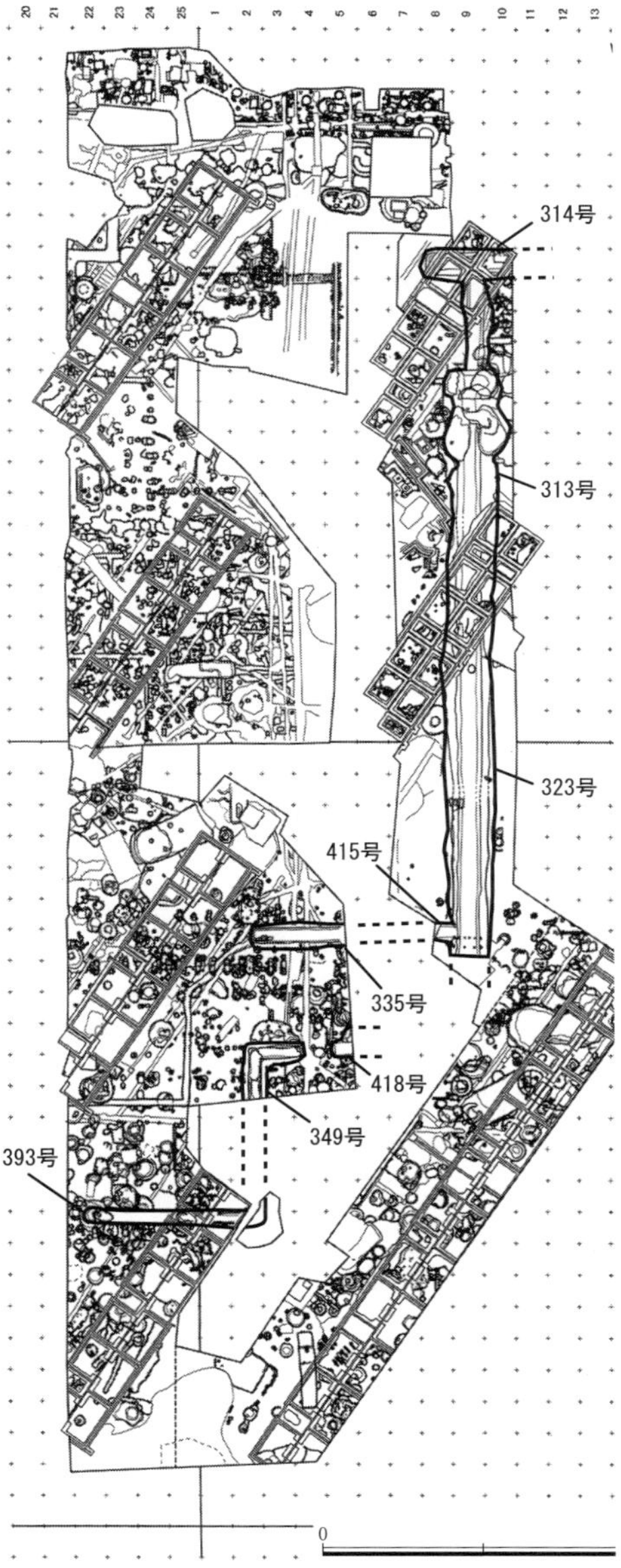

図3　プラウド駒込地区　近世遺構配置図

313号・415号遺構（南から）

335号遺構（東から）

349号・418号遺構（北から）

393号遺構（西から）

図４　プラウド駒込地区で検出された堀（豊島区教育委員会提供）

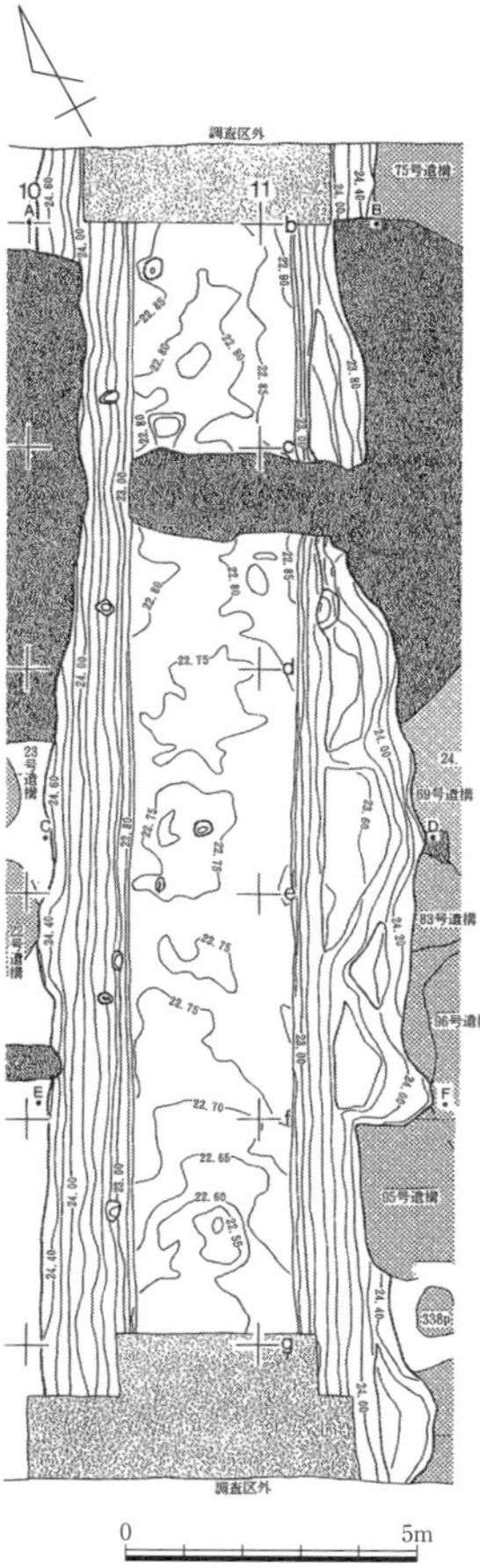

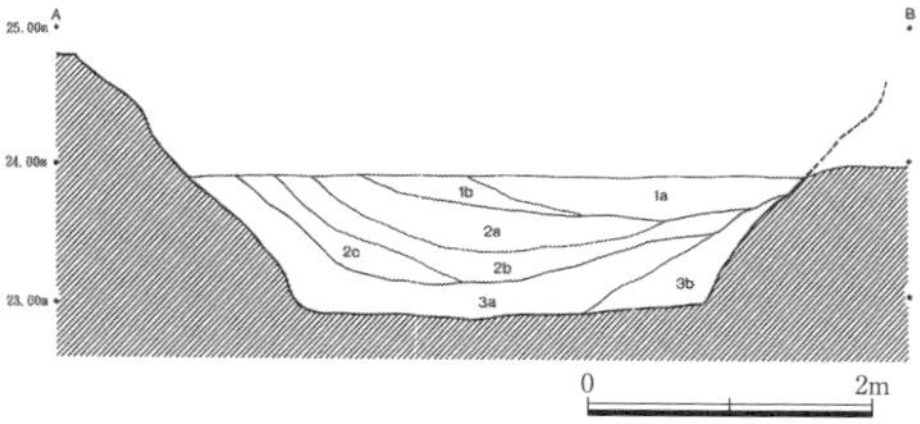

2号遺構（北東から，豊島区教育委員会提供）

図５　三菱重工業染井アパート地区で検出された堀

に展開する313号・323号がやや大型と言えよう。断面形はいずれも箱薬研形を呈する。底面の比高差はほとんどないが、おおむね南から北、西から東にわずかに高くなるようである。場所によっては底面を浅く掘り返したような痕跡が散見されることから定期的に堀浚いが行なわれ、管理されていたことがうかがわれる。なお肉眼観察では流水の痕跡は認められていない。出土遺物の特徴としては、陶磁器以外に瓦が占める割合が非常に高く、破片数を含めて一二万点、一六トンにもおよぶ。遺構の推定廃絶年代は一八二〇～三〇年代である(4)。構築時期は染井屋敷成立初期ではなく、一七世紀末葉頃が推定される。三菱重工業染井アパート地区(『染井Ⅵ』)2号遺構はプラウド駒込地区の堀と同規模で、廃絶もほぼ同時期である(図5)。同地区では東西方向に延びる606号遺構も検出されており、前述の2号遺構と一連の遺構である可能性があろう。

未報告の地区を見てみると、確認されている堀の中で最南端に位置するレジデンスジェイティ・Billia駒込染井地区(近刊予定)は、プラウド駒込地区よりやや小さい規模で南北に延びる堀が確認されている。二〇〇九年に調査が行なわれた三菱地所駒込第二マンション地区(未報告)では、東西方向に延びる二基の堀が発見された。このほか三菱重工業巣鴨アパート地区(『染井XⅥ』)の堀は、「染井グリッド」に沿わないものである(5)。なお、これまで発見された堀では土塁などを伴う痕跡は確認されていない。

2　塀

プラウド駒込地区573号遺構は、平面形が隅丸長方形を呈する一四基の柱穴からなる塀と考えられる遺構である(図6)。個別の柱穴の規模は、長軸一・八三～二・六六メートル、短軸〇・六六～〇・九メートル、深さ一・〇三～一・五一メートルを測る。特徴的なのは底部の掘方で、柱痕と思しき円形もしくは楕円形の一二センチメートル程度の浅い掘

図７　加賀美家地区の塀６号遺構（西から，豊島区教育委員会提供）

（豊島区教育委員会提供）

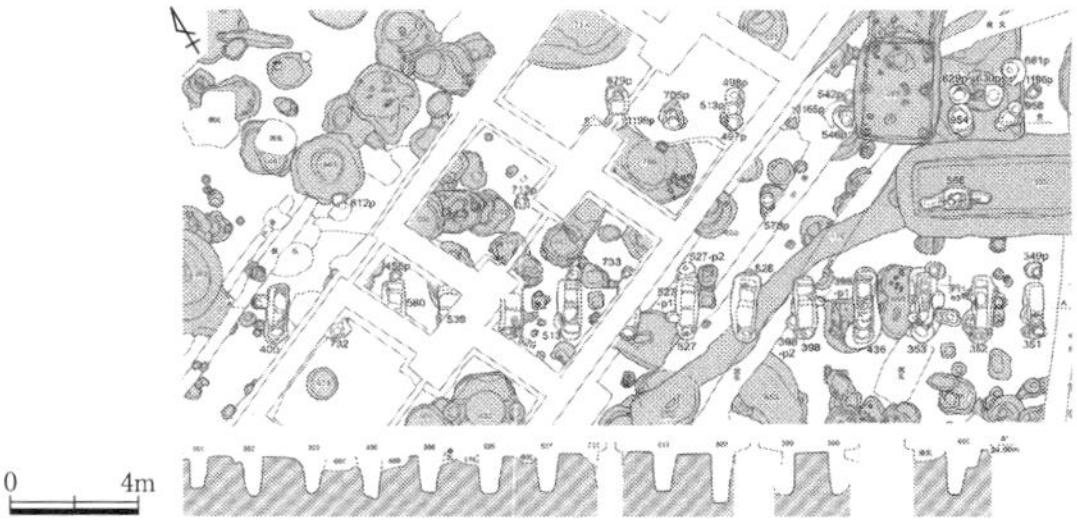

図６　プラウド駒込地区の塀　573号遺構（南から）

り込みが見られる。堀（335号遺構）の南側に位置し、柱穴の間隔は約一・八メートル、全長二四・六メートルにわたり、堀の西端部に一部重複するように東西方向に延びる。またこの遺構の北側には、控えと考えられるピット（574号遺構）が四基あり、さらに堀の北側は573号遺構と対となるように塀（575号遺構）が並ぶ。これらの遺構は、推定される構築年代が一八世紀初頭頃と、ほぼ堀と同時期であり、堀の端部を視覚的・物理的に遮蔽する役割を果たしていると考えられる。三菱重工業染井アパート地区220号・221号遺構と類似する形状であるが、これらは堀との関連は見られない。

　このほかに平面形はおおむね円形を呈する形態で、遺構の配置状況から塀と考えられるものがプラウド駒込地区940号遺構である。この遺構は堀の西側に十字状に展開するピット列で、全長は南北八〇メートル、東西二〇メートル以上、柱穴の間隔は一・六〜一・八メートル前後で配置されている。規模は径が

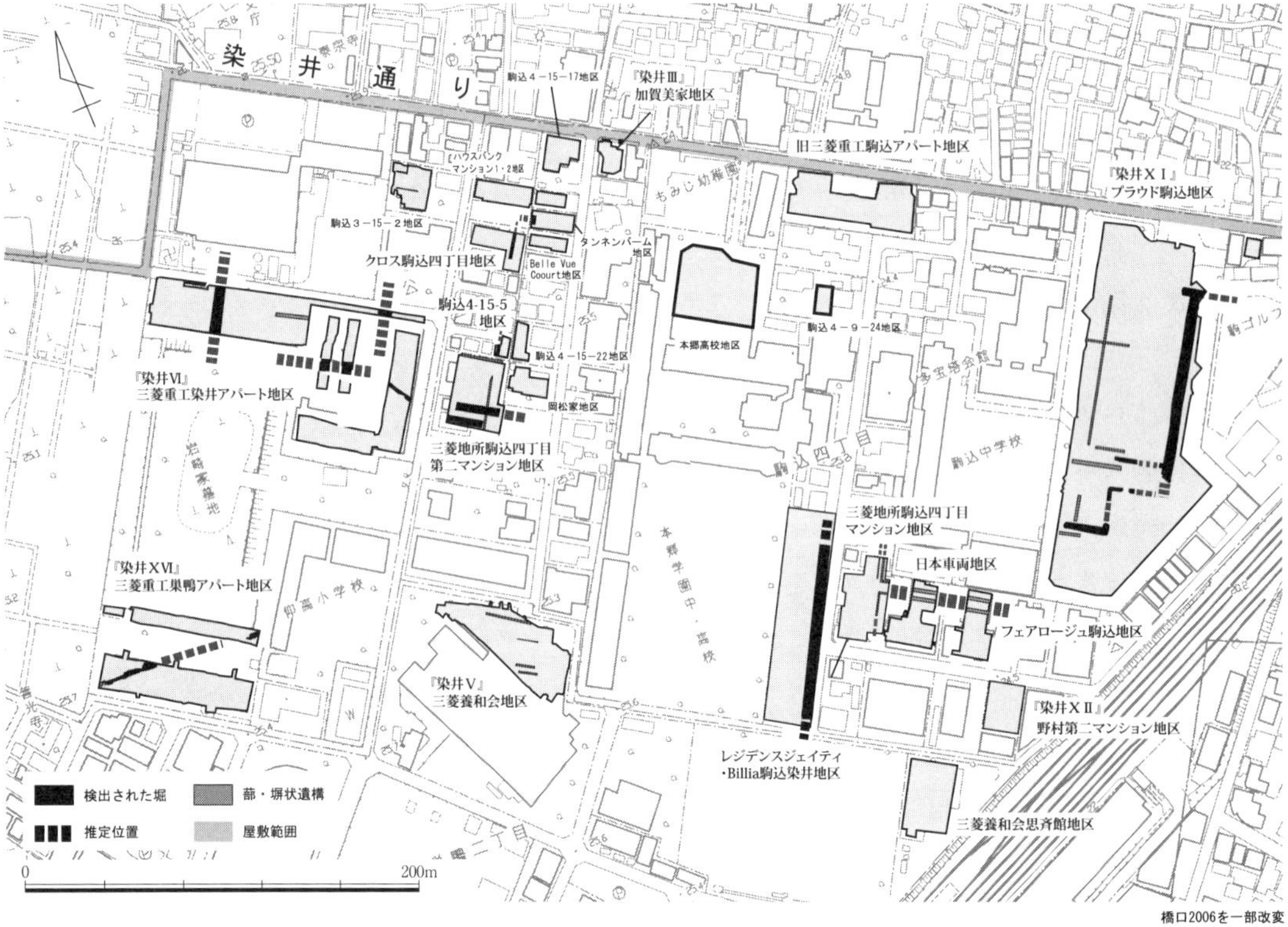

図8　藤堂家染井屋敷で検出された堀・塀の展開状況

六〇センチメートル前後、深さは一メートル前後で、底面の標高はほぼ同じである。

未報告の地区を見てみると、日本車両地区・フェアロージュ駒込地区（ともに未報告）では地区を跨いで二基のピット列が東西に延びている。この柱穴列は西隣の三菱地所駒込四丁目マンション地区（未報告）でそれぞれ南北に分かれて曲がることが確認されており、一定の区域を囲っていると思われる。

一方、塀では屋敷の外周を囲うものが加賀美家地区（『染井Ⅲ』図7）と駒込4―1―9地区（未報告）で確認されている。これらはいずれも浅い溝状遺構に礎石を配し、染井通り際に平行する。ただし遺構の廃絶年代が近代になる可能性も指摘されており（宮川・小川二〇〇六）、今後も検討していくべき課題となっている。

三　染井屋敷の空間利用とその消長

染井屋敷の土地利用は、遺構分布からみて大きく以下の三つに分かれる。ひとつは植栽痕を中心にしたものである。これらは屋敷の南側、敷地でも奥まった場所に位置し、三菱養和会地区（『染井Ⅴ』）や三菱養和会思斉館地区（未報告）などは大半を植栽痕が占めている。もうひとつは、井戸や地下室、ごみ穴といった生活に密接した遺構群である。これらは、屋敷の北側に多く展開する。染井通り沿いの加賀美家地区は顕著で、やや南側に位置する三菱重工業染井アパート地区でも見られる。このほか特徴的な様相がみられたのは、染井屋敷の中でも最南端に位置し、屋敷境際にあたる区立巣鴨駅北自転車駐車場地区（未報告）である。この地区では地下室や井戸などの生活に関する遺構が多数確認できるほか、炭化物が集中する遺構や鉄滓といった鍛冶に関する遺構がみられる。屋敷内において何らかの生産活動が行なわれていた可能性を示唆する区域といえるだろう(6)。最後は建物址であるが、これまでの調査では建築物と想定できるものは少ない。三菱養和会地区では、東西に一六メートル以上にもおよぶ大型の掘立柱建物址が検出されており、倉庫としての機能が想定されている。また三菱養和会思斉館地区や三菱重工業染井アパート地区でも建築址が検出されているが、いずれも規模の小さい掘立柱建物址である。これらは下屋敷の本邸の部分ではなく、いわば離れ家のように独立したものであろう。よって屋敷の御殿にあたる部分は現在のところ確認されていないが、プラウド駒込地区の堀の西側一帯にあたる駒込中学校付近から本郷学園付近に相当することが推測される。

この遺構分布がひとつの地区に端的に現れているのが、先でも触れたプラウド駒込地区である。この地区では、堀や溝を境に遺構の展開状況が大きく異なる。以下は染井通り沿いから順に見ていこう。

まず堀の北側には、井戸や地下室など生活に関連する遺構が集中する区域が広がり、特に染井通りに沿って集中する傾向がみられる。次にこの南側、堀の内側の空間をみてみると、これまでの調査で唯一確認されている石組溝や枡状の石組遺構などが見られ（図9）、また出土遺物では後述する呪符かわらけや、地下室から出土した三階菱紋の漆製品といったこの空間の階層性を示す可能性がある遺物があるなど、他とは様相を異にする（図10）。また大型の柱穴列付近は遺構密度が低く、やや建物から離れた塀際の空閑地の可能性が考えられる。一方、南東側はそのほとんどが植栽痕である。このように、屋敷内は染井通りを表として堀や溝、塀といった施設に区画されつつ、通りから順に生活空間、居住空間、植栽空間（庭園的空間）と続くのが基本的な空間レイアウトと言えよう（図11）。

三菱重工業染井アパート地区やプラウド駒込地区で共通する遺構分布として、一七世紀末葉から一八世紀前葉をピークとして、この後の遺構数は減少していく。一九世紀には堀の廃絶（一八二〇～三〇年代）を境に、ほとんどと言ってよいほど生活の痕跡が見られなくなる。これを文献史料と照らし合わせると、一八世紀初頭以降には藩主が上屋敷に移り、染井屋敷は本来の下屋敷・抱屋敷的な空間に戻るという過程と一致する。つまり遺構の分布は、おおむねこ

（北から）　　（東から）

図9　870号遺構　石組溝（豊島区教育委員会提供）

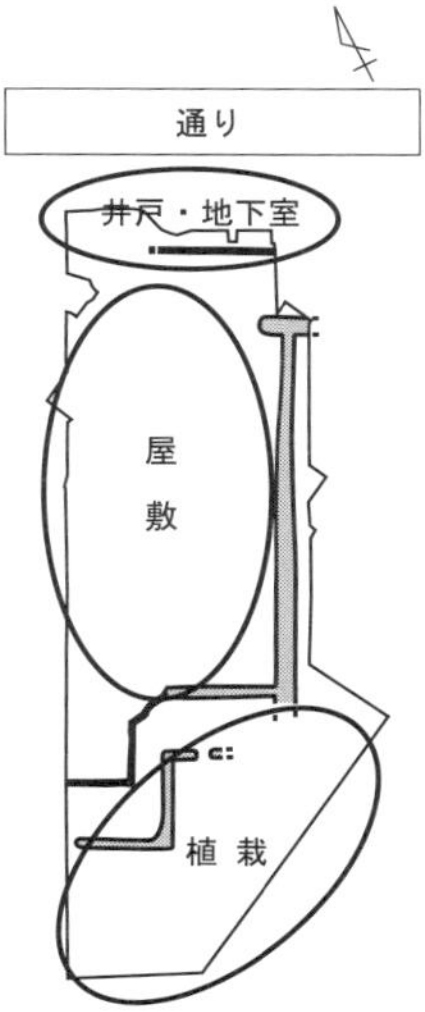

図11　プラウド駒込地区
空間利用　模式図

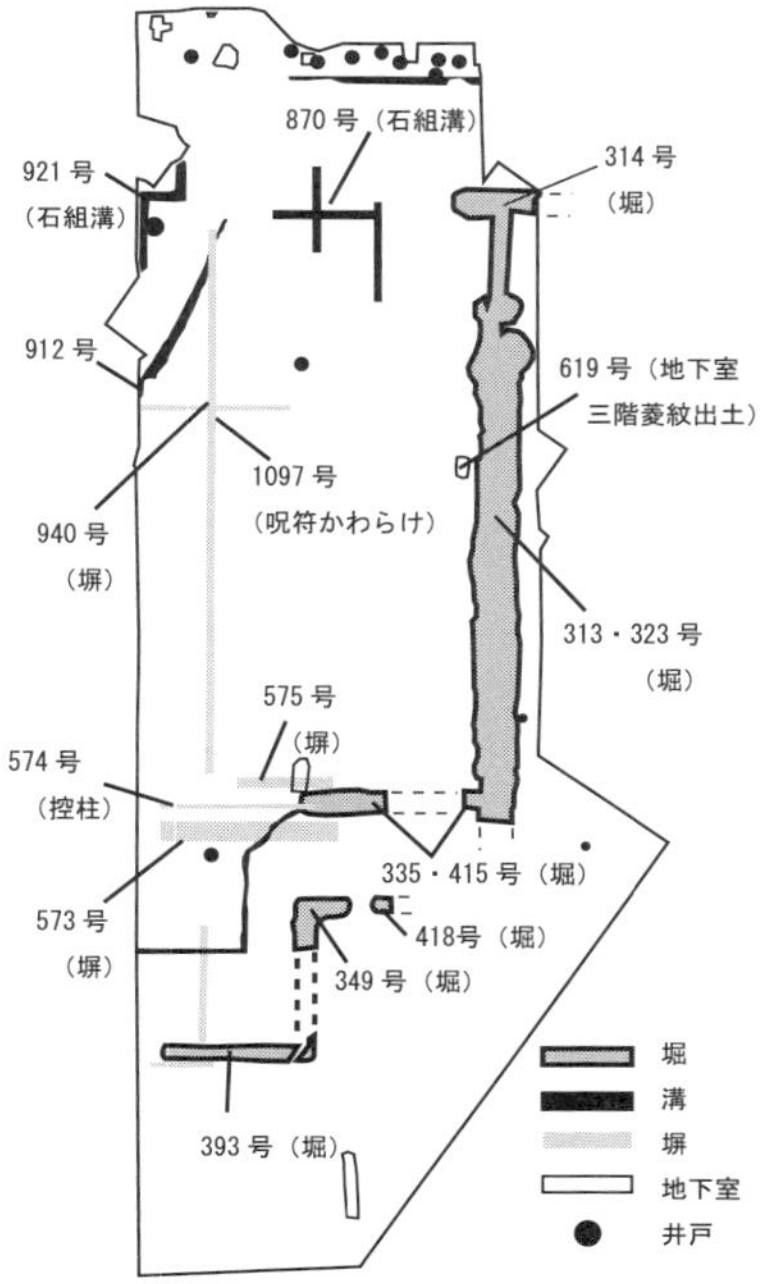

図10　プラウド駒込地区　遺構配置模式図

れらと連動して減少していくと考えられる。このなかで各種の蔵や庭園などは、藩主滞在期に造られたものが引き続き屋敷内に残されていくのであろう。なお一九世紀以降の染井屋敷の様子は、考古資料や文献史料からも手がかりがなく、実態は不明である。

一方で考古資料と文献史料が一致しない時期もある。それは染井屋敷成立から一七世紀後半の間である。この初期は藩主が居住しているうえ、二〇〇〇人近くの家臣が暮らしていることから、活発な生活痕跡があってしかるべきである。しかし、発掘調査で発見されるこの時期の遺構や遺物はわずかである。この理由のひとつとして、プラウド駒込地区では一七世紀末までに大規模な土地の削平があったと推測している（宮川・小川二〇〇六）。この結果、掘削深度の深いいくつかの遺構が確認されるのみで、浅い遺構は削平されてしまった可能性が考えられよう。

四　染井屋敷に住む人々

染井屋敷の完成当初は、明暦の大火によって上屋敷・中屋敷を失った藩主以下二〇〇〇人近くの家臣が居住していた。ここでは各地区出土の遺物から、屋敷に住む人々を見ていこう。ひとつは三菱重工業染井アパート地区560号遺構から出土した化粧道具一式である（豊島区指定文化財　図12・13）。潼子にある二柏紋は豊後岡藩中川家の家紋で、五代藩主高敏と九代藩主高嶷の正室の実家にあたる。セットとなる陶磁器の製作年代から考えれば、五代藩主高敏の妻、幸姫のものと思われる。もうひとつは、プラウド駒込地区619号遺構から「三階菱」の紋がある漆製品が出土している（図14）。この紋は藤堂家の家紋ではなく、四代藩主高睦の妻、義姫（のち桂林院）の実家である小倉藩小笠原家の家紋である。『永保記事略』には、享保十三年（一七二八）に染井屋敷に住んでいたことが記載されている。(7)また、一八世

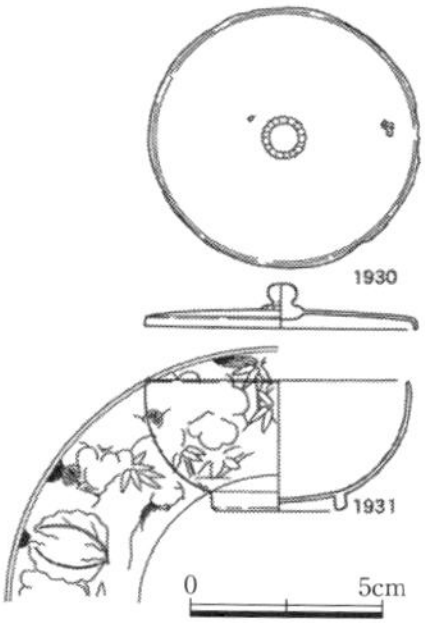

図 13　三菱重工業染井アパート地区　560 号遺構出土　湩子

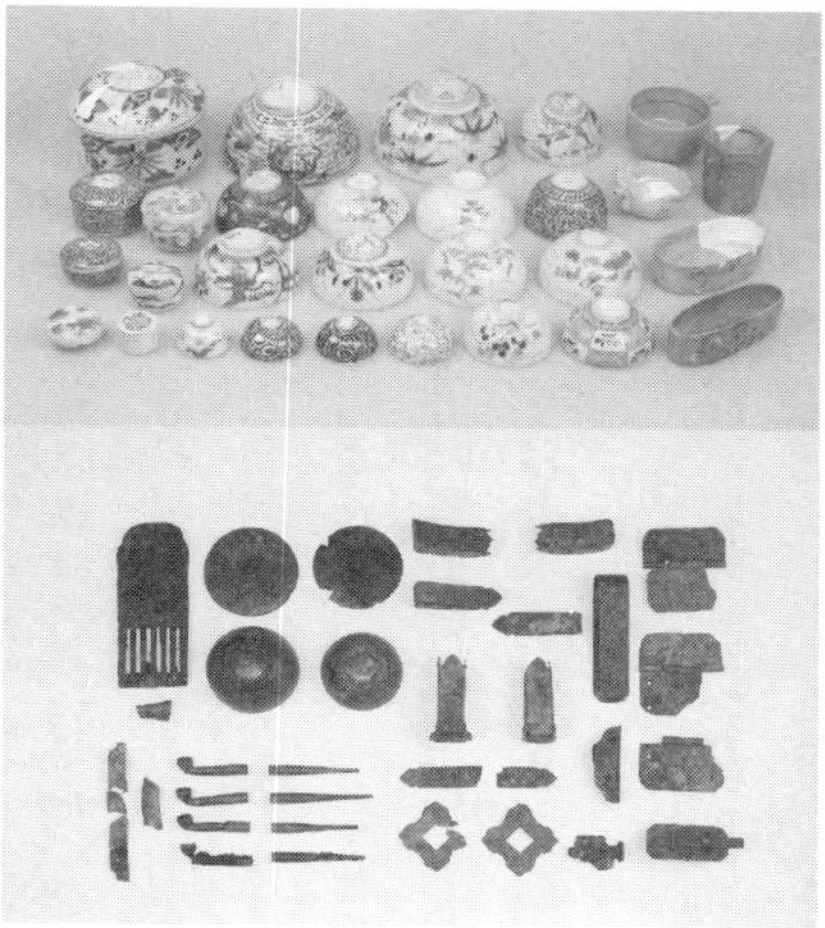

図 12　三菱重工業染井アパート地区 560 号遺構出土　化粧道具

図 14　プラウド駒込地区　619 号遺構出土　漆椀蓋

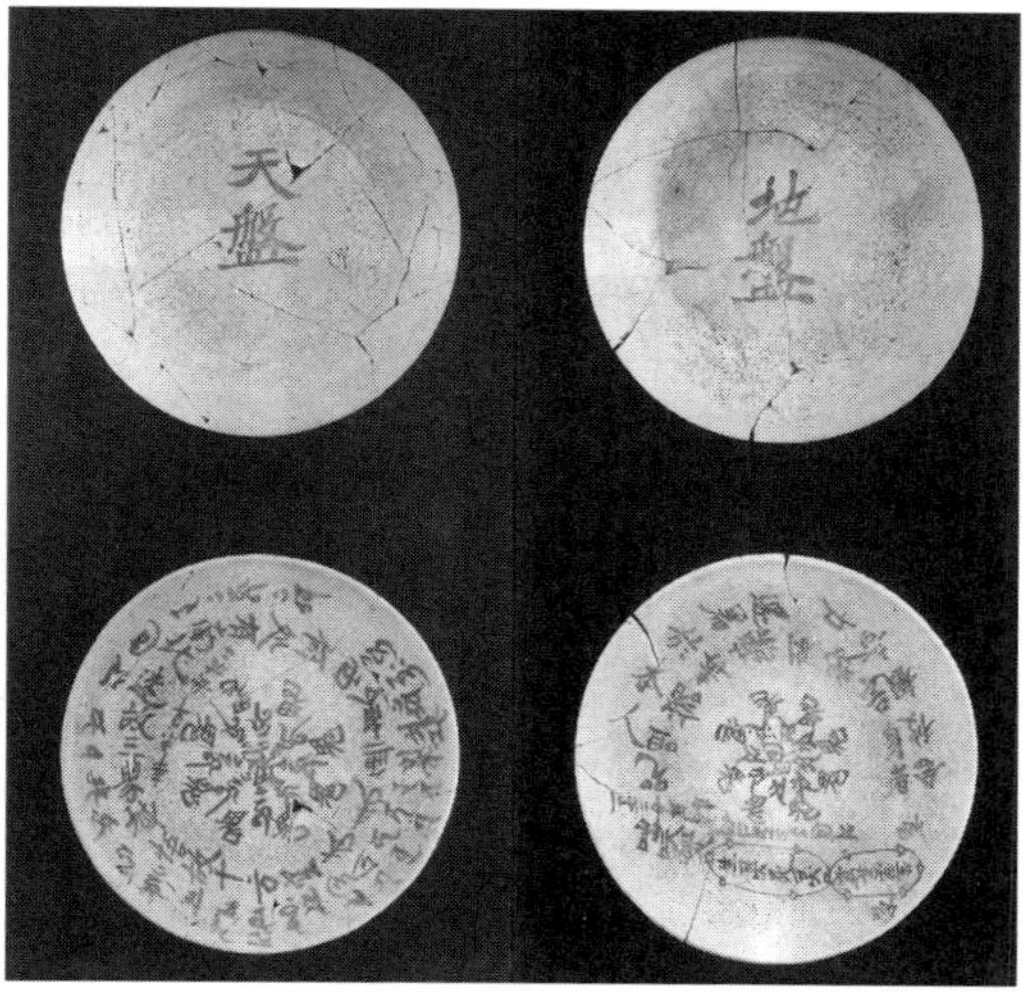

図 15　プラウド駒込地区 1097 号遺構出土 呪符かわらけ

（図12・14・15：豊島区教育委員会提供）

紀中頃に埋納されたと思われる呪符を記したかわらけ（土製の皿）も、居住者を示唆する遺物と言えよう。前述した940号遺構（塀）の脇から出土しており（図15）、観音経の一節や呪符の内容からすると地鎮などではなく、災厄除けなどを祈願して埋められたものと考えられる。「辛未年女三十二」が誰であるかは不明であるが、堀の内側にあることからも、藩主に近い場所で暮らす女性によるものであろう。

このほか『宗国史』や『永保記事略』などの文献史料からも、無足人と呼ばれる半士半農の者や伊賀者などの記述があり、武士階級以外にもさまざまな人々が住んでいたことがうかがえる。

五　周辺地域との関係

藤堂家染井屋敷と周辺地域との関連は深く、早くは屋敷が完成した翌年の万治二年（一六五九）には、染井の百姓すべてに能を見物させている記述が『公室年譜略』に見受けられる。地域で特に密接なのは植木屋との関係で、霧島ツツジで有名な伊藤伊兵衛がその代表である。伊藤伊兵衛家は藤堂家が染井に屋敷を構えたことにより、庭園の手入れのため出入りするようになり、これを契機に植木屋となっていったと伝えられている。こうして上駒込村の一郷村に過ぎなかった染井は、次第に植木屋へと生業を変えていくこととなる。また同じく植木屋を営んでいた旧丹羽家には、藤堂家の裏門を譲り受けたと伝わる腕木門（豊島区指定文化財　図2上・16）が現存しており、両家の関係の深さがうかがわれる。

染井の住民と良好な関係があったからこそ、元禄十六年（一七〇三）の上屋敷の火災では避難してきた家臣のうち、染井屋敷に収容しきれない者を近隣の百姓家を借りてしのぐことができたのであろう（斎藤二〇〇六）。このほか、屋

図 16　旧丹羽家腕木門（修復前）

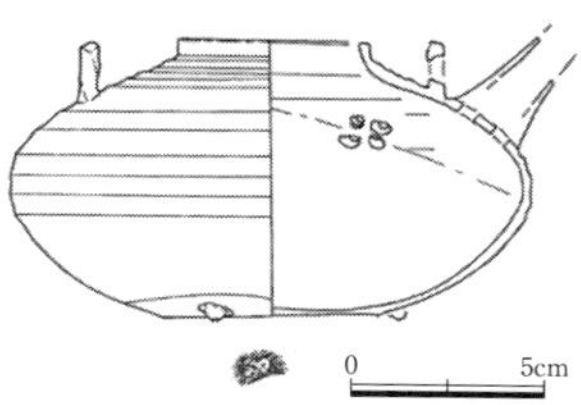

図 17　ルソール駒込地区出土
伊賀焼土瓶

敷の北に位置し近隣の植木屋の菩提寺でもある西福寺が、藤堂家の祈願寺のひとつにもなっていることなども挙げられる。

　出土遺物では、染井遺跡の東南端に位置し、近世には「植木屋源エム金（伊藤）」もしくは「菓子とくだ物やだんご金」と推定されている[8]ルソール駒込地区から、ほぼ完形の伊賀焼の土瓶が出土している（図2右・17）。現在のところ藩邸以外からこの土瓶が出土することはこの事例を除きほかにはなく、これも藤堂家と周辺地域との密接な関係を示しているといえよう。

六　染井屋敷の機能

　これまで見てきたように、下屋敷を含む染井屋敷は火災時の避難所であり、物資などの貯蔵施設が置かれるなど、一般に言われる下屋敷の機能を有していた。また馬場や畑、長池なども、下屋敷・抱屋敷の持つ広大な面積ゆえの施設であろう。このほか火災の際は、染井屋敷から人員を送るなどの防火面での役割を果たしていたことが文献史料から明らかになっている（斎藤二〇〇六）。出土遺物からは前述した化粧道具のように、藩主の妻子などが暮らしていたことも確認できる。このなかで染井屋敷の大きな特徴を挙げるならば、以下の二点であろう。

ひとつは二万坪もあったと言われる庭園である。天保十三年（一八四二）に染井屋敷の庭を訪れた人物によると、霧島ツツジのほか、紅葉や松、熊笹などが植えられており、樹木はいずれも大木であったようである。作庭は元禄期頃で、侘びは少なく「武気」「勇気」のある庭であったと評している。しかしこの人物が特に興味を惹かれたのは植物ではなく、石造物であった。庭内には灯籠のほか、不動明王や倶利伽羅龍、獅子に乗った観音のような像といったやや変わった石造物が多く存在したようである。なお後日談であるが、藤堂家の屋敷地は明治初期における本郷区の土地取調において、これら異形の石造物から埋葬墓地と誤認され、明治十六年（一八八三）まで続くこととなる（斎藤二〇〇六）。

もうひとつの大きな特徴は、やはり屋敷地内に張り巡らされた大型の堀や塀であろう。これらの堀や塀がどのような機能を持つか、現段階では明確な答えを持ち得ない。特に一七世紀後葉〜一八世紀初頭という、この時期に堀を構築する必要性はどこにあるのであろうか。従来の発掘調査からは、堀は隣地を隔てるための区画施設として、また武士としての身分標識として構築されているという認識がある（橋口二〇〇六）。しかしながら同一屋敷地内をこれほど大規模に区画しているのは、管見の限り例がない。構築される要因には、江戸の周縁に位置する下屋敷・抱屋敷として江戸市中の大名屋敷に較べて敷地に余裕があるということもあろう。また無足人など武士以外の階級の者が居住し、植木屋などが出入りすることも一因としてあるかもしれない。だが一七世紀後葉以降に構築され、一九世紀第二・四半期まで存続するにはほかにも理由があるのではないだろうか。

ここは視点を少し変えて、堀が本来持っている防衛的な側面から屋敷地全体を見てみると、いくつか興味を引かれる点がある。まず屋敷の立地は江戸の北の外れ、換言すれば江戸への入口ともいえる場所に位置する。この地域は日

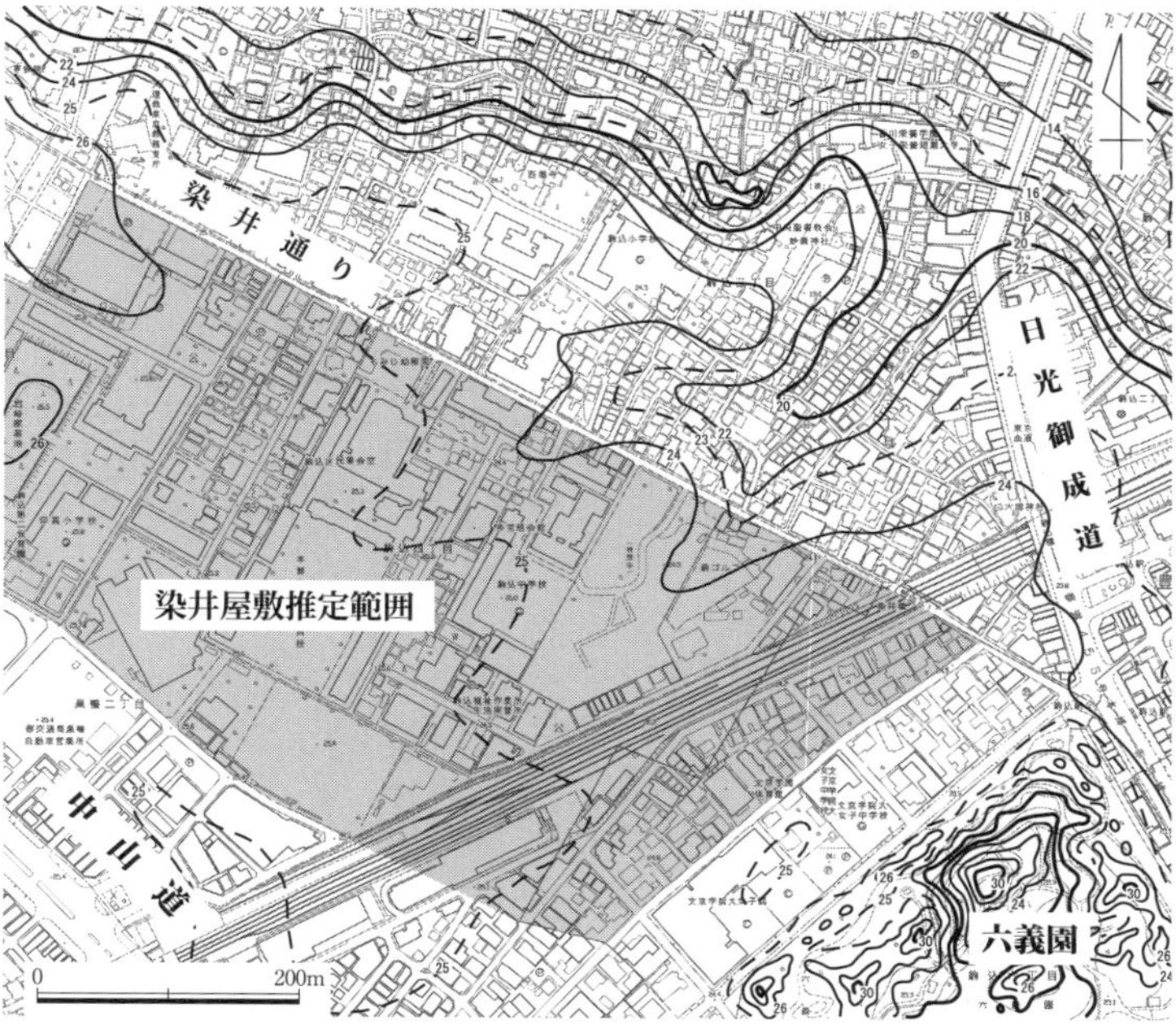

図18　染井屋敷周辺の自然地形

光御成道と中山道の中間にあたり、交通の要衝である。周辺地形に目を転ずると屋敷地の北側は崖、西端は谷田川の源流のある埋没谷が存在している。標高は前述した推定下屋敷の範囲が最も高く、その東西には小さな埋没谷があるなど、自然地形を有効に利用している様子が見受けられる。さらに南には堀と塀によって物理的に遮断しており、防御に適した地形と言えよう（図18）。

　また文献史料にも興味深い逸話が残っている。

> 公、或時脇坂淡州侯ニ語リ玉フハ、東叡山ノ寒松院ハ後口堅固ニテ、谷中道ノ双方切塞キ、逆茂木少々引、鉄炮百挺バカリモ置カハ、御宮ト寒松院ノ境内ニ勢伊ノ勢ヲ入置キ、何ソノ時ノ一奉公ニハ成ヘキ所ト宣フヲ、横浜内記聞キ及フヨシ（『高山公実録』年不詳）

　これは藤堂高虎が脇坂淡路守に語った話として、高虎の屋敷があったとされる上野忍岡に建てられた寒松院（寛永寺の子院）に鉄砲を持って一〇〇人ほどで立て籠もれば、いざというときの場所になる、というのである。(9) この記述はあくまで後世の伝聞ではある。しかし、防衛的な役割を考えることは、「江戸」周縁に位置する大名屋敷として決して無視できない視点であろう。

おわりに

染井遺跡の発掘調査は一九八九年からはじまり、二〇年にわたって津藩藤堂家下屋敷・抱屋敷の二〇カ所以上の発掘調査を行なってきた。しかしながら広大な屋敷地に対して個々の発掘調査面積は小さく、ひとつの調査から屋敷地における位置づけを考えることは難しい。ここでは既に報告書として刊行された地区を中心に、染井屋敷を俯瞰してきた。二〇年間の調査のまとめとしては心もとない部分も多いが、本稿がこれからの下屋敷研究の一助となれば幸いである。

注

(1) 以下、本稿の文献史料の出典は、特に断りのないものについては「津藩染井屋敷について——文献調査——」『染井XI』(斎藤二〇〇六)に依拠している。

(2) 藩邸の面積は安政三年(一八五六)の「諸向地面取調書」による。染井屋敷の推定範囲は『染井V』に準拠しているが、敷地の東限と南限についてはこのほかにもいくつか候補がある。また下屋敷と抱屋敷の範囲は未確定である。

(3) 近世期の遺構は、藤堂家染井屋敷の成立と同時に敷設されたとされる染井通りに大きく影響を受けており、ほぼ例外なく染井通りを基軸に設定した「染井グリッド」に沿った主軸を持つ。これらの遺構の主軸方位は、染井通りと平行するものがおおむねN—一一八度—E、直交するものがN—二八度—Eを示している。

(4) ここでの廃絶とは、区画施設あるいは防御施設としての機能を失う規模での埋め戻しと理解していただきたい。この段階では堀の上部一メートルほどは埋きられておらず、この後しばらくは窪地であったと考えられる。堀の最終的な埋没は幕末から近代である。一方、プラウド駒込地区における構築年代は、遺構確認面と他遺構との重複関係から一七世紀末葉を推測した。ただし廃絶時期の異なる遺構とも重複することから、314号遺構などは部分的に延長している可能性がある。

（5）この遺構やプラウド駒込地区912号の溝など、染井通りを基軸とする「染井グリッド」に沿わない主軸方位を示す近世期の遺構がある。染井通り敷設前の構築であると考えられているが、この二基はいずれも埋没谷に近く、排水のために自然地形を考慮した軸線（川西二〇〇九）である可能性も考えられよう。このことから「染井グリッド」に沿わないことを論拠に、染井屋敷の成立以前に帰属させるべきではないかもしれない。今後の課題として慎重に検討していきたい。

（6）区立巣鴨駅北自転車駐車場地区は敷地の表から最も遠い場所でありながら、遺構密度の高い地区である。筆者はこの範囲はすでに染井屋敷ではなく、南隣する武家地の一部である可能性も考えている。

（7）なお元禄十年（一六九七）には実家の小笠原家が火災に遭い、焼け出された家臣を染井屋敷に一時収容しているので、この時のものの可能性も否定はできない（清水二〇〇六）。

（8）「安政年代駒込富士神社周辺之図、絵図・図説」（文京ふるさと歴史館所蔵）。

（9）染井屋敷の立地は上野忍岡と類似する点が見られるが、屋敷の成立年代には大きな差もあり、安易に両者を結びつけることはできない。しかし、こうした防衛意識がいつまで継続していたのかを検討していく余地はあろう。

〔引用・参考文献〕

上野市古文献刊行会編　一九七七　『庁事類編』復刻版
上野市古文献刊行会編　一九七九　『宗国史』復刻版
上野市古文献刊行会編　一九八一　『永保記事略　藤堂藩城代家老日誌』復刻版
上野市古文献刊行会編　一九九九　『高山公実録──藤堂高虎伝──』
上野市古文献刊行会編　二〇〇〇　『公室年譜略──藤堂藩初期史料──』
川西直樹　二〇〇九　「017号遺構の暗渠について」『市谷田町三丁目遺跡』三菱地所株式会社　加藤建設株式会社

古泉　弘　二〇〇四　「下屋敷発掘の現状と展望」品川歴史館編『江戸大名下屋敷を考える』雄山閣
斎藤悦正　二〇〇六　「津藩染井屋敷について――文献調査――」『染井ＸⅠ』豊島区教育委員会
清水　香　二〇〇六　「染井遺跡から出土した家紋を持つ一括遺物について――619号を中心に――」『染井ＸⅠ』豊島区教育委員会
須田　努　一九九九　「史料からみた藤堂家下屋敷」『染井Ⅴ』豊島区教育委員会
東京都埋蔵文化財センター　二〇一〇　『染井遺跡２』
豊島区教育委員会　一九九一　『染井Ⅲ』
豊島区教育委員会　一九九八　『伝中・上富士前Ⅱ』
豊島区教育委員会　一九九九　『染井Ⅴ』
豊島区教育委員会　二〇〇一　『染井Ⅵ』
豊島区教育委員会　二〇〇六　『染井ＸⅠ』
豊島区教育委員会　二〇〇八　『染井ＸⅡ』
豊島区教育委員会　二〇一〇　『染井ＸⅥ』
豊島区教育委員会　二〇〇六　『豊島区埋蔵文化財調査概報集１　二〇〇四年度国庫補助事業』
豊島区立郷土資料館　一九九三　『植木屋のある風景』
橋口定志　二〇〇六　「武家屋敷の境界施設のあり方をめぐって」『近世の屋敷境とその周辺』四国城下町研究会
宮川和也・小川祐司　二〇〇六　「藤堂家染井屋敷に関する調査成果と課題」『染井ＸⅠ』豊島区教育委員会

大名藩邸で使用された陶磁器と御殿の生活

……堀 内 秀 樹

はじめに

江戸時代の身分階層は一般的に士・農・工・商と言われている。最上位に位置づけられている武士といっても将軍、大名、旗本、御家人、陪臣から広義に中間、足軽、浪人まで含めると、その範囲は広く、その生活も多様であったと思われる。幕末文久年間（一八六一〜六三）には、二七五家の大名が存在した。言うまでもなく、江戸大名屋敷はこれら異なる社会的地位の者が複合的に居住していた「場」でもあった。したがって、この中で行われた消費行為もさまざまな状況があり、出土資料を考える際には注意する必要がある。

本稿で取り上げる大名（あるいは武士）を、「身分階層」としての消費「相」で考えてみようとする視点は、新宿区内の遺跡を対象としたいくつかの試みがあるものの、陶磁器の器種組成全体の比較では明瞭な違いとして示されてはいない。(1) 一方、これと関連した見方として「場」の議論がある。植木屋街としての豊島区染井遺跡（加納一九九〇）、遊興地としての新宿区内藤町遺跡（美濃部二〇〇二）、豊島区雑司ヶ谷遺跡（水本二〇〇三）などは、使われた「場」に関係する器種（道具）の出土状況や組物の存在、釘書きなど痕跡の検討から遺跡の性格に言及しており、こうした場に特徴的な「相」の検討には多角的な分析が必要であることを示唆している。筆者も遊興地についてはこれら成果を踏まえ、これを特徴づける共通の遺物相として抽出する試論を提示したことがある（堀内二〇〇二・二〇〇三b）。

本稿では、後述する「階層」的視点から加賀藩本郷邸内出土の陶磁器――特に磁器――の一括資料の分析を中心に江戸大名藩邸における消費例とその背景を考察するものである。

一　都市江戸の性格と大名屋敷

1　都市江戸の性格

人間の活動を行うにあたっては、生活している地域や場の地理的環境、歴史的環境、文化的環境、社会的状況、経済的状況などの影響を強く受けていることは間違いない。したがって、江戸遺跡出土の遺構・遺物などを歴史的に位置づけるにあたり、江戸という都市の性格を踏まえることが重要である。

江戸は中世前期に江戸氏支配の後、太田道灌が康正二年（一四五六）に江戸城を築城したことは有名である。その後、天正十八年（一五九〇）に徳川氏の拠点となってから近世都市として成立する。その成立・発展の過程ではその時代共通の特質を備えていたと思われるが、他方、江戸独自の諸環境を考えておく必要がある。筆者は江戸の独自の性格が醸成される土壌になった制度は「参勤交代制度」と「江戸置邸妻子収容の法」と考えており、これらは大名に対しての重要な統制制度である。以下に重要と考えている江戸の特徴として三点を挙げてみた。

第一点は、武家の覇者徳川氏の拠点であることである。徳川氏は旗本領を含めると七〇〇万石に上る石高を有し、大坂、長崎、堺などの商業都市、佐渡、石見などの鉱山をはじめ重要な地域を占有する日本最大の領主でもあった。江戸はその拠点として、他の城下町を凌駕する規模を有していた。また、近世は家臣が城下町に居住することが義務づけられていたことで、領内から徴収された税の多くを消費する場が江戸であることは重要である。

第二点は、各大名の拠点でもあったことである。中世の武士の拠点は、それが支配していた領国にあった。近世においても領国との関わりを否定するものではない。しかし、近世大名は「江戸置邸妻子収容の法」によって正妻が居住し、長子が誕生・居住する場は江戸であった。長子はやがて大名になると参勤交代により領国に行くことになり、

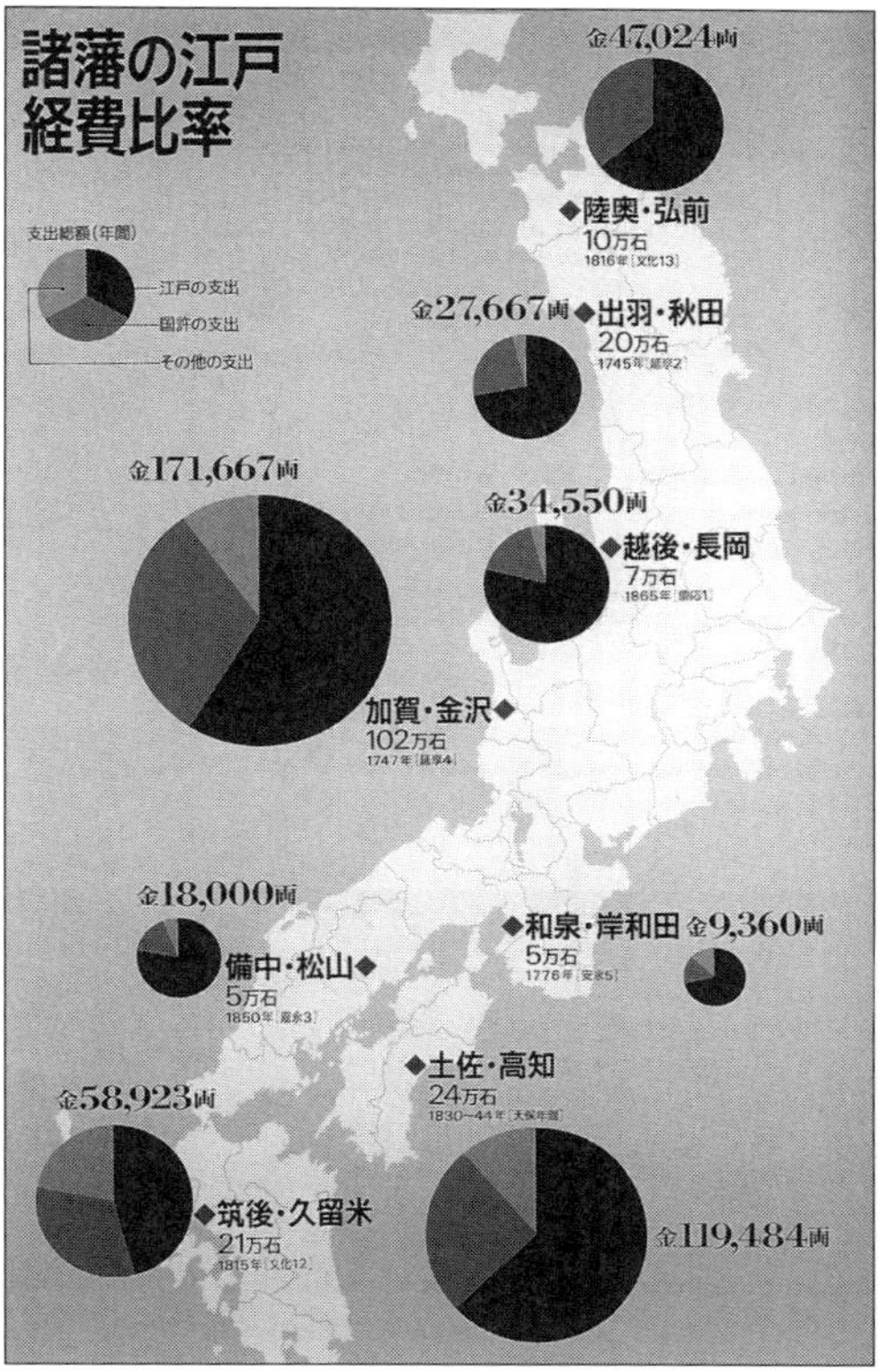

図１　諸藩の経費比率

（江戸東京博物館編『参勤交代』より）

基本的には隔年で江戸と領国とを往復することになる。そして、大名としての主たる活動（奉公）場所は江戸であった点が重要である。参勤、軍役、普請や大名同志のつき合いなど大名の諸活動に伴って江戸藩邸の支出も大きいものであった。図1は各藩における江戸と国元との支出比率である（江戸東京博物館一九九七）。図からは藩によって多少の差はあるものの藩費の多くが江戸で消費されていることが判る。これについては後述したいが、一方ではこれらの制度によって支配者階級（武家）にとって言語、礼容、制度、慣習などの文化的、社会的、経済的な共通の規範が醸成されたであろうことは重要である。

第三点は、極端な人口、職業構成であったことである。これは大規模かつ急激な都市建設に伴う商・工人の流入や大名藩邸の江戸詰めの武士などによって起こる。江戸の人口は一〇〇万人と言われているが、その半数が武士と推定されている。武士は男であり、大名藩邸は単身赴任者が多く居住する場所であった。一方、江戸の町人の人口に関する統計がある。表1を見ると幕末期には男女比はほぼ等しくなるものの、江戸中期の一八世紀前半においても男女比率はほぼ二対一の割合で、男が多かったことが判る（幸田一九七二）。そもそも武士は純粋な消費者であり、その消費活動に町人の多くが直接、間接的に関わっていたことは間違いない。

こうした都市の性格は、全体の消費に大きく関わっていると考えることができ、武士の消費活動が江戸の消費を考える際に重要である。

表1　江戸町方男女別人口推移表

調査年	総数	男女内訳（人，%）			
		男	比率	女	比率
享保18（1733）年	536,380	340277	63	196103	37
延享4（1743）年	512,913	322493	63	190420	37
天保3（1832）年	543,623	297536	55	248087	45
弘化元（1844）年	559,497	290861	52	268636	48

2　武士と大名屋敷

加賀藩主は、将軍を除けば最高の石高を有する大名である。これは当時の社会的、経済的地位から考えるなら、武士という身分に所属している人が持つ共通の生活様式（精神的共通性、人生儀礼や生活様式）を、典型的に保持していた可能性が強い。こうした点から階層（差）の評価を単なる「経済格差」ととらえるべきではなく、武士、農民、商人など出自や職業（の違い）によって生じる共通の生活様式を含めた評価が重要であり、それら「身分」によって固有の習慣や規制も存在していたはずである。本稿では、こうした意味で「階層」を使用したい。ただ、実際には身分的地位と経済的地位とが相関する場合も多く、大名屋敷などは同一身分内における地位や経済的地位が複合的に混在する空間であったと考えられる。

二　加賀藩・大聖寺藩邸における磁器の出土状況

1　出土遺構と資料の概略

加賀藩本郷邸は、屋敷が全焼するような火災に何度か見舞われている。文献では慶安三年（一六五〇）、天和二年（一六八二）、元禄十六年（一七〇三）、享保十五年（一七三〇）、明治元年（一八六八）に全焼が記録されている。発掘調査でも厚い焼土層や遺構の中に焼土がまとまって廃棄されている例がしばしば確認されており、多頻度の被災が推定される。これらの事例には火を受けたことによって廃棄された遺物が伴っている場合も多い。こうした例は、不要になった器物がまとまって廃棄されていることから、年代的定点としてのみならず、それらの使用状況が復元し得る重要な資料となる。

こうした分析を行うために、天和二年の火災で廃棄されたと推定される東京大学本郷構内の遺跡、医学部附属病院中央診療棟地点（以下、「中診」と略す）L32―1、同医学部附属病院病棟地点（以下、「病棟」と略す）C2層、同D面焼土層の三遺構から出土した陶磁器群を分析し、加賀藩・大聖寺藩邸における陶磁器の使用状況について考えてみたい。

○中央診療棟地点L32―1（図2）

L32―1は、大聖寺藩邸から確認された地下室である。遺構は近代以降の攪乱を受け、全体の四分の一～五分の一程度残っているにすぎなかった。遺構の埋め土は最下層に焼土が確認された他は、火熱を受けた質の高い磁器皿・鉢類を中心とした陶磁器類であった。出土量はパンケースにして約六〇箱、総点数は約四万点で、カウントできた個体七九八個体（出土遺物は火災によって細かい破片になっていたため、個体の識別がつかないものも数多くあった）のうち磁器が七二一個体で、全体の九〇パーセント以上を占めている。この中には同じ文様が描かれた例も多く、最も多い揃いは六〇個体以上と推定された（図2―10）。磁器は肥前製品（伊万里焼）が約九割、中国製品が一割といった構成であった。

次に遺物の年代について考えてみたい。最も新しいと判断された製品は、図2―5である。図のような裏銘の製品は、有田町南川原地区のムクロ谷窯、柿右衛門窯、南川原窯ノ辻窯、樋口窯で生産された一六七〇年代以降の製品に類例を求めることができる。これらは文様の様式化がすすみ、いわゆる柿右衛門様式として分類できるものである。しかし、日本製の製品の多くは、図2―6や図2―8のような「誉」や角福と言われる銘が付されている。これらの銘款が書かれる製品は、有田の長吉谷窯、外尾山窯、中白川窯などの、図2―5例より古い一六五〇～六〇年代の製品に見られる。したがって、遺構の下限は天和二年ではあるが、国内産陶磁器の多くは一六五〇～六〇年代に購入さ

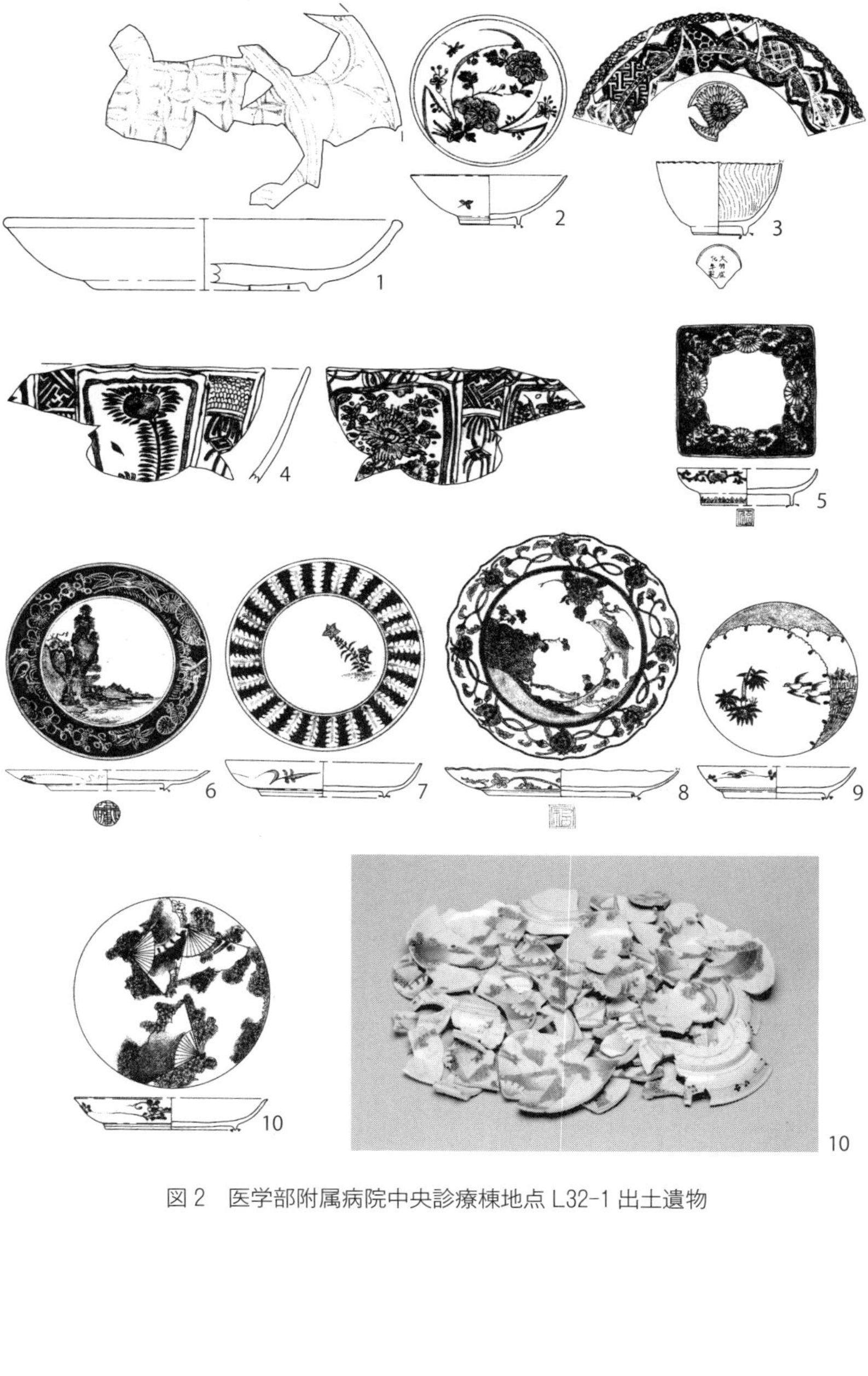

図２　医学部附属病院中央診療棟地点 L32-1 出土遺物

れたと考えることができる。

○病棟地点C２層（図３）

C２層は、天和二年の火災後、大聖寺藩邸再建のための盛土に使われた焼土層である。後で述べる理由により、この焼土は加賀藩の御殿から運ばれてきたと推定できた。C２層には多量の火熱を受けた陶磁器類が含まれていた。パンケースにして約四〇箱が出土し、このうち九割が皿・鉢を主体とした肥前磁器製品で、中国製品も一定量認められる。これらには中診L32―1同様に同じ文様の製品が多く、一〇枚以上の揃いも多く確認できる。また、本遺構から出土している遺物は、約三〇〇メートル西方にある医学部教育研究棟地点（仮称）（以下、「医研」と略す）から出土している遺物と十数例の接合が確認されている。医研は加賀藩の御殿空間と推定できる調査地点であり、C２層の遺物は加賀藩邸にあった製品が被災し、焼土とともに大聖寺藩内に運ばれ、廃棄されたものと推定された。

次に出土遺物の年代について考えてみたい。遺物の裏銘は図３―３（渦福）、図３―２例などで、皿の見込み中央には四弁花あるいは五弁花などが多用されている（図３―３）。これらの銘や五弁花などは、先述した有田南川原地区のムクロ谷窯、柿右衛門窯、南川原窯ノ辻窯、樋口窯で生産された一六七〇年代以降の製品に多く見られるものであり、遺物群全体の年代は中診L32―1より新しく、購入時期は被災して廃棄された天和二年よりそれほど遡らない時期であったと推定できる。

○病棟地点D面焼土層（図４）

これらと比較する意味で、D面焼土層を取り上げたい。D面焼土層は調査区北側全域にわたって確認された焼土層である。焼土層は直下にある長屋礎石列を伴う生活面を覆うように認められ、長屋建物の火災により堆積したものと判断された。礎石列は内部に部屋の間仕切り区画を持つ長方形を呈しており、南北に主軸を有するもの七棟と東西に

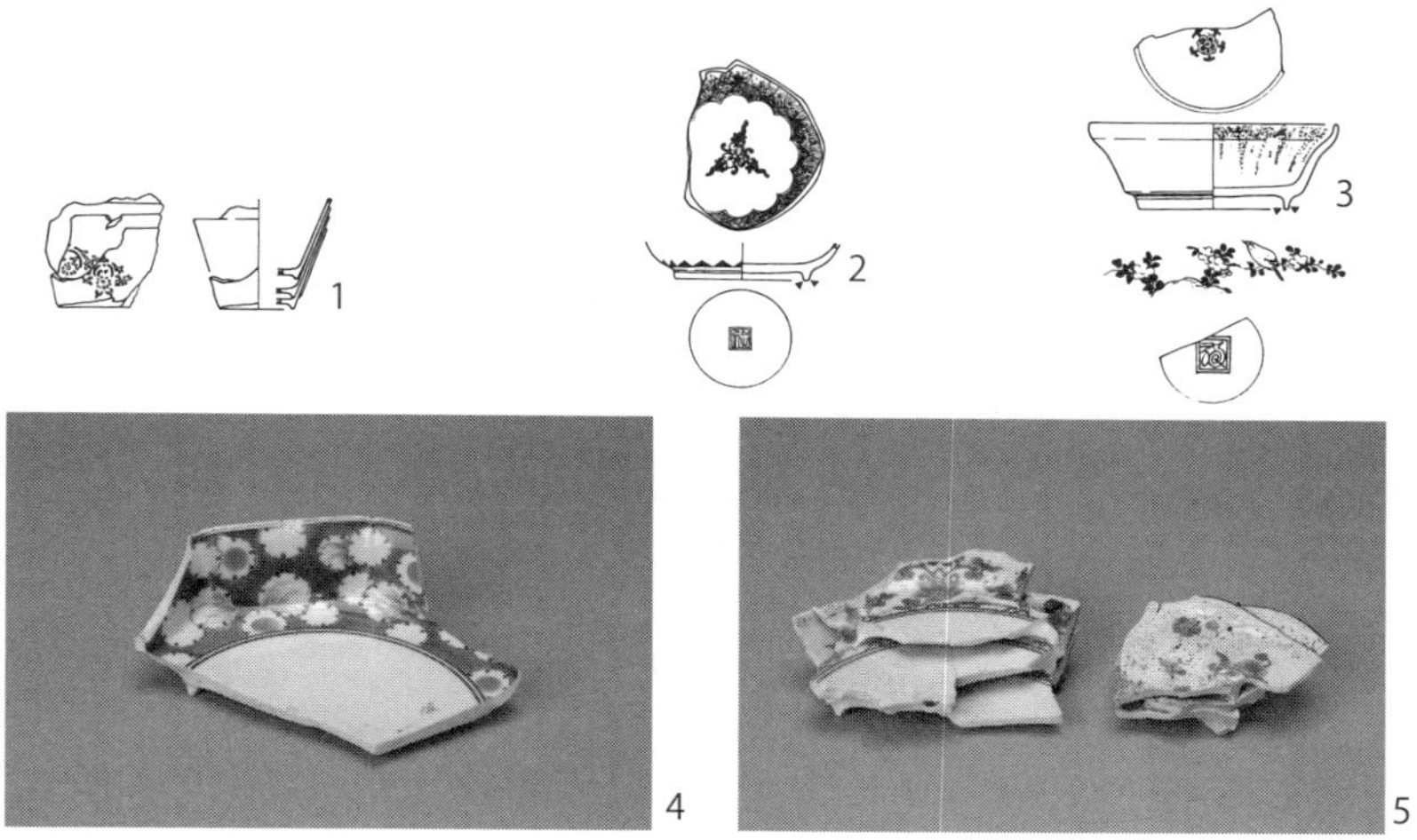

図 3　病棟地点 C2 層出土遺物

図 4　病棟地点 D 面焼土層出土遺物

主軸を有するもの一棟が確認された。

焼土層からは火熱を受けた陶磁器が多量に出土した。陶磁器群は、多くの器種が認められること、陶器の割合が多いことに特徴がある。陶磁器全体の推定個体数一二三〇個体のうち五〇個体以上の出土が認められた器種は、碗一八三個体、皿三九九個体、鉢一一二個体、瓶七七個体、壺・甕六四個体、擂鉢五二個体、香炉・火入れ六〇個体、かわらけ一一八個体であるが、この他にも多くの器種が確認されている。また、陶器の占める割合は主要六器種において碗が四分の三、皿が三分の一、鉢が六分の五、瓶が六分の五、壺・甕が四分の三、香炉・火入れが四分の三、擂鉢が全てといずれの器種も陶器の割合は大きい。(2)

2　陶磁器の用途についての検討

これら天和二年の火災によって廃棄された中診Ｌ32—1、病棟Ｃ2層、病棟Ｄ面焼土の三遺構出土遺物の特徴について確認したい。Ｌ32—1、Ｃ2層の遺物の共通性は高いことが窺えた。これらと比較して明らかにＤ面焼土層は異なる様相を示している。Ｄ面焼土層出土の遺物は、①焼土層が被災した長屋全体を覆い、井戸以外の遺構を埋めていること、②取り上げた五メートルグリッドを大きく越えて接合されていないことの二点から、「火災時まで居住者が使用ないし所蔵していた資材であり」、「現位置（使用された住戸）から大きく離れていないもの」（成瀬二〇〇〇）と性格づけられるものである。さらに、文献ではこの長屋が寛文五年（一六六五）から天和二年に足軽や聞番《ききばん》の居住地として存続していたことが確認できることから、「使用期間、使用者層を特定でき」る資料であると言える。したがって、これらの遺物は当該期に足軽・聞番が使用していた生活道具と考えることができる。

一方、Ｌ32—1、Ｃ2層出土の遺物群は、前述のようにこうした性格とは大きく異なっており、以下のような共通の特徴が指摘できよう。

・遺物群は大皿を含む磁器皿・鉢類が多く、偏った胎質・器種組成を示している
・遺物群は上質の磁器製品がその主体を占めている
・皿・鉢類の多くは揃いで使用・保存されている
・皿類の法量は、六〜七寸が主体を占めている
・これらは実用品として使用されている
・これらは加賀藩・大聖寺藩の御殿で使用されていた可能性が高い

第一に胎質組成、器種組成である。中診L32—1、病棟C2層出土遺物は、陶器や土器に比べて磁器の量が極めて多い。また、器種は大皿を含む皿・鉢・坏類が多いが、その他の器種は、無いか量が少なく、胎質や器種組成は特定のものに偏っている。

第二に磁器製品の質である。中診L32—1、病棟C2層の遺物は景徳鎮窯、漳州窯、龍泉窯をはじめとする中国の製品が一定量認められる。多くを占める国内製品は、有田の長吉谷窯、柿右衛門窯、楠木谷窯、外尾山窯、中白川窯、南川原窯ノ辻窯などの出土品と成形、施文技法、文様、器形などが類似している。これらの窯の製品は、他の窯に比べて非常に丁寧に作られており、高級磁器製品と評価されているものが多い(3)。本遺構出土遺物もこれらの窯で生産された製品が多く含まれていると推定できる。

第三に揃いの存在である。両例とも皿、鉢を中心に揃いの製品が多く認められる。L32—1を例に取ると図2—10が六五個体、図2—9が四七個体、図2—7が二八個体、図2—2が二三個体で、これらを含めて一〇個体以上確認できたものが一四種類あった。C2層もほぼ同様で、一〇個体以上の揃いは一〇種類を越えると推定された。最も多

い例は図3―4で、二〇個体を越える数が確認できた。これらは加賀藩あるいは大聖寺藩が一括購入したと考えられる。

第四に皿の寸法である。D面焼土では、「主体的な構成要素は、口径一五センチメートル（約五寸）の染付皿と見込み蛇の目釉剝ぎで底部無釉の皿」（成瀬二〇〇〇）にある。この見込み蛇の目釉剝ぎで底部無釉の皿とは肥前嬉野の内野山窯で生産された陶器の青緑釉輪剝皿を指しており（図4左上二点）、下級の武士が使用する皿のサイズは、五寸にその主体があったことが判る。これに対してL32―1、C2層例とも五寸も一定量含まれてはいるが、六～七寸程度のサイズが最も多くを占めている。L32―1では、報告書で図化した磁器丸皿のうち、五寸以下七個体、五寸九九個体、六寸一四二個体、七寸六六個体、八寸以上一一個体出土している。C2層もほぼ同様の傾向が見られた。皿のサイズは、日常の食事において用いられる食膳様式によって、四～五寸程度が基本サイズであると考えており、この大きさは江戸時代を通じて変化はない（堀内二〇〇二・二〇〇三a・二〇〇三bなど）。すなわち、一尺四方程度の膳を用いて一汁一菜や一汁二菜などを日常的に食する様式が、そこに載せる皿などの食膳具の大きさを規制していると推測される。したがって、特に大型製品は、このような食膳形態とは異なる食事に使用されたものと考えられる。

第五に使用状況である。これらの製品のうち、皿や鉢のいくつかには製品同士が溶着している例が認められ（図3―1・3―5）、これは現在では美術的な価値の高いとされ

図5　古九谷五彩手大皿溶着例

る古九谷様式の大皿や鍋島でさえ例外ではない。Ｃ２層からは古九谷の亀甲文大皿と百花手大皿や五彩手大皿同士の溶着例が確認されている（図５）。これらは保管の状況を反映していると推定できる。これらの製品が大箱などに入って何枚も積み重ねられた状態で保管されており、茶陶のように単品で箱や袋などに入れて保管されている状態、あるいは部屋の装飾として単独で置かれた状態とは異なっていたと思われる。筆者はこれらＬ32―１やＣ２層から出土するような皿類が、近世における「威信材」などではなく、食膳道具として利用されていたと考えている。

第六に使用した場所（人）についてである。Ｃ２層は、それが存在している場所から直線距離で三〇〇メートル以上離れている医研の出土遺物と接合している。医研は天和二年の焼土下にある面から、直径一間程度の御殿と考えられる建物の礎石基礎が等間隔に確認されている。この遺跡間の接合は、Ｃ２層の遺物が加賀藩で使用・保管されていた什器であり、火災の後に大聖寺藩邸内に運ばれ、盛土として焼土とともに廃棄されたことを物語っている。

これまで指摘した諸特徴は、大名屋敷――特に御殿空間を中心とした――における陶磁器の使用・保存法などを反映していると見るべきであり、加賀藩・大聖寺藩邸における御殿内の活動と強い関係があると考えられる。

三　御殿における大名の生活

加賀藩・大聖寺藩邸から出土した陶磁器一括資料の分析から推定された特徴が、どのような背景で生じるのか、大名藩邸内での活動から考えてみたい。このような揃いで上質の磁器製品の使用は、出土場所から藩主やその家族などを含めた大人数の飲食に関わるものと推測できるが、大名やその家族が江戸藩邸で行った人生儀礼や年中行事などから大人数の飲食に関するものを拾い上げてみた。

表2　元禄十二年江戸屋敷などでの年中行事における階級別御料理下賜一覧

	年寄中	人持	頭分	平侍并小頭新番与力	御徒等	足軽・坊主以下	町人・百姓
正・元	蓬莱雑煮・御酒抗 一汁五菜・吸物・御酒	同上 一汁四菜・御酒	同上 同上	同上 同上	同上 一汁三菜・御酒	蓬莱御台ニて祝雑煮 同上　御酒	
二 三	御料理定なし	一汁四菜・御酒	同上	同上	一汁三菜・御酒	同上	
七	七種の御粥・御酒 御料理定なし	同上 一汁四菜・御酒	同上 同上	同上 同上	同上 一汁三菜・御酒	同上 同上	
十五	小豆の御粥 御料理定なし	同上 一汁四菜・御酒	同上 同上	同上 同上	同上 一汁三菜・御酒	同上 同上	
十九	御具足の餅・吸物・ 肴・御酒	同上	同上	同上	同上	同上	
三・三	草餅 御料理定なし	同上 一汁四菜・御酒	同上 同上	同上 同上	同上 一汁三菜・御酒	同上 同上	
五・五	粽 御料理定なし	同上 一汁四菜・御酒	同上 同上	同上 同上	同上 一汁三菜・御酒	同上 同上	
六・朔	煎麦・煎小豆	同上	同上	同上	同上	同上	
十六	饅頭	同上	同上				
晦	饅頭・瓜	同上	同上	瓜	同上	同上	
七・七	御料理定なし	一汁四菜・御酒	同上	同上	一汁三菜・御酒	同上	
十四 十五 十六	蓮飯・刺鯖（一五日） 御料理定なし	同上 一汁四菜・御酒	同上 同上	同上 同上	同上 一汁三菜・御酒	同上 同上	
八・九 御月見	御餅菓子・吸物・ 肴・御酒・枝大豆	同上	同上	同上	同上	同上	

役所	九・九	御玄猪	御煤払	追儺	御年越夕	平生朝暮	夜中	不時
寄合所 御料理の品は御台所で各階級により下す	赤飯 御料理定なし	鹿子餅	御煤粥・肴・御酒	煎大豆 御料理定なし	御料理定なし	一汁四菜・御酒		御旅籠・御狩場 御料理定なし
公事場 同上 相詰めた役人に大方	同上 一汁四菜・御酒	同上	同上	同上 一汁四菜・御酒	一汁四菜・御酒	一汁三菜・御酒	吸物二菜	同上 一汁三菜・御酒
御算用場 同上 御用多き時分に折々	同上 同上	同上	同上	同上 同上	同上	同上	同上	同上 同上 御射初 御雑煮・吸物 肴・御酒
会所 同上	同上 同上	同上	同上	同上 同上	同上	一汁三菜	同上	同上 一汁三菜 御乗初 一汁四菜・肴・御酒
御細工所 同上	同上 一汁三菜・御酒	同上	同上	同上 一汁三菜・御酒	一汁三菜・御酒	一汁二菜	同上	同上 一汁二菜 御謡初 一汁四菜・肴・御酒 同上 同上
御普請所 同上 稀に下す	同上 同上	同上	同上	同上 同上	同上	同上	軽キ汁・香之物	同上 同上 同上 同上
								一汁二菜 吉初 一汁四菜・吸物・肴・御酒

（丸山一九九九より抜粋）

幕府や大名が行った年中行事などの仕法や献立などに関する文献は数多くあるが、参加した人数、使用した器具、酒が伴ったかなどの記述が確認できる例は少ない。表2は元禄十二年（一六九九）に江戸加賀藩邸において料理が振る舞われた年中行事と家臣の階級別下賜料理内容である（丸山一九九九）。ここで挙げられている日は、一月一日（元旦）、一月二・三日（初事）、一月七日（七草）、一月十五日（上元）、一月十九日、三月三日（上巳）、五月五日（端午）、六月朔日（氷室）、六月十六日（嘉祥）、六月晦日、七月七日（七夕）、七月十四・十五・十六日（盆、中元）、八月九日（御月見）、九月九日（重陽）、十月初亥日（玄猪）、十二月（煤払）、十二月大晦日（年越）などである。上位の階級の多くは一汁四菜、下位のものでも一汁三菜程度の料理が振る舞われていることが判る。また、これらのうち酒が振る舞われない日は、氷室、嘉祥、六月晦日、玄猪で、その他は酒の記述があり、宴会になっている。

表3は天保七〜十四年（一八三六〜四三）にかけての大聖寺藩邸御膳所の献立に関する記録（田嶋一九九八）の抜粋で、加賀市橋立町旧北前船船頭重野家の襖下張りから発見された。これには年中行事のみならず人生儀礼や交際なども記載され、断片的ではあるが江戸藩邸における大名や家臣の食生活が伺える良好な史料である。これによると上記のものも含め諸行事が認められ、行事に応じた料理や菓子などが出されている。酒が振る舞われるのは年中行事のほか、藩主一族の誕生日、国元にいた藩主一族などの入府などがある。逆に振る舞われない行事は、嘉祥、年忌、針千宝など、法事や女や子供に関わる行事が多い。法事では「供物される物故者は比較的近い年代の人々しか記録がなく、初代や二代といった藩主の命日にも何ら記載はないので、五十回忌、百回忌といった年忌しか御膳賄いは行われなかった」と記されている。

その中から、天保十四年十二月十五日に行われた「御年忘」の料理を取り上げてみたい（史料1）。「御年忘」とは忘年会のことである。この様に藩主や正室等の他に家臣、医師、女中、日雇いまで、大勢に食事や御酒が振る舞われていることが確認できる。「御年忘」に限らず年中行事、人生儀礼、法事などの諸行事には、食事や御酒が振る舞われ、宴会が行われていた。

加賀藩藩主の年中行事や人生儀礼などは『金沢市史』に多数の記載がある。人生儀礼の中で祝いの食事を行った記録を拾ってると、着帯の式、御七夜、宮参り、髪置、着袴、前髪取り、留袖の式、初弓の儀、乗馬初の儀、具足着初

表3　大聖寺藩江戸藩主邸の御膳所記録に見える年中行事

月	日	説明
正月	十日	庚申ニ付
	十九日	大神宮様秋葉様御祭礼にニ付
二月		二ノ午御祭礼ニ付
	十五日	釈迦如来涅槃ニ付
三月	四日	御雛見立ニ付
五月	五日	丹後ニ付
	十四日	御誕生日ニ付　貞寿院の誕生日と推定される
	十九日	
	廿六日	
	十九日	大神宮御祭礼ニ付
	廿六日	恭信院様御年忌ニ付
六月	十六日	嘉祥御祝方
	十八日	金龍院様御年忌ニ付
七月	十四日	盆中ニ付
	十五日	中元ニ付
	十六日	生身魂ニ付
八月	朔日	八朔御祝方
十月	十七日	御花見ニ付（菊）
	廿六日	天神講ニ付
		玄猪ニ付
十一月	二日	初子ニ付
	廿八日	冬至入ニ付
十二月	朔日	川端祭ニ付
	二日	御年忌ニ付
	四日	
	四日	御本宅江歳暮ニ付
	六日	寒入ニ付
	八日	針千宝ニ付
	九日	寒中ニ付
	十日	篤含院様御年忌ニ付
	十五日	御年忌ニ付
	廿二日	殿様御誕生日ニ付

恭信院…不明、金龍院…加賀藩十二代藩主斉広、篤含院…九代藩主利之、殿様…十一代藩主利平

（田嶋一九九八より抜粋）

史料1　天保十四年御年忘部分抜粋

同十五日
御年忘ニ付
御三方様御入　召上り方等左之通
（御餞拾八人）（六百目）
御吸物　魴鮄（九つ八寸）
内（二つ）
御盃
御銚子　角田川（五合）
瀧水酒（同）
御取肴　松葉鰑（壱枚）
鷹羽半餅　壱〆五寸かしめ
二枚八寸）
二つ畑九寸）
二枚平め尺）
御硯蓋　含玉子（七十五）
簾婦（在）
砂糖煮長芋（三本大）
右ニ付頭より御醫師　御本殿□□□□
御醫師弐人同女中八人御□□□□
女中江被下方

（仕出し）寿満し
吸物　丸雪崩（四升五合）
古ん布（在）
せり（壱わ）
御酒
（仕出し）
煮物　切魚
大根
芋能子
香能物　沢庵漬
塩茄子
小豆めし（壱升並小豆）
（五升）
白めし（五升）
御歩横目より御鎖口番江被下方
吸物　前同断
御酒（図り方前ニ在）
小頭より日懸迄被下方
ぬ多和
御酒
以上

の儀、官位昇進、家督相続、元服、婚儀などが確認できる。これらは藩主やその家族の幼年期における行事であり、女子にはこれとは異なる行事がある。その頻度も子供が複数いれば多くなるはずで、この他、葬儀、疱瘡の快癒（酒湯）祝い、大名家への訪問、藩邸の上棟式、藩主の引越など実に頻繁に行事や儀式があったことがわかる。

中診L32―1や病棟C2層の出土遺物は、江戸藩邸で行われた多頻度の食事や祝宴などの儀式や行事で使用されたものであろう。江戸はこうした大名の活動の中で、重要な場所であったはずで、そもそも大名として最重要の活動は、将軍に対する奉公であり、それを行う場所は江戸であった。そして、諸活動を行う費用は必須で、しかも莫大なものであったと推定できる。先述した図1は、伊達研次氏の研究をもとに作成された図であるが（江戸東京博物館一九九七）、例えば、延享四年（一七四七）の加賀藩の年間予算一七万一六六七両のうち約六割が江戸藩邸での支出に計上されている。また、弘前、秋田、長岡、備中松山、久留米、土佐などの各藩の状況では、最も比率が少ない久留米藩で五割弱、最も多い長岡藩では約八割もの費用が江戸藩邸で消費されており、年代を問わず江戸藩邸での支出が各藩の財政の中で大きな割合を占めていたことが判る。これらは、いわば「身分としての格式を保つために支出を強いられる費用」（磯田二〇〇三）であり、大名の江戸における活動の重要性を示すデータであると考えられる。

四　大名藩邸における磁器の使用

これまで中診L32―1、病棟C2層出土陶磁器の様相から伺えたいくつかの点を挙げ、それを使用したと推定される加賀藩藩主をはじめとする武士の人生儀礼、年中行事などを確認した。

加賀藩と大聖寺藩における一七世紀中葉～後葉の本郷邸の利用は、若干異なった状況にあった。加賀藩三代藩主前田利常は寛永十六年（一六三九）に致仕した後、万治元年（一六五八）に没するが、この間下屋敷であった本郷邸を江戸の隠居所として利用している。一方、大聖寺藩邸は利常の致仕と同時に成立するが、その当初から本郷邸を上屋敷として利用している。このような利用状況の違いはあるが、前藩主や藩主が居住していたことは確かであり、ここでは先述したような行事が行われたに相違ない。江戸藩邸で出土しているこれらの磁器製品はこうした儀式や行事に使用するために必要な道具（tool）であったと見ることができる。

多量の磁器製品が武家、特に大名家に必要な道具であったと思われ、それを所持していることは文献からも確認できる。『駿府御分物御道具帳』といわれる徳川家康が尾張家徳川義直と水戸家徳川頼房に分け与えた相続品目録があるが、このうち尾張家に伝わる本の中から陶磁器に関する一部を抜粋してみたい（史料2）（徳川美術館・徳川博物館一九九二）。

史料2は、家康が死ぬ元和二年（一六一六）頃のものであり、ここに書かれた「染付」は、年代的にみて中国製品であろう。しかし、ここでは揃いの皿を大量に持っていたことと、それが一〇〇個単位程度にまとめて箱に入れられていたことに注目したい。少なくとも上級武家ではこうした道具が必要であり、単体ではなくいわば消耗品的にまとめられて所持していたことが判る。これより先になるが、天正十八年（一五九〇）に豊臣秀吉によって陥落した後北条氏の八王子城では、五一四枚揃いあるいは二七一枚揃いをはじめとして中国磁器皿の揃いが出土している。八王子城例が特異であったにせよ、江戸時代以前から武家の中でこの様なものを所持していたことがわかる。

大名における江戸藩邸、特に上屋敷の機能は、「出府した藩主の居屋敷であり、主たる年中行事が行われ、幕府や諸藩との交渉の拠点」（細川一九八九）であることは共通の理解であろう。もし上屋敷がこのような共通の機能を有するならば、他藩や他時期においても類例が認められるはずである。

数例挙げてみたい。港区汐留遺跡仙台藩上屋敷跡6Ⅰ—060（図6）、同6Ⅰ—521（図7）、新宿区尾張藩上屋敷跡遺跡149—3N—5（図8）などでは揃いの製品が本例同様多く確認できる。汐留6Ⅰ—060例は、大皿を多く含む一括遺物群で、報告書によると遺物は火熱を受けていない。出土遺物のほとんどが磁器製品であり、碗は少なく、小・中皿、角皿、鉢・猪口は組物と書かれている。遺物群は一八世紀後半ころの製品が多い。

汐留6Ⅰ—521例は遺物の出土状況などは、報告に記載がないため不明であるが、表面に火熱を受けていることが観察表から確認できる。それによると図7にあげた1、2、6は一〇個体以上、4、7は数個体以上と書かれている。被災した年代は不明であるが、遺物群は一八世紀前半の製品が中心である。

尾張藩上屋敷跡遺跡149—3N—5例は天和三年（一六八三）の火災によって廃棄されたと報告されている。個体数の実数の記載がないので、揃いの状況が不明であるが、遺物実測図に同じ皿が複数掲載されているものや図8—1、3～6は「複数個体合成復元」と記載があり、複数個体の存在したことが判る。これらはいずれも特に顕著な例であり、港区宇和島藩伊達家屋敷跡遺跡（宇和島藩中屋敷）、新宿区水野原遺跡（尾張藩付家老水野家屋敷）、千代田区飯田町遺跡（讃岐藩上屋敷）なども上質の磁器製品が多く含まれる資料がある。

こうした類例の存在は、江戸大名藩邸で行われた行為が共通ものであり、その行為の様式が江戸時代を通じて変化がなかった証左と考えられる。

史料2　『駿府御分物御道具帳』尾張本から抜粋

一、染付の茶碗	千	但、十箱ニ入、
一、同小茶碗	七百	但、七箱ニ入、
一、同寸皿	二百	二箱ニ入、
一、同かにのゑのなます皿	百	壹箱
一、同寸皿	百	壹箱
一、同ぼたんの絵のなます皿	五百	五箱ニ入、
一、同甲なます皿	百二拾	壹箱

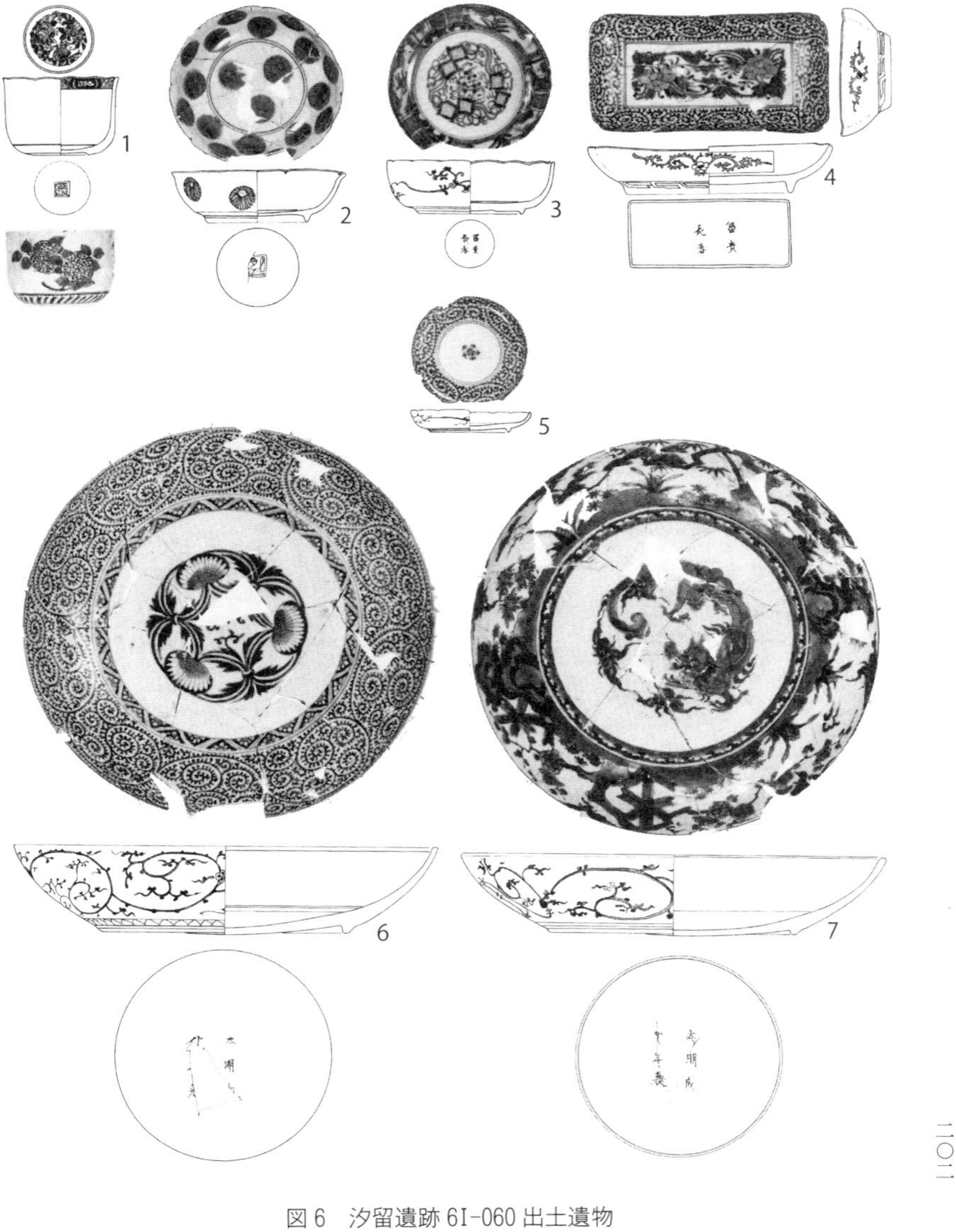

図6　汐留遺跡6I-060出土遺物

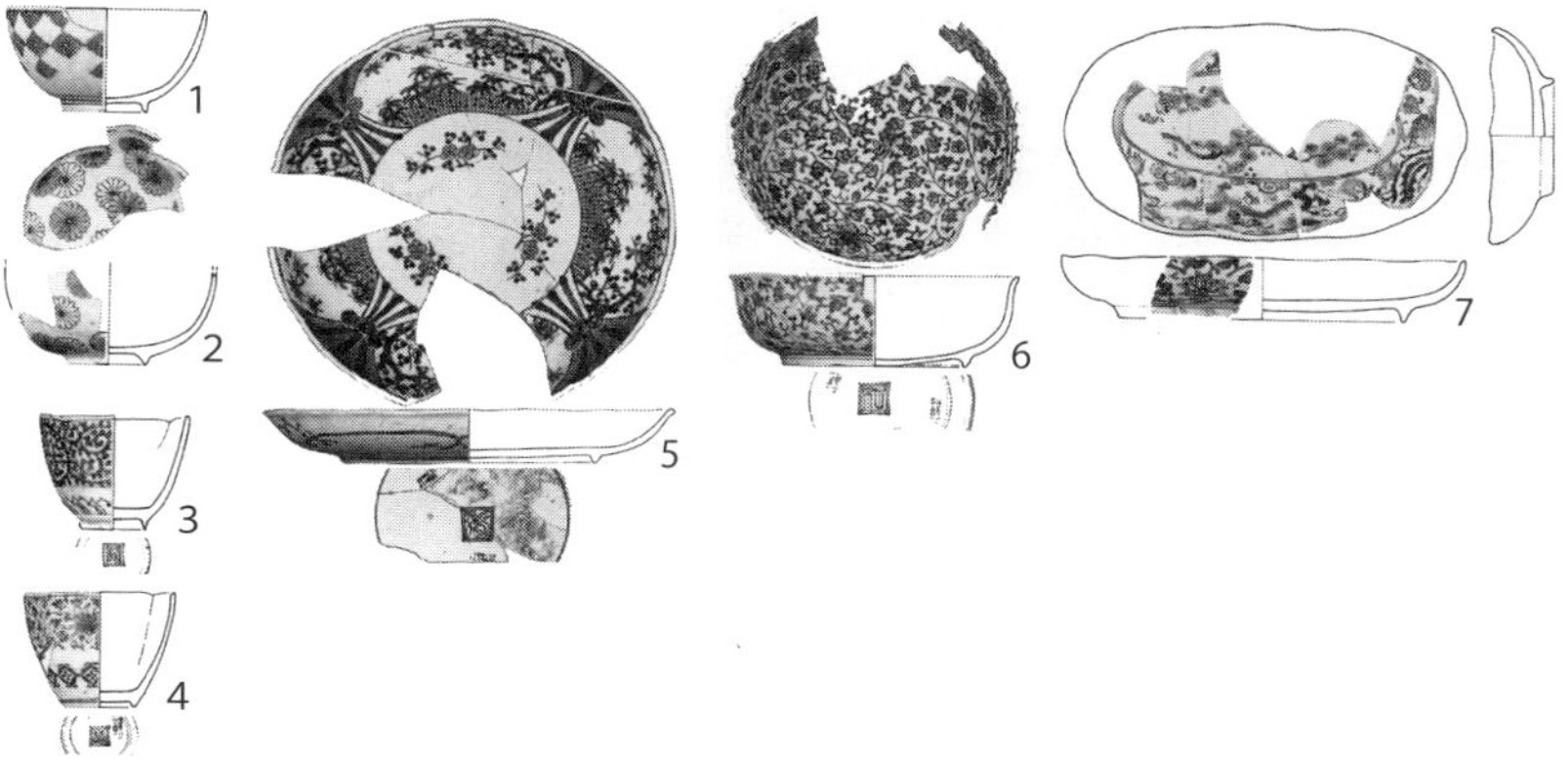

図７　汐留遺跡 6I-521 出土遺物

図８　尾張藩上屋敷跡 149-3N-5 出土遺物

おわりに

本稿では大名屋敷から出土した特徴的な資料を呈示し、藩邸――特に御殿内――において陶磁器の利用（消費）を考えてみた。冒頭に述べた視点「武士あるいは大名としての共通の特徴を抽出する」ことに対して限定的な分析になってしまった。しかし、家臣の数や儀式の規模などから考慮して、病棟C２や中診L32―１例のような極めて偏った陶磁器の出土は、おそらく大きな大名の象徴的な事例であろう。武士が持つ共通の生活様式を典型的に保持していた可能性が強い加賀、尾張、仙台藩のような大名の藩邸内において類例が確認されたことで、武家儀礼に関連した「大名的」な陶磁器使用の一端が復元できたと考えている。

本稿は、記述の多くを、堀内秀樹二〇〇五「加賀藩・大聖寺藩江戸屋敷で使用された肥前磁器と『古九谷』」『東京大学埋蔵文化財調査室発掘調査報告書五　医学部附属病院外来診療棟地点』によった。

注

（1）このうち、井汲隆夫氏は新宿区内の遺跡出土の陶磁器類を器種別出土傾向の検討から、「ほぼ同様の器種が出現していることが確認できる。つまり、大名屋敷・旗本屋敷・大縄地・町地の間について、器種の上では厳密な身分・階層差はない。」（井汲一九九七）として様相差は確認できないとしている。本文でも述べたとおり、大名地や旗本地などでは単一の階層で構成されているわけではなく、分析資料のサンプリング、相違が明瞭に確認できる属性の選択などに留意する必要があろう。

（2）これらは、成瀬晃司二〇〇〇「加賀藩本郷邸内『黒田門邸』出土陶磁器の様相」『竹石健二先生・澤田大多郎先生還暦記年論文集』、成瀬晃司二〇〇一「長屋で使われた陶磁器」江戸遺跡研究会第一四回大会『食器にみる江戸の食生活』に詳しい。

（3）「……柿右衛門窯は中・小の高級皿を主製品とするため……」（有田町一九八八）、「……高級品焼造の窯である長吉谷窯が……」

（同）、「南川原窯ノ辻窯は柿右衛門古窯に続く窯であり……高級磁器の主たる焼造窯である……」（佐賀県立九州陶磁文化館一九八六）など。

〔引用・参考文献〕

有田町教育委員会　一九九一『向ノ原窯・天神山窯・ムクロ谷窯・黒牟田窯』
有田町史編纂委員会　一九八八『有田町史　古窯編』
井汲隆夫　一九九七「江戸遺跡出土の磁器・陶器・石器・土器器種組成」『南山伏町遺跡』
磯田道史　二〇〇三『武士の家計簿「加賀藩御算用者」の幕末維新』新潮新書
江戸東京博物館　一九九七『参勤交代』
金沢市史編さん委員会　一九九九『金沢市史　資料編三　近世一　藩主と城館』
加納　梓　一九九〇「染井遺跡（日本郵船地区）出土の植木鉢類」『染井Ⅰ』豊島区教育委員会
幸田成友　一九七二『幸田成友著作集　二』中央公論
佐賀県立九州陶磁文化館　一九八六『南川原窯ノ辻窯・広瀬向窯』
新宿区生涯学習財団　二〇〇三『水野原遺跡』
田嶋正和　一九九八『大聖寺藩江戸藩邸の御膳所記録』
千代田区飯田町遺跡調査会　二〇〇一『飯田町遺跡』
東京大学遺跡調査室　一九八九『東京大学本郷構内の遺跡　理学部七号館地点』
東京大学遺跡調査室　一九九〇『東京大学本郷構内の遺跡　医学部附属病院地点』
東京大学埋蔵文化財調査室　一九九〇『東京大学本郷構内の遺跡　山上会館・御殿下記念館地点』
東京都埋蔵文化財センター　一九九七『汐留遺跡Ⅰ』
東京都埋蔵文化財センター　二〇〇〇『汐留遺跡Ⅱ』
東京都埋蔵文化財センター　二〇〇一『尾張藩上屋敷跡遺跡Ⅶ』

東京都埋蔵文化財センター　二〇〇三『港区 宇和島藩伊達家屋敷跡遺跡』
徳川美術館・徳川博物館　一九九二『家康の遺産――駿府御分物――』
成瀬晃司　一九九六「東京大学本郷構内の遺跡――天和二（一六八二）年・元禄一六年（一七〇三）年の火災に伴う資料――」第六回九州近世陶磁学会『肥前陶磁の変遷――年代の確かな資料をもとに――』
成瀬晃司　二〇〇〇「加賀藩本郷邸内『黒田門邸』出土陶磁器の様相」『竹石健二先生・澤田大多郎先生還暦紀年論文集』
成瀬晃司　二〇〇一「長屋で使われた陶磁器」江戸遺跡研究会第一四回大会『食器にみる江戸の食生活』
成瀬晃司・堀内秀樹　一九九〇「消費遺跡における陶磁器の基礎的操作と分析」『医学部附属病院地点』東京大学遺跡調査室
細川　義　一九八九「江戸時代における理学部7号館地点の変遷」『東京大学本郷構内の遺跡　理学部7号館地点』
堀内秀樹　二〇〇一「京焼」『図説江戸考古学研究事典』柏書房
堀内秀樹　二〇〇二「府中宿および近隣遺跡出土陶磁器・土器の様相――井戸址出土資料との対比から――」『武蔵国府関連遺跡　オーベル府中清水ヶ丘建設に伴う事前調査報告書・ヒルズ府中白糸台ノアージュ建設に伴う事前調査報告書』株式会社盤古堂
堀内秀樹　二〇〇三ａ「旧小倉家出土陶磁器の年代と特色」『下鶴間の小倉家資料調査報告書三――埋蔵資料――』大和市教育委員会
堀内秀樹　二〇〇三ｂ「近世陶磁器の流通と消費」『近世宿場町の景観と流通』東広島市教育委員会
丸山雍成　一九九九「近世における大名・庶民の食生活――その料理献立を中心として――」『全集　日本の食文化２　食生活と食物史』雄山閣出版
水本和美　二〇〇三「出土遺物の分析から」『雑司ヶ谷Ⅰ』豊島区教育委員会
美濃部達也　二〇〇一「宿場のうつわ――内藤町遺跡から出土した文字資料からのアプローチ――」江戸遺跡研究会第一四回大会『食器にみる江戸の食生活』

大名江戸屋敷の展開過程

宮崎勝美

はじめに

一九八〇年代以降、東京都心部では近世遺跡の発掘調査が相次いで行われ、中でも大名屋敷の発掘事例が数多く蓄積されてきた。またそのことが契機となって、文献史学の分野でも、巨大都市江戸において大名屋敷がどのような空間的・社会的特質をもって存在していたのかを考察する機会が増えてきた。これまで研究素材としてほとんど活用されていなかった屋敷絵図などにも注意が向けられるようになり、考古学的調査・研究によって得られた成果とも相まって、大名江戸屋敷に関するイメージは格段に豊かなものになってきているといえよう。本稿ではそうした研究の到達点を踏まえつつ、文献・絵図史料だけでは具体的な様相がつかみにくい江戸時代前期＝一七世紀に比重を置いて、そのいくつかの断面を眺めてみることにしたい。

一　大名江戸屋敷の存在形態

1　大名江戸屋敷の種別

まずはじめに、大名江戸屋敷の存在形態の概要を把握しておきたい。大名江戸屋敷は、幕府が大名に参勤交代と妻子の江戸居住を義務づけたことに伴って恒常化したものである。江戸時代初頭、大名が徳川家に恭順を誓って江戸に参府すると、その褒美として屋敷地が与えられた（拝領屋敷）。初めは各大名に一カ所だけであったが、のちにその数が徐々に増えていった。「振袖火事」「明暦の大火」と呼ばれる明暦三年（一六五七）の大火の後には、火災時の避難場所として郊外に下屋敷をもつことを幕府も奨励した。江戸時代中期以降には、本来の大名の居所である上屋敷以外に中屋敷・下屋敷・蔵屋敷をもち、さらにそれに加えて周辺村落の田畑を抱屋敷として買い取って所持する藩が多くなっていった。

各大名が複数所持する江戸屋敷のうち、上屋敷は隔年で参勤する藩主が参府時に居住する屋敷であり、そのため居屋敷とも呼ばれた。上屋敷が火災に遭うなどして藩主が一時的に他の屋敷に居住する場合は、幕府への届け出・許可が必要であった。藩主の家族も、世子や隠居が中屋敷に居住する場合を除けばこの屋敷内に住居を構えた。藩庁組織も主要部分は上屋敷内に置かれ、結果として多数の家臣団が同じ屋敷内の長屋に居住した。

中屋敷は世子や隠居した前藩主等の住居である。もちろんそれに付随して、上屋敷同様相当数の藩士の長屋が設置されることもあった。ただし中屋敷を所持する藩は、幕末期で全体の約半数に過ぎなかった。

下屋敷は、簡単にいうと上屋敷・中屋敷以外の拝領屋敷すべてを指す呼称である。そのうち藩の米蔵を置いた屋敷をとくに蔵屋敷と呼び分けることもある。そのほか下屋敷の用途は、藩主らの遊興のための別邸として用いられて広大な庭園を擁するもの、多数の江戸屋敷居住者の生活を賄うための野菜や竹木などの供給地としての役割をもち、周辺村落の百姓に田畑を耕作させたりするものなど、多種多様であった。

以上の各屋敷のうちで上屋敷は江戸城に最も近い屋敷をそれに当てるのが原則であったが、屋敷の配置・広狭などの理由で藩主が上屋敷に居住しない、つまり「上屋敷＝居屋敷」ではない例も一部にあった。たとえば薩摩藩島津家の場合、正式の上屋敷は慶長十五（一六一〇）年に拝領した外桜田幸橋門内の屋敷であるが、この屋敷は面積六八八五八坪で、七七万石の大藩の上屋敷としては手狭であったため、藩主は実際には芝新馬場の屋敷（二万一七八五坪）に居住した。薩摩藩は幕府に対してはこれを「居屋敷」として届け出ていたが、内々では上屋敷と称していた。外桜田の屋敷は、藩主が江戸城に登城する際に一旦立ち寄ってそこで装束を改めたため、装束屋敷とも呼ばれていた。

こうした大藩に対し、一〜二万石程度の小藩は条件の悪い場所に狭小な屋敷を与えられることが多かった。近江堅田藩堀田家は、綱吉期の大老堀田正俊の遺領を分与されて成立した一万石の譜代大名であったが、その四代目正実《まさざね》は宝暦六年（一七五六）、上屋敷の引き替え願いを幕府に提出している(1)。それによると、同家の上屋敷は渋谷にあり、江戸城桜田門から五五〜六町も離れていて不便であるから相応の屋敷と引き替えてほしいと願い出たのであった。登城のための所要時間を考えると至極もっともな理由と思われるが、しかし幕府側は「大名側からの願い出によって上屋敷を引き替えた先例はない」として、この願書を却下してしまった。拝領屋敷の中でもやはり上屋敷は格別であり、大名側の都合ではなく、あくまで将軍の恩恵によって下賜されるものであるという意識、ないし形式論理がまだ残存していたのであろう。結局堀田家が上屋敷の不便さを解消できたのは、この出願から三四年後、正実の孫正敦《まさあつ》が幕府

若年寄に就任し、大手前の役屋敷に移った寛政二年（一七九〇）のことであった。(2)

前述したように、都市江戸の拡大に伴って大名屋敷も郊外に多数設置されていったが、遊興のための別邸などならともかく、藩主や多数の藩士らが居住するのであれば、中心部から遠く離れた屋敷はやはり不便であった。大藩の中には抱屋敷の購入だけでなく、相対替《あいたいがえ》や借地を名目として他家の拝領屋敷を買得していって、屋敷数・面積とも拡大を続ける例もみられるが、その一方で、現に所持している拝領屋敷の返上を願い出る大名もあった。出羽長瀞藩米津《よねきつ》家（譜代一万一〇〇〇石）は文政四年（一八二一）当時、愛宕下の上屋敷はじめ四カ所の拝領屋敷を持っていたが、屋敷数が多く「かれこれ手当ても行き届き兼ねる」ので大久保の下屋敷を返上したいと願い出て許可されている。(3)またその翌々年福岡藩黒田家（外様四七万石余）は、「勝手向不如意」のため江戸に置いている家来の者をできるだけ減らしたい、白金今里村の下屋敷は当面とくに必要ないので返上したい、と出願している。(4)屋敷を維持するためには相応の手間と費用をかけなければならず、とくに遠隔地の屋敷はむしろ重荷になる場合もあったのである。

2 各藩江戸屋敷の存在形態——加賀藩を例に——

次に、加賀藩（外様前田家・一〇二万五〇〇〇石）を例に取って、江戸屋敷の存在形態を具体的に見ていくことにしよう。加賀藩は一七世紀末から幕末まで、次の四屋敷を所持していた。(5)

上屋敷（本郷）　一〇万三八二二坪

中屋敷（駒込）　二万〇六六〇坪（無年貢抱屋敷）

下屋敷（平尾＝板橋）　二一万七九三五坪余

蔵屋敷（深川）　二六六八坪（抱屋敷・町並屋敷）

加賀藩の上屋敷ははじめ江戸城直近（大手門前）の龍之口《たつのくち》に与えられたが、明暦大火（一六五七年）後筋違橋《すじかい》外に移り、さらに天和大火（一六八二年）の翌年に同屋敷を返上して、それまで下屋敷であった本郷屋敷を上屋敷に改めた。これは一〇万坪を超える広大な屋敷であり、さらにそのうち一万一〇八八坪余と五七六二坪とを支藩である富山藩・大聖寺藩にそれぞれ貸与していた。

本郷上屋敷の内部の平面構成は、多数伝存する屋敷絵図によって概要を知ることができる。それらによると屋敷全体の空間は、中心部の殿舎および庭園等のエリアとその周囲の長屋等が多数配置されているエリアとに二分されていたことがわかる（次ページ図1）。この二つのエリアは近年、「御殿空間」と「詰人空間」と呼ばれている。それぞれの空間の特徴をまとめると以下のようになる。

《御殿空間》…殿舎・庭園群

表御殿＝藩主・重臣らの政務・儀礼の場、藩主の居所

広間群（儀礼・交際）、役部屋・詰所、台所等、藩主居間

奥御殿＝藩主とその家族・奥女中らの住居

通常は御殿向（藩主とその家族の住居）・広敷《ひろしき》向（役部屋）・長局《ながつぼね》向（奥女中住居）から成る。将軍の娘（または養女）を正室として迎えた場合は、そのための奥御殿（御守殿）が別に設けられた。

庭　園＝加賀藩本郷屋敷の場合、育徳園と呼ばれた庭園

《詰人空間》…役所その他の藩庁施設、長屋群（江戸詰め藩士らの住居）

江戸詰人（勤番者）…一〜二年在府、多くは単身、長屋に居住

定府《じょうふ》（常府）…江戸常住、独立住居（または長屋）に家族で居住

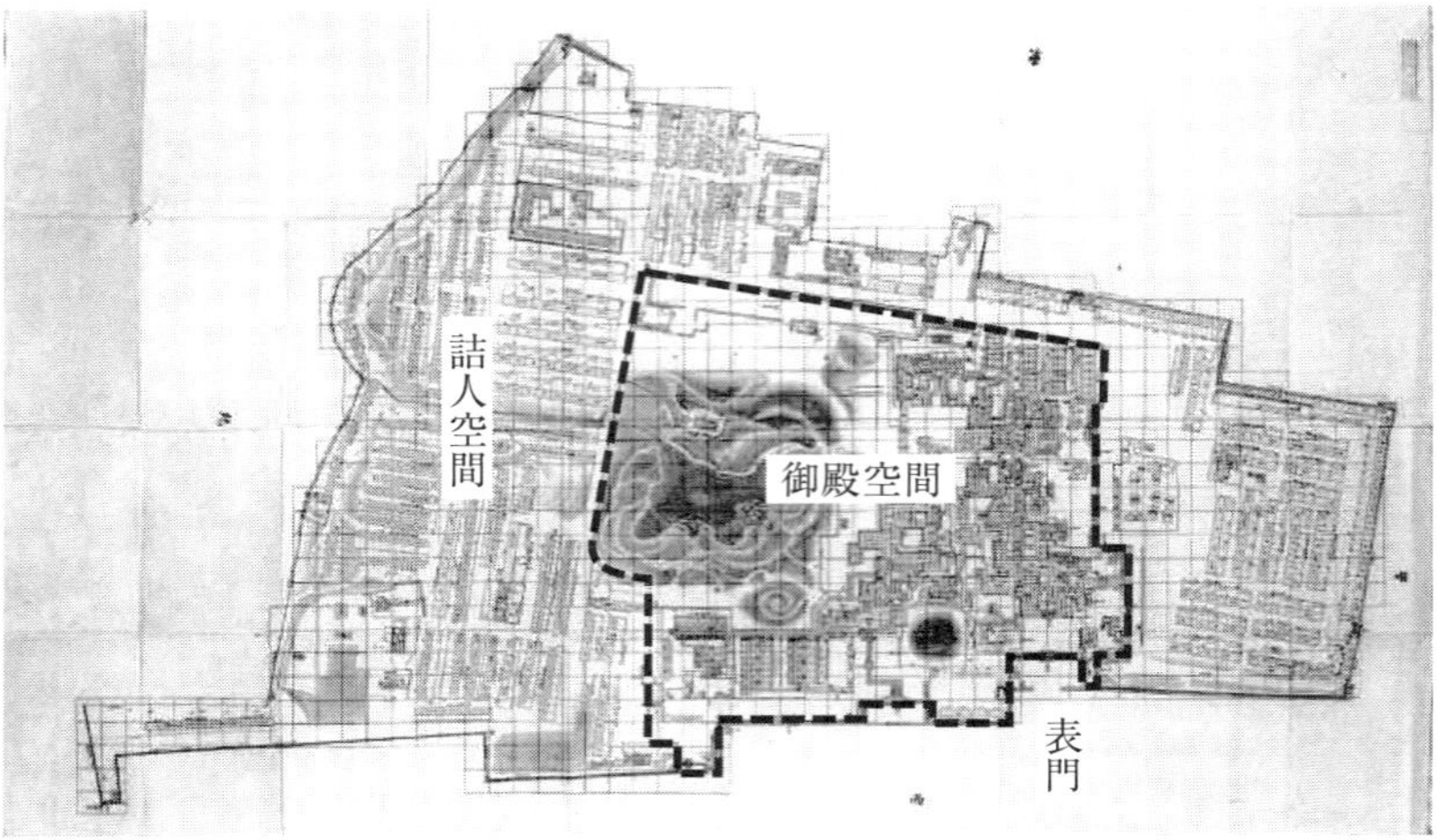

図１　加賀藩本郷屋敷の「御殿空間」と「詰人空間」
（金沢市立玉川図書館所蔵清水文庫「江戸御上屋敷惣絵図」）

それぞれが家臣（陪臣）を連れ、中間・小者など奉公人を雇用

江戸時代後期の本郷屋敷には、三〇〇〇人近くの人々が居住していたと推測される。寛政十年時点における江戸詰め藩士らの人数は中屋敷・下屋敷合わせて二八二四人であったが(6)、その大半は上屋敷詰めであったと考えられ、そのほかに二〇〇人を超える奥女中らが御守殿や奥御殿に居住していた。一〇二万石余という最大の大名の江戸屋敷らしい大人数であるが、御三家尾張藩や紀州藩は五〇〇〇人を超えていたとされ、また幕府の大老や老中職を勤める譜代大名も、その職務を遂行するため多数の家臣を江戸屋敷に置いていた。

これら多数の藩士らは、屋敷内の長屋に集住した。それは配置された場所によって、表長屋（外長屋）と内長屋とに分けられる。前者は屋敷の外囲いを兼ねており、大抵の場合瓦葺き二階建てであった。外部にその姿を見せているため、各藩とも外観の見栄えに気を配っていた。それに対して内長屋は平屋のものが多く、加賀藩本郷屋敷の場合、近世後期になっても板葺き屋根のものが少なくなかったことが知られている。藩士らはそ

れらの長屋のなかに禄高に応じて間口数間分の居住スペースを貸与され、従者らとともに居住したのである。

本郷上屋敷は中山道と日光御成道の分岐点近くにあったが、駒込中屋敷と板橋下屋敷はそこから中山道を北に向かった道沿いに配置されていた。加賀藩は参勤の際中山道を通行することが多く、これら二つの屋敷は江戸到着前の休憩地としても利用されている。

駒込中屋敷は明暦大火の後、牛込屋敷の代地として四万坪を拝領したことに始まる。(7) 加賀藩ではその地続きに抱地や借地を獲得していったが、その後延宝七年(一六七九)に板橋下屋敷拝領の代地として二万坪を上地したほか、天和三年(一六八三)・元禄八年(一六九五)の二度にわたり、その当時権勢を誇った柳沢吉保の下屋敷を新設するために上地を命ぜられ、抱地分の二万坪余だけが残って幕末に至った。加賀藩のような大藩でありながら拝領中屋敷を持っていないのは珍しい事例である。加賀藩の場合、本郷上屋敷に面積の余裕があったため世子や隠居の住居はその内部に造られることが多かったが、この中屋敷にも藩主家族の殿舎が設けられることがあった。

板橋下屋敷は延宝七年、中山道板橋宿近くの平尾村に設けられた。本郷屋敷からは二里近く隔たった位置にある。二一万坪を超える非常に広大な屋敷地であるが、時折訪れる藩主らの休息所やわずかな役所・長屋のほかは建築物がほとんどなく、石神井川を内部に取り込んで造成された大庭園と竹木林、それに田畑が広がっていた。

加賀藩はこのほか、深川に蔵屋敷を持っていた。三〇〇〇人もの江戸屋敷居住者の生活を賄うため、国元や大坂などから大量の飯米が回漕され、その屋敷内の土蔵に貯蔵されたのである。

以上、加賀藩を例に江戸屋敷の存在形態を概観したが、これが各藩に共通する標準形という訳ではない。本郷上屋敷はもともと下屋敷であり、一〇万坪以上の広さがあったため、三〇〇〇人の居住者がいたとしても屋敷内はそれほど過密状態には至らなかったものと思われる。他藩の場合、狭隘な上屋敷の大半は御殿空間で占められており、詰人空間は加賀藩本郷屋敷のように面的な広がりをもつものは少ない。限られたスペースに少しでも多くの藩士を居住させるため、屋敷の外周すべてを表長屋が取り囲む平面構成を取るのが一般的であった。また、老中など幕府の要職に就く譜代大名の屋敷では、家族とともに居住する定府家臣が少なくなかった。それらの者の住居は長屋ではなく、一定の区画内の独立住居の形式を採るものもあった(8)。加賀藩にも定府家臣がいたが、その数はごくわずかであり、屋敷絵図の中にその住居を見出すのは容易ではない。このほか事例は省略するが、江戸屋敷の存在形態は多様である。年代や藩による違い、屋敷の種別や立地、その他さまざまな事情によって内部の構造がまったく異なっていたことに注意しなければならない。

二　近世前期の大名江戸屋敷

1　明暦大火前の大名屋敷

次に江戸時代前期の大名屋敷の様相を見ていくことにしよう。巨大都市江戸の二百数十年の歴史の中で最大の災害は明暦大火であったが、この大火によって江戸の都市構造は一変し、大名江戸屋敷のあり方も大きな変化を見せた。国立歴史民俗博物館所蔵「江戸図屏風」は、その大火以前、一六三〇年代頃の江戸の姿を描いた貴重な絵画史料のひとつである。

「江戸図屏風」には十数カ所の大名屋敷が描かれている。その描写でまず目に付くのは、殿舎の豪壮さと表門の絢爛さである。吹上の徳川三家屋敷や北の丸の徳川忠長屋敷、そのほか有力大名の屋敷は金色に輝く大門を構えている

（図2）。これは将軍の来訪を迎えるための御成《おなり》門であった。徳川家康は大名の江戸屋敷を訪れることはほとんどなかったが、家康が死去した元和二年（一六一六）頃以降、二代将軍秀忠と元和九年に将軍職を継ぐ三代家光は、徳川一門や譜代の重臣、外様の有力大名の屋敷にたびたび赴いた。(9) この時期の将軍御成は室町時代からの武家故実に則って行われる「式正《しきしょう》御成」であったが、それに加えて行事次第の中に茶事を採り入れるのが特徴となっていた。将軍の御成が決まると、それを受け入れる大名側は御成御殿や茶室を新築し、御成門を建てた。

図2　尾張藩上屋敷（鼠穴屋敷）
（国立歴史民俗博物館所蔵「江戸図屏風」より）

龍之口の福井藩松平忠昌（親藩五〇万石）屋敷は「江戸図屏風」にその姿が描かれており（図3）、それと同時代とみられる屋敷絵図も現存している（図4）。その双方を突き合わせながら屋敷の構造をみてみると、五六〇〇坪余りの屋敷地のおよそ半分近くを御成御殿が占めていたことがわかる。その結果、本来屋敷の中心となるべき殿舎部分が圧迫されており、藩主の生活空間は非常に狭くなっている。また、屋敷に詰める藩士の住居＝長屋も当然制約を受けており、御成門の並びと御成御殿の庭園の面する部分には表長屋が建てられていない。(10)

仙台藩伊達家（外様六二万石）も慶長十一年（一六〇六）から寛永七年（一六三〇）まで前後一一回にわたって秀忠・家光の来訪を受けた。「江戸図屏風」にも外桜田上屋敷の御成門が描かれている（図5）。おそらくは福井藩の屋敷と同様に御成御殿が設けられていたのであろう。そのため、芝口海

図３　福井藩龍之口屋敷
（国立歴史民俗博物館所蔵「江戸図屛風」より）

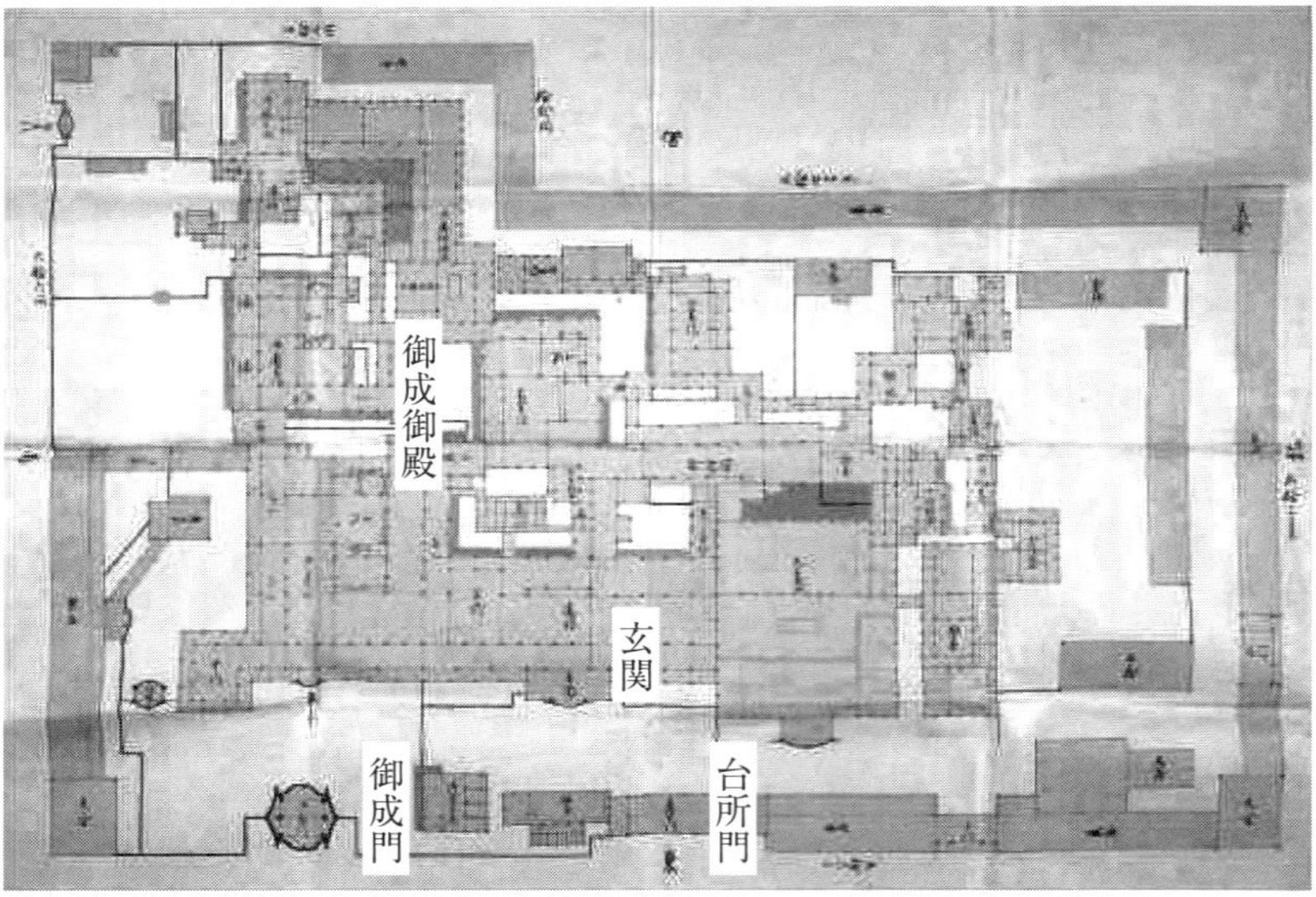

図４　福井藩龍之口屋敷
（岡山大学附属図書館所蔵池田家文庫「伊与殿屋敷図」）

図５　仙台藩外桜田屋敷
（国立歴史民俗博物館所蔵「江戸図屏風」より）

手（汐留）に屋敷地を拝領する以前はとくに、屋敷内のスペースに余裕はなかったものと思われる。元和八年の中屋敷（愛宕下か）の事例であるが、二棟の長屋の住居割の史料を見ると、藩内では中級に相当する藩士たちが間口五間前後の各区画に三名ずつ同居していたことがわかる。(11) たとえそれらが二階建ての長屋であったとしても、藩士それぞれが数名ずつの従者を伴っていたことを考えると、きわめて狭小な居住空間であったと言わざるを得ない。(12)

明暦大火以前の大名上屋敷の多くは江戸城直近の限られた区域内に集められており、最大のものでも七〇〇〇坪程度に抑えられていたため、こうした屋敷のスペース不足は、御成御殿を造ることがなかった大名屋敷にも共通していたものと推測される。秋田藩佐竹家（外様二〇万石余）は江戸時代初期、鎌倉河岸に上屋敷、浅草鳥越に下屋敷を拝領していたが、江戸詰め藩士の人数は多く、元和七年時点の調査では、藩から直接扶持米を支給されている者だけで一二二五人に及んでいた。(13) 奥女中や家臣の従者らを加えると二〇〇〇人を超えていたのではなかろうか。そうした多人数を二つの屋敷だけでは収容し切れなかったようで、当時の史料には「町宿《まちやど》」という言葉が散見する。これは屋敷内の長屋に入れなかった藩士たちが町屋を借りて居住したことを指している。(14)

図６　加賀藩龍之口屋敷
（国立歴史民俗博物館所蔵「江戸図屏風」より）

大御所秀忠が死去して家光の親政が始まる寛永九年以降、「江戸図屏風」に見られるような絢爛豪華な大名屋敷の建築に変化が生ずる。従来、幕府による建築規制は明暦大火を機に強化徹底されたと考えられてきたが、金行信輔氏の研究により、そうした変化はすでに家光親政期に始まっていたことが明らかになった[15]。たとえば寛永九年末に類焼した細川家（同年小倉から熊本に移封、外様五四万石）龍之口屋敷の再建の際、幕府は櫓門や隅櫓の建築を禁じた。細川家ではかねがね御成御殿を新築して初めての将軍御成を実現させたいと考えていたのであるが、幕府側の強い意向と細川家側の財政難という双方の事情によって、御成御殿の造営は見送られた。これは細川家だけの事例ではなく、家光親政期には故実に即した「式正御成」は終焉し、それ以前に建てられていた御成御殿など「儀式の営作」も明暦大火を待たずに大半が消失したと金行氏は述べている。

ただその一方で、加賀藩などは同じ時期に大規模な屋敷作事を行っている。細川屋敷と同じ寛永九年末の火災で全焼した龍之口上屋敷の再建工事は、「近代稀なる大作事」と言われるものであった[16]。当時の一次史料は残っておらず、やや後の時期に書かれた伝記史料の記述であるが、この作事については「国元加賀はもちろん、上方など方々から大工・木挽を呼び集め、毎日三千六、七百人ずつが作業に当たった」「将軍が鷹狩の帰りに通りかかった時、道の往来をすべて止めてあたりが静まり返っている中で、この屋敷だけは人々の大声や鑿鎚の音が響いていた」「御守殿や大台所の破風の彫物を惣金に磨くため、江戸中の金箔を買い尽くし、京・大坂へも人を遣わしてまた買い尽くした。これを扱う細工人も数百人駆り出して、位牌屋まで呼び寄せた」「四方の長屋の軒の甍を金で磨き、腰板上下の桁に牡丹唐草、一間一間に梅鉢の御紋をいずれも惣金に仕立てた」などと記されている。「江戸図屏風」には、こうした大作事を経て完成した絢爛豪華な龍之口屋敷の姿が描かれている（図6）。

もっともこの作事は、前田家四代光高が将軍家光の養女（水戸藩主徳川頼房の娘大姫、のち清泰院）を正室として迎えるための守殿の作事であり、いわば特殊な事例である。将軍通行時も作事を止めずに壮麗な殿舎の造営を急いだのは、それ自体が将軍への奉公であると加賀藩側は主張している。しかし前田家はこの直前の寛永八年、新規に多数の家臣を召し抱えたことなどによって幕府から叛心ありとの疑いをかけられ、それに慌てた利常・光高父子が急遽江戸に出府して弁明するという、いわゆる「寛永の危機」を経験したばかりである。そうした中で、いかに将軍養女を迎える守殿造営のためとはいえ、幕府の規制に沿わない華美な殿舎の作事を将軍の通行をも憚らずに続けるのは危険な行為である。実際のところ、これは「将軍への奉公」に名を借りた、最大の大名前田家の幕府に対する密かな抵抗の現われであったのではなかろうか。

2 明暦大火後の大名屋敷

江戸時代初期の大名江戸屋敷の建築は、前代織豊期からの遺風もあり、また各大名が絶えず体面（「外聞」）を気遣ったこととも相まって、御成御殿をはじめとする殿舎建築に豪華壮麗を競い合い、また大型の櫓門などにみられるように戦闘的な形態を残すものとなっていた。それに対して幕府は家光親政期から規制を強化していくのであるが、それが最終的に貫徹するのはやはり明暦大火を契機にしてであった。明暦三年（一六五七）正月の大火の直後、幕府は三間梁以上の建物と二階門（櫓門）の建築を禁止する。(17) また、幕府法令としては残っていないが、前田利常の伝記史料の中に将軍家綱の時期のこととして、屋敷の外囲いの塀の高さを八尺以下に制限する幕命が出されたという記事が残されている[18]。江戸城近くに集められていた大名上屋敷の一部は外堀の外側などに移転し、建築規制も徹底されて、以後の大名屋敷は「江戸図屏風」に描かれていたそれらとは様相を異にするものとなっていった。

大名屋敷にかかわる変化としては、江戸周縁部における下屋敷下賜がある。幕府は火災時の避難先として、「望み次第」に下屋敷を与えた[19]。こののち各大名は避災と遊興等の目的を兼ねた別邸を次々に新設していくことになる。年貢地である抱屋敷の購入拡大が始まったのも一七世紀後半のこの時期のことである。これらのことにより、上屋敷など江戸城近くの屋敷の過密状態が一定程度改善され、町宿など屋敷外居住の状態も解消されていったものと思われるが、とは言っても家臣団の住居は上屋敷から遠方の下屋敷にばかり設ける訳にはいかず、中心部近くの他大名・旗本らの拝領屋敷を買い取る行為もこの時期から増えていった。一八世紀に入るとそうした無秩序な屋敷集積は幕府の規制を受けるところとなり、拝領屋敷の売買は表向き相対替や借地の名目で行われ、抱屋敷や町屋敷も百姓・町人の名義で所持する形を取るようになっていくのであるが、一七世紀後半段階では、それらの行為がまだ公然と行われていた。明暦大火が契機となった屋敷地拡大の趨勢とその需要を満たすに足る土地の不足状態は一八世紀前半まで続き、幕府もそうした不正常な事態に規制を加えることができなかったのである。

この時期、大名江戸屋敷の居住者の数はどのように変化したのであろうか。史料的制約のため特定の藩で詳細に変化を追うことはできないが、断片的ながら次のような数字が残っている。

土佐藩山内家（外様二〇万石余）の貞享元年（一六八四）時点における江戸屋敷居住者は、奥女中らを含めて総勢三一九五人であった。土佐藩はその当時、鍛冶橋上屋敷（七〇五二坪）、芝中屋敷（八四七九坪）、品川下屋敷（一万六八九一坪）、八丁堀蔵屋敷（三七八坪）、新田嶋屋敷（種別・面積不明）の五屋敷を所持していたが、上屋敷に一六八三人、中屋敷に一二九五人と、この二つの屋敷に総人数の九割以上が集中していた。[20] 品川下屋敷は面積に余裕があったものの、上屋敷からは遠く離れており、やはり家臣の大半を中心部の屋敷に住まわせなければならなかったのである。なお、同じ史料には町屋居住の者も書き上げられているが、それは名前から医師と判断される者など九名のみであった。

岡山藩池田家(外様三一万五〇〇〇石)の元禄十一年(一六九七)の史料には、藩主の参勤に随従した家臣らが一六二八人、江戸在住者が奥女中や家臣の家族を含めて一三九四人であったと記されている。[21] 参勤の随行者は必ずしもそのまま江戸に常駐する訳ではないが、双方合わせると三〇〇〇人を超えている。

加賀藩の事例では、元禄九年七月、五代藩主前田綱紀の帰国に随行した総人数が六七六〇人にものぼっていたという史料がある。[22] 加賀藩の参勤交代に関する忠田敏男氏の研究によれば、江戸時代中期以降の随行人数は二〇〇〇人から四〇〇〇人の間で、やはり元禄期、綱紀の時が最大であったとされるが、[23] それをはるかに超える数字である。史料によれば総人数のうち二〇〇七人は「日用人足」であり、その中には参勤道中のみ臨時に雇われた者が多数含まれていた可能性があるが、それらを差し引いてもなお相当の人数が藩主在府時の江戸屋敷に滞在していたと考えられる。少なくとも、前述した寛政十年(一七九八)時点の二八二四人を大きく上回る数の江戸詰人がいたことは間違いない。

これらの人数の多さを見ると、一七世紀後半の江戸詰人は一七世紀前半よりさらに増加したとも考えられる。土佐藩の事例のように、郊外に広い下屋敷があったとしても、詰人の多くが依然として中心部の上屋敷や中屋敷に居住していたとすれば、それらの屋敷の内部、とくに詰人空間はやはり狭隘な状態であっただろう。事実、享保六年(一七二一)になると、幕府が諸大名に対して参勤の際の従者の数を制限するようにと命ずるに至る。[24] 以後、多少の増減はあるが、各藩の財政状態悪化もあって江戸詰め人数は抑制されるようになり、江戸時代前期ほどの過密状態や屋敷外居住の多さは解消されていくのである。

おわりに

以上、大名江戸屋敷の標準的な存在形態を示し、次いで江戸時代前期におけるその展開過程を概観してきた。冒頭でも述べたように、江戸時代前期は文献・絵図史料が乏しいため、それらだけでは大名屋敷の実態を把握することが困難である。しかしながら近年の江戸遺跡の発掘では、その時期にかかる遺構・遺物が多数検出されている。それらの事例と文献・絵図史料による知見とを総合して、当該期の大名屋敷に関する研究をさらに充実させていくことが期待される。(25)

注

（1）「屋敷願吟味帳」第八冊（国会図書館所蔵旧幕引継書）。
（2）『東京市史稿』市街篇第四九冊、八二五〜八二六ページ、「江戸藩邸沿革」佐野藩の項参照。
（3）「御書附留帳」第三九冊（国会図書館所蔵旧幕引継書）。
（4）同右第四〇冊。
（5）屋敷坪数は「諸向地面取調書」（『内閣文庫所蔵史籍叢刊14』二〇ページ、汲古書院、一九八二）による。拝借地と小規模な町屋敷各一カ所は割愛した。
（6）「寛政十年詰人高しらへ帳」（金沢市立玉川図書館所蔵加越能文庫）。
（7）四代藩主前田光高正室大姫（清泰院）の用人らのための屋敷。本文後述。
（8）下屋敷の事例であるが、小浜藩酒井家の牛込矢来屋敷の絵図（小浜市立図書館所蔵酒井家文庫）には、おおむね二〇〇〜三〇〇坪前後の独立住居の区画が二〇〜三〇描き込まれている（上屋敷が隣接地に移転して来て空間構成が大きく変わる幕末期を除く）。新宿区立歴史博物館編『大名屋敷』（新宿区教育委員会、一九九三）四八〜五三ページに図版所収。なお、同図録所収の西木浩一

「江戸藩邸の塀の中――小浜藩酒井家の江戸詰家臣について――」が参考となる。

(9) 佐藤豊三「将軍家『御成』について」(六)・(七)(『金鯱叢書』第七・八輯、一九八〇・一九八一)。

(10) この屋敷のことを含め、近世初期における大名屋敷の表長屋(外長屋)の形成過程については拙稿「大名江戸屋敷の境界装置――表長屋の成立とその機能――」(宮崎勝美・吉田伸之編『武家屋敷――空間と社会――』、山川出版社、一九九四)参照。

(11)「御中屋敷御長屋之積状写」(東京大学史料編纂所所蔵「伊達政宗記録事蹟考記」二十六所収。同研究所編『大日本史料』第十二編之五十三、一七二～一七五ページに翻刻所収、東京大学出版会、一九九四)。

(12) 時期はやや下るが、天和三年(一六八三)に加賀藩が本郷屋敷を上屋敷に切り替えて藩士らの大移動をした際の史料に、「本郷屋敷の長屋の増築が済むまでは、他国(他藩)の衆のように相小屋にするよう命ぜられた」という記述がある(「袖裏雑記」、前田家編輯部編『加賀藩史料』第四編、六九九ページ所収、一九三一)。本文の仙台藩の長屋割がその「相小屋」に当たるのであろう。

(13)「梅津政景日記」元和七年九月二十五日条(東京大学史料編纂所編『大日本古記録　梅津政景日記』第五冊、八一～八二ページ所収、岩波書店、一九五九)。

(14)「梅津政景日記」元和八年六月二十九日条に「秋田より替の衆無残参着、町宿無之候て、当番ニ無之衆ハひる立ニ被遣候」、また寛永七年五月十九日条には「御屋敷之内ふさかり候間、町宿銭屋六右衛門所ニ罷越候」と記されている(『大日本古記録　梅津政景日記』第五冊、一八七ページ、一九五九、および第七冊、二六三ページ、一九六一)。

(15) 金行信輔『江戸の都市政策と建築に関する研究』、私家版、一九九九。

(16) 以下、『三壷聞書』巻十五(石川県図書館協会編、二一六～二一七ページ、一九三一)による。

(17)『御触書寛保集成』一四三〇号(七六三ページ、岩波書店、一九三四)。

(18)「微妙公御夜話」異本上巻(『御夜話集』上編、一九一ページ、石川県図書館協会、一九三三)。

(19) 以下の記述については、拙稿「江戸の武家屋敷地」(高橋康夫・吉田伸之編『日本都市史入門　Ⅰ空間』、東京大学出版会、一九八九)を参照。

(20)「山内家御手許文書」甲九十七号(山内神社宝物資料館保管、東京大学史料編纂所架蔵写真帳を利用)。屋敷面積は享保十年(一七二五)の数字で、コンスタンチン・ヴァポリス「江戸と土佐――土州江戸藩邸の一考察――」(『土佐史談』一九五号、一九九四）による。なお、最近刊行されたヴァポリス『日本人と参勤交代』（柏書房、二〇一〇）では、正保二年（一六四五）から享保三年（一七一八）までの土佐藩江戸屋敷居住者数の変遷が紹介されている。

(21) 元禄十一年「惣人数御供方在江戸共」（『藩史大事典』第六巻、一九四ページによる）。

(22) 「松雲院様御近習向留帳抜萃」上編十（金沢市立玉川図書館所蔵加越能文庫）。

(23) 忠田敏男『参勤交代道中記——加賀藩史料を読む——』五八〜六三ページ、平凡社、一九九三。

(24) 『御触書寛保集成』八八九号（前掲刊本四七五ページ）、享保六年十月令。下記ような人数基準が提示されている。

二〇万石以上…馬上一五〜二〇騎、足軽一二〇〜一三〇人、中間人足二五〇〜三〇〇人
一〇万石　…〃一〇騎　、〃　八〇人　、〃　一四〇〜一五〇人
五万石　…〃七騎　、〃　六〇人　、〃　一〇〇人
一万石　…〃三〜四騎　、〃　二〇人　、〃　三〇人

(25) 二〇〇六年十一月の江戸遺跡研究会第二〇回大会において本稿のもとになる報告を行ったあと、拙著『大名屋敷と江戸遺跡』（山川出版社、二〇〇八）が出版された。本稿と重なるところが多いので、合わせて参照されたい。

資料紹介　江戸遺跡出土の金箔瓦

金子　智

はじめに

江戸遺跡から発見される遺物のうち、たいていの場合、量的に大多数を占めるものは瓦である。この大量に出土する瓦のうちに、ごく稀ではあるが、表面に金箔を貼り付けたものがあり、これは一般に「金箔瓦」と称されている。金箔瓦は、安土桃山時代に出現した表面に金箔を貼った土瓦を指す。織田信長による安土城をその嚆矢とし、豊臣秀吉の聚楽第や伏見城など、主に織豊期の城郭に多く使用された。その分布は畿内周辺の織豊政権に関連の深い諸城郭を中心に、北は東北仙台城から南は九州名護屋城、日野江城に及ぶ。

江戸遺跡出土の金箔瓦は、徳川幕府成立後に江戸城下の大名屋敷で使用されたと推定される資料であり、一七世紀前葉の所産と考えられる。これらは、他地域の多くの出土例が、織豊期、一六世紀のものと考えられているのに比べ、ひときわ新しいものである。金箔瓦については、考古学あるいは城郭史、織豊政権論などの観点から、その政策との関係性などについて多くの議論があり、その中における江戸遺跡出土資料の位置づけは、非常に興味深いテーマといえよう。しかし、現状において江戸遺跡出土の金箔瓦は出土点数も少なく、情報も断片的である。ここでは、まずはその性格について踏み込むことは置き、その前段階として、これまで出土した、あるいは存在が確認されている江戸の金箔瓦を集成する作業を行うものである。

一　江戸遺跡出土の金箔瓦

表（二二八〜二三一ページ）に、江戸遺跡出土とされる金箔瓦の一覧を示した（二〇〇六年末現在）。掲載した資料は、江戸遺跡の発掘調査報告書に掲載されたものを基本とし、それ以外に管見に入ったものを含めている。なお、瓦種や部位名称、文様の表記等については筆者がこれまで東京都千代田区内の江戸遺跡の発掘調査報告書において用いてきたものを襲用した（千代田区東京駅八重洲北口遺跡調査会二〇〇三などを参照）。個別の資料の詳細については、調査報告書ならびに原資料を確認されたいが、筆者の実見しえた資料については、表中に適宜情報を加えた。

各資料の基本情報については表に示し、次項以下でその概要について述べる。なお、表は一資料ごとの記載を原則としたが、東京大学本郷構内遺跡については資料が多数に及ぶため、同一遺構出土のものについては一括している。

二　その年代および出土地点

江戸遺跡から出土する金箔瓦は、いずれも一七世紀前葉に属し、江戸市中の大半を焼失しその景観を一変させたといわれる「明暦の大火」（一六五七年）以前のものと推定される。一八〜一九世紀代の遺構からの出土事例も存在するが、いずれも一括性に乏しく、成形・調整などから判断して、そのすべてが一七世紀前半代の資料の混入と考えられる。

出土した地点（遺跡）は、表および図1に示した計一一カ所である。江戸城を中心に御府内各所に散在しており、地域的偏りはいまのところ明確ではない。武家地が多いが、他に寺院地一カ所および町家一カ所が確認される。寺院地は将軍家の墓所のひとつである増上寺の子院境内にあたり、瓦当文様に三葉葵紋を用いる軒丸瓦であることから、将軍家に関わりのある施設に利用されていた可能性が高い。一方、町家出土の一例は、日本橋という江戸の町家では一等地に近接するものの、小片一点のみで、かつ二次的な擦痕を有する点からみて、当該地の埋め立てにともなって武家地から運ばれたものと考える。

出土地の大部分を占めるのは武家地であるが、実際にその利用された屋敷や具体的な建物を推定しうる事例は少ない。唯一その利用状況について推定できるものとして、加賀藩本郷邸の資料がある。これはその出土点数の多さ、家紋を用いたその由来の確かさ、共伴遺物等から判断される年代と文献資料の存在により、寛永六年（一六二九）に徳川家光が加賀藩本郷邸（当時は下屋敷）に御成した際の、御成御殿作事において使用されたものと推定されている。この他、家紋を配したものでは秋田藩佐竹家の上屋敷の跡地から出土したといわれる軒丸瓦が、利用された屋敷について特定しうる一例である。

これ以外の武家地出土資料については、いずれも遺跡地の拝領者は特定しうるものの、出土点数も少なく、使用者を特定する情報に乏しい。武家屋敷の調査では、当該地の拝領者のものではない家紋瓦が出土する例が少なくないことからみても、瓦の移動が少なからず発生していたものと考えられる。特に金箔瓦のように特異なものは、意図的に持ち込まれる可能性も高いと考えられ、また通常の遺物同様、小片については、単純に客土などとともに出土地点に

金箔瓦一覧

（その１）

文様	出土遺構	遺構年代	文献	図版
尾鰭か	52 号土坑か	17 世紀前半代	東京都埋蔵文化財センター 1994	第 469 図瓦写真
胸鰭か	89 号土坑か	17 世紀前半代		第 469 図瓦写真
周縁	52 号土坑か	17 世紀前半代		第 469 図瓦写真
均整唐草文か（三角垂面）	Ⅶ区２面			第 469 図瓦写真
連珠三巴文	Ⅰトレンチ近代盛土	近代	千代田区教育委員会 2001	第３－22 図 135・巻頭カラー写真⑪
連珠三巴文	トレンチ内			
十六弁菊花文（陰弁）	0876 号遺構（土坑）	1620 年代以前	千代田区東京駅八重洲北口遺跡調査会 2003	第 501 図４・巻頭カラー
なし	0015 遺構（近代上水）	19 世紀中葉（混入）		第 617 図 18
丸に扇内に月（佐竹家家紋）	—	—	千代田区立四番町歴史民俗資料館 2006	43 頁
梅鉢紋	—	—		—
三巴文	287 号遺構（建物跡）	19 世紀中葉（混入）	日本橋一丁目遺跡調査会 2003	第４－93 図８
三葉葵紋	Ｄ７グリッドⅡ層	18 世紀前半（混入）	港区教育委員会 1988	図 117－80
均整唐草文	—	—		—
唐草部分（くびれあり）	第 96 号遺構	18 世紀中葉	新宿区南町遺跡調査団 1994	第 105 図 89
均整唐草文か	48－5P 10 号遺構	明暦２年（1656）以前	東京都埋蔵文化財センター 1996	第 222 図３・写真図版 88
梅鉢紋（前田家家紋）			東京大学埋蔵文化財調査室 1990	第 279 図１
梅鉢紋（前田家家紋）				第 279 図２
梅鉢紋（前田家家紋）				第 279 図３
梅鉢紋（前田家家紋）				山第 124 図３
均整唐草文（三角垂面・中心飾梅鉢紋〈前田家家紋〉）	270 号遺構			第 280 図 10－11, 13
	１期			
	１期			
	１期			
	１期			
均整唐草文	532：10 点	1650 年代		第 279 図４－８
	678：４点	1660 年代		
	瓦１期：12 点			
均整唐草文	532：４点	1650 年代		第 279 図 11 第 280 図１
	192			
	瓦１期			
均整唐草文	255：２点			第 280 図２
均整唐草文	532：３点	1650 年代		第 280 図７
均整唐草文	瓦１期			第 280 図６

表　江戸遺跡出土の

	遺　跡　名	推定使用地（土地拝領者）	地　点　等	瓦種	分類番号
①	丸の内三丁目遺跡	不明（佐伯藩毛利家上屋敷）		鯱瓦か	—
				鯱瓦か	—
				鬼　瓦	—
				軒平瓦	—
②	江戸城跡	江戸城か	大道通り地点	軒丸瓦	—
			桜田門地点	軒丸瓦	—
③	東京駅八重洲北口遺跡	不明（勝山藩小笠原家上屋敷）		菊丸瓦	015
		不明（勝山藩小笠原家上屋敷）		熨斗瓦	004
④	伝　内神田二丁目14－6出土	秋田藩佐竹家上屋敷跡	千代田区立四番町歴史民俗資料館所蔵		—
⑤	伝　有楽町出土	不明（下野烏山藩堀家上屋敷か）	東京国立博物館所蔵	軒丸瓦	—
⑥	日本橋一丁目遺跡	町地		軒丸瓦	D－06
⑦	増上寺子院群	増上寺関連か		軒丸瓦	Ⅱｂ
⑧	伝　鹿児島藩上屋敷出土	鹿児島藩上屋敷か	東京国立博物館所蔵	軒平瓦	—
⑨	南町遺跡	不明（天竜寺→御徒組大縄地〈寛永年間〉）		鬼　瓦	—
⑩	尾張藩市ヶ谷邸跡	不明（尾張藩徳川家上屋敷）		軒平瓦	—
⑪	東京大学本郷構内遺跡	加賀藩前田家下屋敷	山上会館・御殿下記念館地点	軒丸瓦	
				軒平瓦	01
					08－1
					09－1
					09－2
					10－1
					10－2

金箔瓦一覧 （その2）

文　様	出土遺構	遺構年代	文　献	図　版
均整唐草文	532：4点	1650年代	東京大学埋蔵文化財調査室 1990	第280図4－5
均整唐草文	532：2点	1650年代		第280図3
	354			
	瓦1期			
均整唐草文	532	1650年代		第280図8－9
	670			
なし	育徳園			山第115図2
梅鉢紋（前田家家紋）	523：2点			第263図3－4
				山第124図5
	2点			第281図1－3
	2点			第281図4－5
梅鉢紋（前田家家紋）	（分類説明中に記載）		東京大学遺跡調査室 1989b	
	4号地下式土坑	18世紀中葉～後半（混入）	東京大学遺跡調査室 1989a	図42－105
	18号地下式土坑	1650～80年代廃棄		図162－31
	SD 45		東京大学埋蔵文化財調査室 2005	Ⅳ－108図14
	報文中11頁に記載．多数出土		東京大学埋蔵文化財調査室 1997	
	SK 02	17世紀後半		
	包含層．邦文中に記載			
	SK 505		東京大学埋蔵文化財調査室 2002	写真11上
				写真11上
				写真11下
				写真11下
				写真11下

表　江戸遺跡出土の

	遺　跡　名	推定使用地（土地拝領者）	地　点　等	瓦種	分類番号
⑪	東京大学本郷構内遺跡	加賀藩前田家下屋敷	山上会館・御殿下記念館地点	軒平瓦	11
					12
					13
				熨斗瓦	20－2
				菊丸瓦	01
				鯱　瓦	破　片
				鬼　瓦	破　片
			法学部４号館，文学部３号館地点	軒丸瓦	01
			理学部７号館地点	軒平瓦	01
					02
			医学部附属病院外来診療棟地点	菊丸瓦	梅鉢紋
			薬学部新館地点	不　明	
			工学部１号館地点	軒丸瓦	梅鉢紋
			薬学部資料館地点	平　瓦	
			総合研究棟（文・経・教・社研）地点	軒丸瓦	梅鉢紋
					梅鉢紋
				鬼　瓦	唐草部分
					梅鉢紋
					梅鉢紋

文献出典　新宿区南町遺跡調査団 1994『南町遺跡』
千代田区教育委員会 2001『江戸城の考古学』
千代田区東京駅八重洲北口遺跡調査会 2003『東京駅八重洲北口遺跡』
千代田区立四番町歴史民俗資料館 2006『吉宗も暮らした紀伊家上屋敷』
東京大学遺跡調査室 1989a『東京大学本郷構内の遺跡　理学部７号館地点』
東京大学遺跡調査室 1989b『東京大学本郷構内の遺跡　法学部４号館・文学部３号館地点』
東京大学埋蔵文化財調査室 1990『東京大学本郷構内の遺跡　山上会館・御殿下記念館地点』
東京大学埋蔵文化財調査室 1997『東京大学構内遺跡調査研究年報１　1996 年度』
東京大学埋蔵文化財調査室 2002『東京大学構内遺跡調査研究年報２　1998・1999 年度』
東京大学埋蔵文化財調査室 2005『東京大学本郷構内の遺跡　医学部附属病院外来診療棟地点』
東京都埋蔵文化財センター 1994『丸の内三丁目遺跡』
東京都埋蔵文化財センター 1996『尾張藩上屋敷跡遺跡Ⅰ』
日本橋一丁目遺跡調査会 2003『日本橋一丁目遺跡』
港区教育委員会 1988『増上寺子院群』

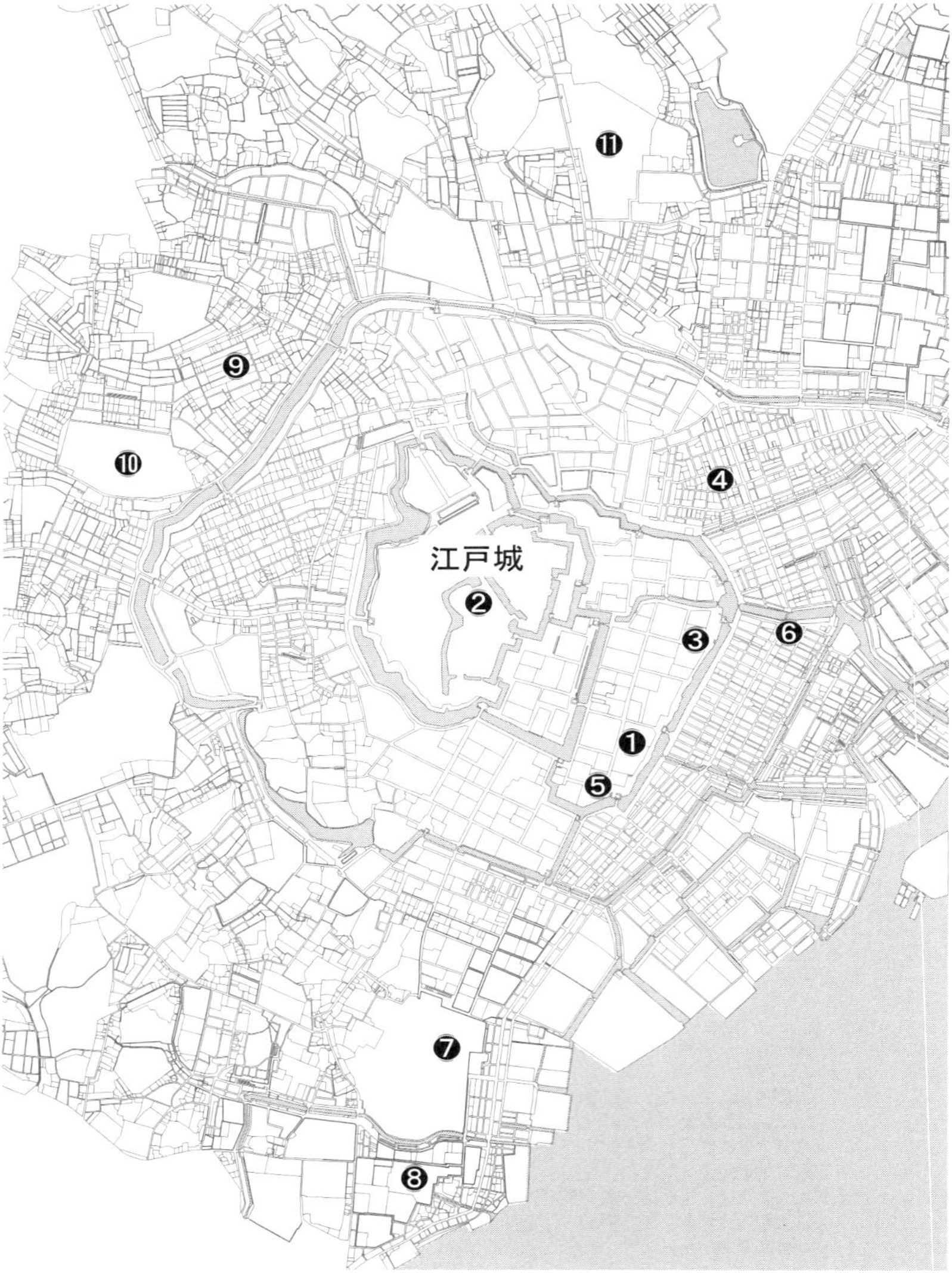

図1　金箔瓦出土地点

持ち込まれる可能性が少なくない。これらについては、その使用者・使用場所の特定を慎重に行う必要があろう。

三　出土地点ごとの概要

次に、金箔瓦を出土した地点、ならびに出土した資料の内容について概観する。以下、各出土地点ごとにその概要を記す（番号は図1に対応、括弧内は現在の東京都区名）。

①　丸の内三丁目遺跡（千代田区）

鬼瓦一点、鯱瓦と思われる破片二点、軒平瓦一点が報告されている。このうち軒平瓦は三角垂面形の瓦当を有し（いわゆる滴水瓦）、特異である。周縁および文様に金箔を貼る。遺跡は複数の大名屋敷にまたがっているが、出土地は佐伯藩毛利家の屋敷地の範囲にあたる。

②　江戸城内（千代田区）

二地点で連珠三巴文軒丸瓦が出土している。いずれも小片一点のみで、出土状況も一括性に乏しいものである。ともに金箔の遺存状態が悪いが、瓦当面全面および瓦当下部に金箔を貼るタイプのものである。江戸城の天守は銅瓦葺の可能性が高いことから、天守のものではなく、城内の他の施設のものと考えられるが、他所からの混入の可能性も捨てきれない。

③　東京駅八重洲北口遺跡（千代田区）

一七世紀前半代の土坑から小菊瓦一点、近代の遺構から熨斗瓦一点が出土している。後者は小片であり明らかに混入であるが、前者は調査地が大名小笠原家の上屋敷であった時期に該当する。小菊瓦の遺存状態は良好で、やや大型の一六弁菊花文の瓦当面全面に、黒漆によって金箔を貼っている。小笠原家は武蔵本庄一万石から下総古河二万石を経て寛永期には下総関宿で二万二七〇〇石を賜っているが、小藩であり、その屋敷内に金箔瓦を利用する建物が存在したかどうかは疑問である。

④ 伝 内神田二丁目出土――秋田藩佐竹家鎌倉河岸邸跡――（千代田区）

ビル工事の際に発見され、発見者により千代田区に寄贈された出土品に含まれる資料である。「丸に扇内に月」の家紋を配した軒丸瓦で、その家紋および当該地が秋田藩佐竹家上屋敷の跡地であることから、同家屋敷に用いられていたことが確実な資料である。周縁および文様、瓦当下部に黒漆によってで金箔を貼る。

⑤ 伝 有楽町出土（千代田区）

二〇〇六年夏時点、東京国立博物館平成館に常設展示されていたものである。（詳細については筆者未確認、出土地点は展示キャプションによる）。梅鉢紋を配した瓦当面全面に金箔を貼っている。現在の千代田区有楽町は、近世段階ではいわゆる「大名小路」のやや東方に位置する。一七世紀前半代に周辺に屋敷を有する大名で、梅鉢を家紋とする家に下野烏山藩堀家があり、屋敷地から家紋瓦（梅花・梅鉢紋）が出土しているが（武蔵文化財研究所二〇〇六）、金箔瓦の例はない。

⑥ 日本橋一丁目遺跡（中央区）

一九世紀代の遺構から三巴文軒丸瓦の小片が出土している。調整から一七世紀前半のものと考えられる。出土地点は江戸の町家の中心、日本橋のやや裏手に位置するが、前述のとおり瓦は他所からの混入である可能性が高い。連珠を有さない巴文であることから、いずれかの大名の家紋かもしれない。瓦当周縁は砥痕と思われる擦痕により摩滅しているが、文様部分は全面に金箔を貼っていることから、瓦当面全面に金箔を貼っていたものと推定される。

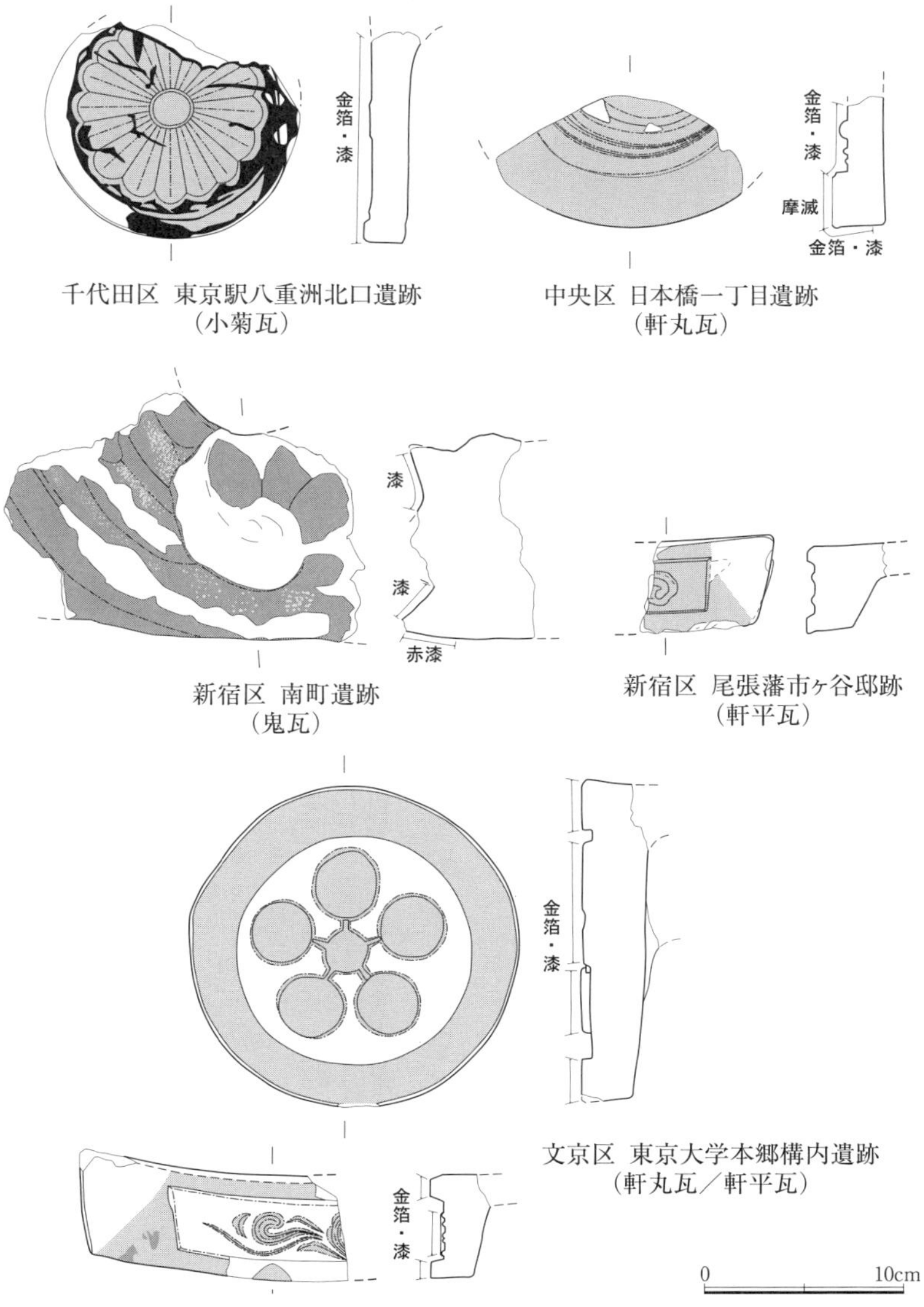

図２　江戸遺跡出土の金箔瓦（各報告書より一部改変）

⑦　増上寺子院群（港区）

徳川家の菩提寺のひとつ、増上寺の門前に位置する子院のうち、三寺院の境内の調査の際出土したもので、三葉葵紋を配した軒丸瓦である。実見していないが、調査報告書には「葉上・周縁正面・周縁外側面」に金箔が確認されるということから、文様と周縁、周縁下部に金箔を貼るタイプのものと考えられる。増上寺は慶長三年（一五九八）に現地に移転し、将軍家の墓地・御霊屋が設けられるなどしていることから、この金箔瓦も寺院内の徳川家にゆかりのある施設に用いられたものと推定される。

⑧　伝　鹿児島藩上屋敷出土（港区）

前掲有楽町の資料とともに二〇〇六年夏時点、東京国立博物館平成館に常設展示されていたものである。均整唐草文の周縁および文様に金箔を貼っている。鹿児島藩島津家の上屋敷は芝新馬場の屋敷であろうか。当該地では先年発掘調査が行われているが、金箔瓦の出土は未確認のようである。

⑨　南町遺跡（新宿区）

一八世紀中葉の土坑内から鬼瓦が出土している。鬼瓦の向かって右下、くびれを有する雲状の唐草の一部分で、厚い赤漆により貼られた金箔が部分的に残る。調整から一七世紀前半の資料と見られる。遺跡地は、寺院地から寛永年間に御徒組大縄地となっており、遺構の年代・出土状況からみて、他所からの混入の可能性が高い。

⑩　尾張藩市ヶ谷邸跡（新宿区）

軒平瓦の破片一点が出土している。市ヶ谷邸が上屋敷となる明暦の大火以前の遺構からの出土とされ、実見していないが、周縁および文様に金箔を貼り、軒丸瓦と重なる周縁の一部分には金箔が貼られていないタイプのもののようである。調査報告書では混入品の可能性が指摘されている。

⑪ 東京大学本郷構内遺跡――加賀藩本郷邸――（文京区）

江戸遺跡では唯一まとまった金箔瓦の出土事例として、特記すべき資料群である。加賀藩前田家本郷邸は、元和二～三年（一六一六～一七）の拝領後、当初下屋敷として利用されたが、天和三年（一六八三）以降は上屋敷となった。これまで邸内の複数の調査で金箔瓦が確認されているが、いずれも一七世紀前半代の資料であり、本郷邸が下屋敷であった時代に使用されたものということになる。

御殿下記念館地点からは瓦1期・532号遺構を中心に金箔瓦が多数出土している。瓦種は前田家の家紋である梅鉢紋軒丸瓦、小菊瓦とともに、均整唐草文軒平瓦八種（十笵型）、他に熨斗瓦、鬼瓦、鯱瓦が確認されている。このほか複数の地点で出土が確認されるが、おおむね御殿下記念館地点の分類資料に含まれるようである。

軒丸瓦、軒平瓦は周縁および文様に金箔を貼ったものである。軒平瓦には軒丸瓦と重なる周縁の一部については金箔を貼っていないものが目立つ。

これらの金箔瓦は、寛永六年（一六二九）に徳川家光が加賀藩本郷邸（当時は下屋敷）に御成した際の、御成御殿作事において使用されたものと推定されている。軒平瓦の笵型の多さからみて、複数の建物に使用されていた可能性が高いが、出土遺構の上限年代がほぼ限定されることから、同一作事における複数の建物に用いられたものと考えたい。屋敷内での推定平面構成と対比すると、邸内西方の当時表門が存在した地域に近い調査地から、多く出土が見られるようであり（東京大学埋蔵文化財調査室堀内秀樹氏のご教示による）、おそらくこの付近に使用建物があったものであろう。なお、一連の瓦には火災の痕跡が見られないことから、最終的には建物の破却に伴って廃棄されたようである。

〔付　記〕

本稿作成後、千代田区江戸城跡北の丸公園地区（東京都埋蔵文化財センター二〇〇九、二二六ページ）で金箔瓦の出土が報告されている。軒平瓦の周縁に金箔を貼ったもので、軒丸瓦に隠れる部分は金箔を省略するタイプのものである。

〔参考文献〕

千代田区東京駅八重洲北口遺跡調査会　二〇〇三　『東京駅八重洲北口遺跡』
東京都埋蔵文化財センター　二〇〇九　『東京都埋蔵文化財センター調査報告第234集　千代田区江戸城跡――北の丸公園地区の調査――』
武蔵文化財研究所　二〇〇六　『有楽町二丁目遺跡』

あとがき

東京都教育委員会が作成した『江戸復原図』などをみると、現在の東京都心には、かつて多くの大名屋敷があったことがわかる。旗本屋敷地など含めて武家地が江戸市中の七割もの敷地を占めていたのであった。江戸遺跡の多くが大名屋敷跡を対象としているのもこうした理由からである。さらに近代以降江戸の町家などは商業地へ受け継がれ、細分化あるいは街区の変貌などによって遺跡が消失していったが、大名屋敷地は、加賀藩本郷邸（上屋敷）が東京大学に、尾張藩邸市谷邸（上屋敷）が防衛省などに受け継がれたように、今も大規模な公共用地として利用されているため、遺跡の残存率が高く、さまざまな発掘成果が得られ、江戸の都市研究や大名屋敷研究の進展に果たしてきた。巻末の「江戸藩邸の発掘調査事例一覧」は、二〇一〇年九月までに刊行された遺跡報告書の一覧であり、これらから多くの大名屋敷跡が調査され、その成果が蓄積されてきたことを確認することができる。

二〇〇六年に開催した「江戸の大名屋敷」と題した江戸遺跡研究会大会は、会の発足から二〇年目という節目であり、また尾張藩上屋敷跡遺跡や汐留遺跡（仙台藩邸跡など）といった大大名屋敷跡の発掘調査成果がまとまり、都心区で行われてきた江戸遺跡発掘調査・研究も区切りの時期であった。新宿区、千代田区、文京区では、こうした屋敷跡の発掘成果をもとに共同で徳川御三家（尾張、紀伊、水戸）の屋敷跡に関する展示会を開催したのも、江戸遺跡研究の熟成の証でもあろう。この大会は、この共同展示会の共催事業として江戸の大名屋敷跡について企画したものである。大会では、加賀藩本郷邸のある東京大学構内遺跡、尾張藩市谷邸のある尾張藩上屋敷跡（防衛省市谷駐屯地）、仙台藩芝邸のある汐留遺跡など大規模な遺跡や継続して調査を実施している藤堂家屋敷跡（染井遺跡）などを取り上げて大名屋敷の実態に触れるとともに、江戸前期の大名屋敷や屋敷の空間構成を史料などから解明を試みた。本書は、その成果をまとめたものである。「あとがき」にあたり、以下に当日の討論の主題も踏まえ、次の三点の視点を示したい。

まず一点目としては、江戸時代前期の巨大都市成立に果たした大名屋敷とその実態である。原論文の「参勤交代と巨大都市江戸の成立」では、参勤交代の制度が巨大都市成立に果たした役割を文献史の立場で示している。そのなかで、初期の大名江戸屋敷の特徴を豪華絢爛な御殿の存在としている。なかでも軒を飾る金箔瓦は、織豊期以来の武家権威の象徴であり、金子論文の「江戸遺跡出土の金箔瓦」では、江戸遺跡出土の金箔瓦の集成を行っている。江戸時代の金箔瓦は、前代のような城跡出土は少なく、一七世紀初頭の大名屋敷跡からの出土が大半を占めている。なかでもまとまって出土している加賀藩本郷邸跡（東京大学構内遺跡）では、軒丸・軒平瓦だけではなく、家紋瓦や熨斗瓦、鬼瓦、鯱瓦など特殊な瓦にも金箔が施されており、これらが徳川家光の御成御殿に葺かれたものと推定している点も金箔瓦の使用の一端を示している。こうした豪華な御殿は、明暦三年（一六五七）の明暦大火を契機として大きく変貌していくことを原論文と宮崎論文の「大名江戸屋敷の展開過程」で明らかにしている。宮崎論文では、明暦大火前の大名御殿は、前代織豊期の遺風から御成御殿をはじめとする豪華壮麗な殿舎建築や大型の櫓門にみられるように戦闘的な形態を残していたという。後藤論文のなかで、江戸初期にみられる堀と塀に囲まれた屋敷や櫓を有する屋敷跡などは、その例といえよう。江戸城下の丸の内では、一六三〇年代には上水が整備され、石組溝と表長屋を巡らす屋敷へと変化することは、先の参勤交代の制度に伴う家臣団の増加に対応するものであろう。

宮崎氏は、明暦大火後幕府は江戸周辺部に火災時の避難先として下屋敷を与え、一七世紀後半に抱屋敷の拡大が始まったと指摘する。こうした一七世紀中葉から後半にかけての江戸拡大と大名屋敷の動向について第二の課題とした。

つまり、尾張藩の屋敷跡や伊達家芝屋敷跡に加え、東京大学本郷構内の加賀藩上屋敷と支藩である大聖寺藩邸跡、さらに豊島区で継続して実施されている染井の藤堂家下屋敷跡など、江戸の都市空間に広がる大名屋敷跡を横断的に取り上げて検討することによって、都市拡大の実態を示せると考えたからである。具体的には屋敷を築くために、台地・斜面地や海浜などを埋め立てて屋敷を整備する画期や課程を追うことによって、都市全体の動きをみることができた。

内野論文の「尾張藩江戸屋敷の考古学的諸相」では、上屋敷である市谷邸だけではなく、中屋敷（麴町邸）や下屋敷（戸山邸）といった遺跡調査成果を含めて、江戸屋敷全体の動向を追った。享保年間の火災による御殿作事に伴う国許と江戸との関係、さらに市谷邸と麴町邸の遺跡に基づく屋敷の動向を追うことによって、一八世紀後葉以降、外郭内の麴町邸の遺構数・遺物量が減少するのに対して、市谷邸跡では増加することが把握され、上屋敷の御殿整備などと連動していたことが指摘されている。

仙台藩伊達家屋敷跡（汐留遺跡）と大聖寺藩前田家屋敷跡（東京大学構内遺跡）は、江戸中期以降上屋敷、つまり藩主居屋敷となる。石﨑論文の「仙台藩伊達家芝屋敷の形成と変遷――沿岸域の大名江戸屋敷の造成――」では、寛永十八年（一六四一）に下屋敷として芝屋敷を拝領すると、それまで居住不可能であった浜辺地域を大規模に埋め立てて海手方向に屋敷を拡大して利用する過程が示されている。当初の屋敷は、大形の船入堀を持つ蔵屋敷としての利用であったことが判明したが、延宝四年（一六七六）の藩主居屋敷となる前段階の一六六五～七〇年頃に船入堀が埋められ、奥向きの御殿が広がる。埋め立てた堀は庭園泉水となることが確認されている。寛保三年（一七四三）には海手道路を屋敷に取り込み、汐留川を埋め立てるなど、大規模な屋敷改変が行われる。

成瀬論文の「加賀藩本郷邸東域の開発――斜面地にみる大名屋敷の造成――」では、元和二年（一六一六）に下屋敷として下賜された加賀藩本郷邸の東側を割り与えられた大聖寺藩邸の造成をもとに、下屋敷から上屋敷の過程を取り上げている。すなわち、寛永三・四年頃までは土地の起伏にあわせて屋敷利用していたが、寛永十六年の大聖寺藩・富山藩邸利用、明暦三年火災後に藩主常住する頃になると、屋敷を平準化するために大規模な盛土、切土を行い雛壇状の平坦面を創出していたことが確認された。この造成工事の完了直後の一六九〇年代の加賀藩御殿造営頃になると、造成用の土取場と推定される巨大土坑が多量の土砂や陶磁器類、建築部材などで埋められ、その後伊達家屋敷と同じように庭園泉水となっていく。

小川論文の「江戸周縁の大名屋敷──藤堂家染井屋敷──」では、豊島区駒込に所在する藤堂家下屋敷跡の発掘成果を取り扱っている。伊勢津藩藤堂家では、辰ノ口に上屋敷、柳原に中屋敷を有していたが、明暦三年の大火によって被災し、万治元年（一六五八）に火の手が及びにくい染井の地に一万両の大金を費やして下屋敷・抱屋敷を新築した。遺跡調査によって、この屋敷は幅五メートルにも及ぶ大規模な堀で区画され、屋敷内には居住空間や庭園があったことが確認されている。この屋敷は、明暦大火後藩主居屋敷であったが、一八世紀前葉以降遺構が少なくなり、一九世紀前葉には堀が廃絶埋没していくこととなる。この屋敷は、大形の堀が特徴であり、小川氏は日光御成街道と中仙道を望む高台に位置することから、防衛的な要素を指摘している。江戸幕府の中での外様大名藤堂家の役割も考えてみる必要もあろう。

以上の大名屋敷跡の発掘成果は、巨大城下町の維持に果たした大名屋敷の実態を示している。一七世紀中葉以降の城下町の拡大に伴い、伊達家や前田家、藤堂家のような有力大名の江戸屋敷では、江戸城外郭外の広大な屋敷を造成・整備して、多くの家臣団居住を可能とし、上屋敷として整備する具体的な動向を窺うことができた。こうして、江戸城下町は、多核的な都市へと移行していくこととなる。後藤論文で示した図1（三ページ）は、郭外の江戸屋敷が地域の核となったことを窺わせている。

三点目は、大名屋敷跡での陶磁器出土状況により、屋敷内の生活を把握できることである。堀内論文の「大名藩邸で使用された陶磁器と御殿の生活」では、天和二年（一六八二）の火災で焼失した出土遺物をもとに、加賀藩・大聖寺藩邸の御殿空間と足軽階級の長屋空間における陶磁器の様相差を捉えている。すなわち、長屋跡の特徴は多くの器種が認められること、陶器の割合が高いことが上げられる一方で、御殿空間では大皿を含む磁器皿が多く、磁器には優品が多いこと、皿類の多くは揃いで出土することをあげている。特に長屋空間では五寸皿を主としているのに対して、御殿空間では六〜七寸が主体を占めていることから、これらの差が日常と饗応など使う場が異なっていたことを指摘している。先述の内野論文では、一八世紀中葉以降、尾張藩市谷邸および麴町邸の御殿空間と推定される遺跡から、柳茶碗や御小納戸茶碗、灰釉平椀など小振りの陶器碗が纏まって多量に出土することを指摘し、これらが御用部屋などに常備する湯飲みなどであった可能性があるとしている。以上のように、大名屋敷でも各地点で陶磁器の様相差が捉えられ、微細な検証によって、場の性格や屋敷の変化、暮らしぶりの復原などを明らかにすることができる可能性を示した。

さらにもうひとつ、私たちが発掘調査を実施する大名屋敷跡の多くは、調査が終了すると埋められ開発され、出土遺物や記録類は残るが、その土地に根ざした痕跡は二度と目に触れることはない。江戸は「世界最大の田園都市」（鬼頭宏）、「庭園モザイク都市」（川添登）といわれるように、幕府や大名による屋敷の多くの敷地に庭園が割かれていた。今は高層ビルが建ち並ぶ都心にかつてあった庭園の面影を知るにははなはだ心許ないが、原氏が指摘するように、浜御殿（浜離宮恩賜庭園）、水戸藩徳川家上屋敷（小石川後楽園）、紀州藩徳川家下屋敷（旧芝離宮恩賜庭園）、大和郡山藩柳沢家屋敷（六義園）の庭園跡が国史跡や名勝として保存され、一部保存や移築保存を入れると、かつて江戸にあった多くの建造物や庭園が保存、再利用されている。これら現存する遺構は、今も我々に大名屋敷の一端を、また江戸という都市空間の実態を教えてくれる。

本書『江戸の大名屋敷』は、江戸の都市構造を支えた大名江戸屋敷に焦点をあてて、文献史学とこれまで蓄積した発掘成果をもとにした近世考古学の協業作業によって、江戸の都市空間に広がる大名江戸屋敷の具体像を示しえたと思う。東京は、明治維新後も首府として維持され、拡大を続けている。江戸東京の特殊性を知るには、他の城下町遺跡との対比が必要であり、また江戸の都市拡大を知るには周辺農村の実態にも目を向けなくてはいけない。こうした点で、近世考古学のなかの江戸遺跡の占める役割は大きいもので、未だ解明されていない事柄も多い。これまで文献史料だけでは描くことのできなかった江戸都市像が、これからの近世遺跡発掘調査によって明らかになることだろう。

二〇一〇年十一月

江戸遺跡研究会
世話人　後藤宏樹

江戸の大名屋敷

二〇一一年(平成二十三)二月一日 第一刷発行

編者 江戸遺跡研究会

発行者 前田求恭

発行所 株式会社 吉川弘文館
郵便番号一一三―〇〇三三
東京都文京区本郷七丁目二番八号
電話〇三―三八一三―九一五一(代)
振替口座〇〇一〇〇―五―二四四番
http://www.yoshikawa-k.co.jp/

印刷=株式会社 三秀舎
製本=誠製本株式会社

ISBN978-4-642-03445-6

執筆者紹介（生年・現職／論文掲載順）

後藤宏樹（ごとう　ひろき）　一九六一年生まれ　千代田区立四番町歴史民俗資料館学芸員

原　史彦（はら　ふみひこ）　一九六七年生まれ　徳川美術館主任学芸員

内野　正（うちの　ただし）　一九六〇年生まれ　東京都埋蔵文化財センター勤務

石崎俊哉（いしざき　としや）　一九五七年生まれ　東京都埋蔵文化財センター勤務

成瀬晃司（なるせ　こうじ）　一九六〇年生まれ　東京大学埋蔵文化財調査室助教

小川祐司（おがわ　ゆうじ）　一九七四年生まれ　としま遺跡調査会勤務

堀内秀樹（ほりうち　ひでき）　一九六一年生まれ　東京大学埋蔵文化財調査室助教

宮崎勝美（みやざき　かつみ）　一九五四年生まれ　前東京大学史料編纂所教授

金子　智（かねこ　さとし）　一九六六年生まれ　高浜市やきものの里かわら美術館教育研究課長

江戸藩邸の発掘調査事例一覧

例　言

1．この表は，東京都内の遺跡発掘調査報告書等刊行物のうち大名屋敷（江戸藩邸）跡を対象とした調査事例について集成した，江戸遺跡研究会第20回大会の発表要旨『江戸の大名屋敷』（2006年11月）所載の付編「江戸遺跡における大名屋敷調査事例所収報告書一覧」に増補・改訂を加え，作成したものである．

2．収録した報告書等刊行物は，2010年9月末日現在で管見に触れる限り公刊を確認したものを対象にした．

3．各調査事例の掲載情報について，次の項目を設定した．

(1) 区名，(2) 書名・報告書名，(3) 刊年，(4) 編集機関，(5) 藩名(県名)大名家

4．各項目の内容は，次のとおりである．

(1) 区名(特別区)：掲載順は「自治体コード順」とした．

(2) 書名・報告書名：表紙および奥付記載のタイトルに準拠したが，紙面の都合上，略記したものがある．複数事例が所収されている場合，あるいは書名と遺跡名が異なる場合は，適宜括弧内に遺跡名・地点名を略記した．

(3) 刊年：基本的に奥付に記載された刊行年を採用した．

(4) 編集機関：区教育委員会については「東京都」ならびに「事務局」を省略した．

(5) 藩名(県名)大名家：国名・藩名・(現県名)・大名苗字・(屋敷種別）の順に掲出した．

表中に略記した屋敷名は，つぎのとおりである．

上＝上屋敷，中＝中屋敷，下＝下屋敷，抱＝抱屋敷，蔵＝蔵屋敷，向＝向屋敷，預＝預地，借＝借地・借屋敷

屋敷種別については，基本的に報告書の記載に基づき，これに若干の補綴を加えているが，とくに言及されない場合は記載していない．また，内藤家四谷屋敷ならびに尾張徳川家戸山屋敷など同一屋敷でも報告書により種別の記載が異なる場合については，「諸向地面取調書」での記載を原則とし，＜＞に別の種別を掲出した．

紀州藩・尾張藩・水戸藩・仙台藩・加賀藩・薩摩藩などは国名を略した一般的な通称名を，六浦藩など慶応4年から明治初頭に藩名を改めたものについては江戸時代の名称を記載した．

5．同一遺跡名の報告書であっても，調査地点，調査次数が異なる場合は独立した扱いとした．

6．概報・略報・年報・紀要等での略式報告のうち，正式報告が既刊ならびに予定されているものについては掲載を省略した場合がある．

（作成：小川望・大八木謙司）

区名	書名・報告書名	刊年	編集機関	〔藩名(県名)〕大名家
千代田	新館建設用地の沿革と発掘品について	1971	都立日比谷図書館新館企画係	〔陸奥盛岡藩(岩手県)〕南部家(上)
	都心部の遺跡—貝塚・古墳・江戸—(外務省構内遺跡)	1985	東京都教育庁社会教育部文化課	〔筑前福岡藩(福岡県)〕黒田家(上)
	紀尾井町遺跡	1988	千代田区紀尾井町遺跡調査会	〔出羽上山藩(山形県)〕土岐家,〔遠江横須賀藩(静岡県)〕本田家,〔紀州藩(和歌山県)〕徳川家(上)
	尾張藩麹町邸跡	1994	紀尾井町6—18遺跡調査会	〔尾張藩(愛知県)〕徳川家(上)
	丸の内三丁目遺跡	1994	東京都埋蔵文化財センター	〔土佐藩(高知県)〕山内家(上),〔伊勢長島藩(三重県)・大和松山藩(奈良県)〕福島家(上),〔豊後府内藩(大分県)〕竹中家(上),〔豊後佐伯藩(大分県)〕森(毛利)家(上),〔上総佐貫藩(千葉県)〕松平家(上),〔丹波柏原藩(京都府)〕織田家(上),〔出羽左沢藩(山形県)〕酒井家(上),〔三河刈谷藩(愛知県)〕松平家(上),〔甲斐徳美藩(山梨県)〕伊丹家(上),〔土佐中村藩(高知県)〕山内家(上),〔三河岡崎藩(愛知県)〕水野家(上),〔大和葛城領(奈良県)〕永井家(上),〔備前岡山藩(岡山県)〕松平(池田)家(上),〔阿波徳島藩(徳島県)〕松平(蜂須賀)家(上)
	和泉伯太藩上屋敷跡	1994	地下鉄7号線溜池・駒込間遺跡調査会	〔和泉伯太藩(大阪府)〕渡辺家(上)
	江戸城跡　和田倉遺跡	1995	千代田区教育委員会	〔下野壬生藩(栃木県)・武蔵忍藩(埼玉県)〕阿部家(上),〔下総関宿藩(千葉県)〕牧野家(向),〔武蔵岩槻藩(埼玉県)〕小笠原家,〔陸奥会津藩(福島県)〕松平(保科)家(預)
	江戸城外堀跡　赤坂御門・喰違土橋(江戸城外堀跡　赤坂御門)	1995	地下鉄7号線溜池・駒込間遺跡調査会	〔紀州藩(和歌山県)〕徳川家(上)
	麹町六丁目遺跡	1995	千代田区麹町6丁目遺跡調査会	〔尾張藩(愛知県)〕徳川家(上)
	飯田町遺跡	1995	飯田町遺跡調査団	〔播磨姫路藩(兵庫県)・越後村上藩(新潟県)〕榊原家(上),〔讃岐高松藩(香川県)〕松平家(上)
	隼町遺跡	1996	千代田区隼町遺跡調査会	〔但馬豊岡藩(兵庫県)〕京極家(上)
	溜池遺跡—総理大臣官邸—	1996	都内遺跡調査会永田町二丁目地内調査団	〔陸奥二本松藩(福島県)〕丹羽家(上)
	溜池遺跡	1997	地下鉄7号線溜池・駒込間遺跡調査会	〔筑前福岡藩(福岡県)〕黒田家(中)
	尾張藩麹町邸跡 II	1997	紀尾井町6—34遺跡調査会	〔尾張藩(愛知県)〕徳川家(上)

区名	書名・報告書名	刊年	編集機関	〔藩名（県名）〕大名家
千代田	一ツ橋二丁目遺跡	1998	千代田区一ツ橋二丁目遺跡調査会	〔相模甘縄藩（神奈川県）〕松平（大河内）家（上），〔美濃郡上藩（岐阜県）〕遠藤家（上）
	丸の内一丁目遺跡	1998	千代田区丸の内1―40遺跡調査会	〔丹波園部藩（京都府）〕小出家，上総飯野藩（千葉県）〕保科家（上）
	外神田一丁目遺跡	1999	千代田区外神田一丁目遺跡調査会	〔陸奥白河藩（福島県）・下野宇都宮藩（栃木県）・大和郡山藩（奈良県）〕本多家，信濃松本藩（長野県）水野家
	江戸城跡　北の丸公園地区遺跡	1999	江戸城跡北の丸公園地区遺跡調査会	〔上野高崎藩（群馬県）〕安藤家
	岩本町二丁目遺跡	2001	千代田区教育委員会	〔陸奥泉藩（福島県）〕内藤家，〔相模甘縄藩（神奈川県）〕松平（大河内）家，〔摂津三田藩（兵庫県）〕九鬼家
	飯田町遺跡―飯田橋再開発―	2001	千代田区飯田町遺跡調査会	〔讃岐高松藩（香川県）〕松平家（上），〔越後高田藩（新潟県）ほか〕榊原家（上），〔出羽亀田藩（秋田県）〕岩城家（上）
	東京駅八重洲北口遺跡	2003	千代田区東京駅八重洲北口遺跡調査会	〔相模甘縄藩（神奈川県）・上総大多喜藩（千葉県）〕松平（大河内）家（上），〔豊後杵築藩（大分県）〕松平（能見）家（上），〔遠江相良藩（静岡県）〕田沼家（上），〔武蔵川越藩（埼玉県）・出羽山形藩（山形県）〕秋元家（上），〔越後長岡藩（新潟県）〕牧野家（上），〔武蔵本庄藩（埼玉県）〕小笠原家（上），〔下野皆川藩（栃木県）〕米倉家（上），〔信濃飯田藩（長野県）〕堀家（上）
	永田町二丁目遺跡	2003	東京都埋蔵文化財センター	〔信濃飯山藩（長野県）〕本多家（上），〔丹後峰山藩（京都府）〕京極家（上），〔越後村山藩（新潟県）〕内藤家（中）
	外神田四丁目遺跡	2004	東京都埋蔵文化財センター	〔美濃郡上藩（岐阜県）〕遠藤家，〔常陸笠間藩（茨城県）・遠江浜松藩（静岡県）〕本庄家，〔越後沢海藩（新潟県）〕溝口家，〔三河田原藩（愛知県）〕三宅家，〔越後村上藩（新潟県）〕間部家
	文部科学省構内遺跡	2004	文部科学省構内遺跡調査会	〔上総佐貫藩（千葉県）・陸奥岩城平藩（福島県）・日向延岡藩（宮崎県）〕内藤家（上）
	丸の内一丁目遺跡 II	2005	千代田区丸の内一丁目遺跡調査会	〔丹波園部藩（京都府）〕小出家，〔上総飯野藩（千葉県）〕保科家（上）
	文部科学省構内遺跡 II	2005	文部科学省構内遺跡遺跡調査会	〔上総佐貫藩（千葉県）・陸奥岩城平藩（福島県）・日向延岡藩（宮崎県）〕内藤家（上）
	富士見二丁目遺跡	2006	（株）武蔵文化財研究所	〔三河刈谷藩（愛知県）〕稲垣家，〔下総生実藩（千葉県）〕森川家（上），〔武蔵金沢藩（神奈川県）〕米倉家（上），〔近江小室藩（滋賀県）〕小堀家（上）
	有楽町二丁目遺跡	2006	加藤建設（株）	〔信濃飯田藩（長野県）〕堀家，〔大和御所藩（奈良県）〕桑山家，〔下総山川藩（茨城県）〕水野家，〔上野安中藩（群馬県）・三河西尾藩（愛知県）・遠江掛川藩（静岡県）井伊家
	尾張藩麹町邸跡 III	2006	（株）武蔵文化財研究所	〔尾張藩（愛知県）〕徳川家（上）

区名	書名・報告書名	刊年	編集機関	〔藩名(県名)〕大名家
千代田	和泉伯太藩・武蔵岡部藩上屋敷跡遺跡	2007	東京都埋蔵文化財センター	〔武蔵岡部藩(埼玉県)〕安部家(上)
	資料館報第15号(広島藩浅野家上屋敷跡関連遺跡　国土交通省構内地点)	2008	千代田区教育委員会 千代田区立四番町歴史民俗資料館	〔安芸広島藩(広島県)〕浅野家(上)
	資料館報第15号(広島藩浅野家上屋敷跡関連遺跡　警視庁構内地点)	2008		〔安芸広島藩(広島県)〕浅野家(上)
	資料館報第17号(東京駅八重洲北口遺跡　東京駅日本橋口開発ビル)	2009	千代田区教育委員会 千代田区立四番町歴史民俗資料館	〔阿波富田藩(徳島県)〕蜂須賀家(上),〔上総大多喜藩(千葉県)〕松平(大河内)家(上),〔豊後杵築藩(大分県)〕松平(能見)家(上),〔遠江相良藩(静岡県)〕田沼家(上),〔武蔵川越藩(埼玉県)・出羽山形藩(山形県)〕秋元家(上),〔越後長岡藩(新潟県)〕牧野家(上)
中央	浜御殿遺跡	1988	浜御殿遺跡調査会	〔甲斐甲府藩(山梨県)〕徳川家(下)
	八丁堀三丁目遺跡	1988	中央区教育委員会	〔美濃加納藩(岐阜県)〕松平(戸田)家
	明石町遺跡	2003	明石町遺跡調査会	〔遠江掛塚藩(静岡県)〕加々爪家(上),〔常陸北條藩(茨城県)〕堀田家(上),〔豊後岡藩(大分県)〕中川家(下→上)
	八丁堀三丁目遺跡II	2003	八丁堀三丁目遺跡(第2次)調査会	〔美濃加納藩(岐阜県)〕松平(戸田)家
	日本橋蛎殻町一丁目遺跡II	2004	中央区教育委員会	〔上野前橋藩(群馬県)〕酒井家(蔵・中),〔遠江浜松藩(静岡県)〕井上家(上),〔上野伊勢崎藩(群馬県)〕酒井家(下)
	日本橋蛎殻町一丁目遺跡	2005	中央区教育委員会	〔上野前橋藩(群馬県)〕酒井家(蔵・中),〔伊予大洲藩(愛媛県)〕加藤家(中),〔近江宮川藩(滋賀県)〕堀田家,〔出羽秋田新田藩(秋田県)〕佐竹家(上),〔播磨山崎藩(兵庫県)〕本多家(上),〔遠江浜松藩(静岡県)〕井上家(上)
	明石町(第2次)遺跡	2005	東京都埋蔵文化財センター	〔遠江掛塚藩(静岡県)〕加々爪家(上),〔豊後岡藩(大分県)〕中川家(下→上)
港	麻布台一丁目　郵政省飯倉分館構内遺跡	1986	港区麻布台一丁目遺跡調査団	〔豊後臼杵藩(大分県)〕稲葉家(下),〔出羽米沢藩(山形県)〕上杉家(下→中),〔出羽米沢新田藩(山形県)〕稲葉家(上)
	白金館址遺跡I　特別養護老人ホーム建設用地地区	1988	白金館址(特別養護老人ホーム建設用地)遺跡調査団	〔讃岐高松藩(香川県)〕松平家(下)
	白金館址遺跡II　亜東関係協会東京弁事処公舎等建設用地地区	1988	白金館址(亜東関係協会東京弁事処公舎等建設用地)遺跡調査団	〔讃岐高松藩(香川県)〕松平家(下)
	旧芝離宮庭園	1988	旧芝離宮庭園調査団	〔相模小田原藩(神奈川県)〕大久保家(上),〔下総佐倉藩(千葉県)〕堀田家,〔紀州藩(和歌山県)〕徳川家(下)

区名	書名・報告書名	刊年	編集機関	〔藩名(県名)〕大名家
港	西新橋二丁目　港区 No. 19 遺跡	1989	港区西新橋二丁目遺跡調査団	〔上総苅谷藩(千葉県)〕堀家(上), 〔遠江掛川藩(静岡県)〕太田家(中), 〔下総佐倉藩(千葉県)〕堀田家(借)
	赤坂七丁目　港区 No. 92 遺跡	1990	港区教育委員会	〔丹波篠山藩(兵庫県)〕青山家(中)
	伊勢菰野藩土方家屋敷跡遺跡	1992	伊勢菰野藩土方家屋敷跡遺跡調査団	〔伊勢菰野藩(三重県)〕土方家(上)
	麻布市兵衛町地区の武家屋敷跡	1993	(仮称)新スウェーデン大使館建設用地内遺跡調査団	〔和泉陶器藩(大阪府)〕小出家(上)
	播磨龍野藩脇坂家屋敷跡遺跡	1993	港区教育委員会	〔播磨龍野藩(兵庫県)〕脇坂家(下)
	筑前福岡藩黒田家屋敷跡遺跡	1994	港区教育委員会	〔筑前福岡藩(福岡県)〕黒田家(中)
	港区文化財調査集録第 2 集(新橋停車場構内遺跡下水道シールド立坑地点)	1994	港区教育委員会	〔陸奥会津藩(福島県)〕保科家(中)
	港区文化財調査集録第 2 集(新橋停車場構内遺跡電力洞道地点)	1994	港区教育委員会	〔備中新見藩(岡山県)〕関家(上)
	狸穴坂下の武家屋敷跡遺跡	1995	港区教育委員会	〔讃岐丸亀藩(香川県)〕京極家(中)
	汐留遺跡	1996	汐留地区遺跡調査会	〔播磨龍野藩(兵庫県)〕脇坂家(上), 〔仙台藩(宮城県)〕伊達家(上)
	地下鉄 7 号線白金台・東六本木間遺跡発掘調査報告書(麻布(仮称)駅建設用地所在遺跡)	1996	地下鉄 7 号線白金台・東六本木間遺跡調査会	〔出羽上山藩(山形県)〕松平家(上), 〔上総飯野藩(千葉県)〕保科家(抱・上)
	港区文化財調査集録第 3 集(新橋停車場構内遺跡　下水シールド土砂ピット地点)	1996	港区教育委員会	〔陸奥会津藩(福島県)〕保科家(中)
	雁木坂上遺跡	1997	港区教育委員会	〔豊後臼杵藩(大分県)〕稲葉家(下)
	汐留遺跡 I(伊達)	1997	東京都埋蔵文化財センター	〔仙台藩(宮城県)〕伊達家(上)
	汐留遺跡 I(脇坂)	1997		〔播磨龍野藩(兵庫県)〕脇坂家(上)
	汐留遺跡 II(伊達)	2000	東京都埋蔵文化財センター	〔仙台藩(宮城県)〕伊達家(上)
	汐留遺跡 II(脇坂)	2000		〔播磨龍野藩(兵庫県)〕脇坂家(上)
	長門府中藩毛利家屋敷跡遺跡 I	2002	港区教育委員会	〔播磨山崎藩(兵庫県)〕池田家, 〔長門長府(府中)藩(山口県)〕毛利家(上), 〔下総佐倉藩(千葉県)〕堀田家(上)
	薩摩鹿児島藩島津家屋敷跡第 1 遺跡	2002	港区教育委員会	〔大和小泉藩(奈良県)〕片桐家, 〔薩摩藩(鹿児島県)〕島津家(中)

区名	書名・報告書名	刊年	編集機関	〔藩名(県名)〕大名家
港	旗本柴田家屋敷跡遺跡・勝安房邸跡	2003	港区教育委員会	〔播磨赤穂藩(兵庫県)〕浅野家(下)
	汐留遺跡 III(伊達)	2003	東京都埋蔵文化財センター	〔仙台藩(宮城県)〕伊達家(上)
	汐留遺跡 III(保科)	2003		〔陸奥会津藩(福島県)〕保科家(中)
	汐留遺跡 III(関)	2003		〔備中新見藩((岡山県)〕関家(上)
	宇和島藩伊達家屋敷跡遺跡—新国立美術展示施設—	2003	東京都埋蔵文化財センター	〔伊予宇和島藩(愛媛県)〕伊達家(上)
	越後糸魚川藩松平家屋敷跡遺跡	2003	港区教育委員会	〔越後糸魚川藩(新潟県)〕松平家(上)
	宇和島藩伊達家屋敷跡遺跡—政策研究大学院大学—	2003	東京都埋蔵文化財センター	〔伊予宇和島藩(愛媛県)〕伊達家(上)
	麻布仲ノ町地区武家屋敷遺跡	2003	港区教育委員会・港区遺跡調査事務局	〔美濃大垣藩(岐阜県)・信濃小諸藩(長野県)・下野那須藩(栃木県)・伊勢長島藩(三重県)〕松平(久松)家
	長門長府藩毛利家屋敷跡遺跡 II	2004	港区教育委員会・港区遺跡調査事務局	〔播磨山崎藩(兵庫県)〕池田家,〔長門長府藩(山口県)〕毛利家(上),〔下総佐倉藩(千葉県)〕堀田家(上)
	長門長府藩毛利家屋敷跡・麻布桜田町町屋跡遺跡	2004	港区教育委員会・港区遺跡調査事務局	〔播磨山崎藩(兵庫県)〕池田家,〔長門長府藩(山口県)〕毛利家(上),〔下総佐倉藩(千葉県)〕堀田家(上)
	備中新見藩関家屋敷跡	2004	国際航業(株)	〔備中新見藩(岡山県)〕関家(上)
	港区埋蔵文化財調査年報 1(汐留遺跡)	2004	港区教育委員会	〔播磨龍野藩(兵庫県)〕脇坂家(上)
	近江山上藩稲垣家屋敷跡 I	2004	港区教育委員会・港区遺跡調査事務局	〔備後福山藩(広島県)〕水野家(下),〔但馬出石藩(兵庫県)〕仙石家,〔土佐中村藩(高知県)〕山内家,〔近江山上藩(滋賀県)〕稲垣家(上),〔伊勢長島藩(三重県)〕増山家,〔美濃高富藩(岐阜県)〕本庄家
	東京大学構内遺跡調査研究年報 4(医科学研究所附属病院診療棟・総合研究棟地点)	2004	東京大学埋蔵文化財調査室	〔肥前大村藩(長崎県)〕大村家(下)
	芝田町五丁目町屋跡遺跡	2005	港区教育委員会	〔丹波篠山藩(兵庫県)・丹波亀山藩(京都府)〕松平(形原)家(下)
	播磨赤穂藩森家屋敷跡遺跡	2005	港区教育委員会	〔美作津山藩(岡山県)・備中西江原藩(岡山県)・播磨赤穂藩(兵庫県)〕森家(下→上)
	筑前福岡藩黒田家屋敷跡第 2 遺跡	2005	港区教育委員会・共和開発(株)	〔筑前福岡藩(福岡県)〕黒田家(中)
	萩藩毛利家屋敷跡遺跡	2005	東京都埋蔵文化財センター	〔長門萩藩(山口県)〕毛利家(下)

区名	書名・報告書名	刊年	編集機関	〔藩名(県名)〕大名家
港	近江山上藩稲垣家屋敷跡 II	2005	港区教育委員会・共和開発(株)	〔備後福山藩(広島県)〕水野家(下)，〔但馬出石藩(兵庫県)〕仙石家，〔土佐中村藩(高知県)〕山内家，〔近江山上藩(滋賀県)〕稲垣家(上)，〔伊勢長島藩(三重県)〕増山家，〔美濃高富藩(岐阜県)〕本庄家
	上野沼田藩土岐家屋敷跡遺跡	2006	港区教育委員会・共和開発(株)	〔肥前島原藩(長崎県)〕高力家，〔上野吉井藩(群馬県)・近江宮川藩(滋賀県)〕堀田家，〔出羽上山藩(山形県)・越前野岡藩(福井県)・駿河田中藩(静岡県)・上野沼田藩(群馬県)〕土岐家(上)
	豊後岡藩中川家屋敷跡遺跡	2006	港区教育委員会	〔長門萩藩(山口県)〕毛利家(下→中)，〔豊後岡藩(大分県)〕中川家(中)，〔大和柳生藩(奈良県)〕柳生家(上)，〔越前丸岡藩(福井県)〕有馬家(上)
	汐留遺跡 IV(伊達)	2006	東京都埋蔵文化財センター	〔仙台藩(宮城県)〕伊達家(上)
	汐留遺跡 IV(保科)	2006		〔陸奥会津藩(福島県)〕保科家(上)
	港区埋蔵文化財調査年報4(赤坂九丁目　長門萩藩毛利家屋敷跡遺跡第二次調査)	2007	港区教育委員会	〔長門萩藩(山口県)〕毛利家(下)
	港区埋蔵文化財調査年報4(麻布狸穴町　狸穴坂下寺院跡遺跡第2地点)	2007		〔甲斐甲府藩(山梨県)〕徳川家
	陸奥盛岡藩南部家屋敷跡遺跡	2007	港区教育委員会	〔陸奥盛岡藩(岩手・青森県)〕南部家〕(下)
	筑前秋月藩黒田家屋敷跡遺跡 I	2007	港区教育委員会・共和開発(株)	〔備中松山藩(岡山県)〕水谷家，〔肥前佐賀藩(佐賀県)〕鍋島家，〔肥後新田藩(熊本県)〕細川家，〔筑前秋月藩(福岡県)〕黒田家(上)
	石見津和野藩亀井家屋敷跡遺跡	2008	港区教育委員会	〔石見津和野藩(島根県)〕亀井家(中→下)
	東京都指定史跡「亀塚」確認調査報告書	2008	港区教育委員会	〔出羽上山藩(山形県)・越前野岡藩(福井県)・駿河田中藩(静岡県)・上野沼田藩(群馬県)〕土岐家(下)
	港区埋蔵文化財調査年報5(旧白金御料地遺跡)	2008	港区教育委員会	〔讃岐高松藩(香川県)〕松平家(抱)
	港区埋蔵文化財調査年報5(日向佐土原藩島津家)	2008		〔陸奥会津藩(福島県)〕松平(保科)家，〔周防徳山藩(山口県)〕毛利家，〔越後村上藩(新潟県)・越前鯖江藩(新潟県)〕間部家(上)，〔丹波柏原藩(兵庫県)〕織田家(上)，〔日向佐土原藩(宮崎県)〕島津家
	筑前秋月藩黒田家屋敷跡遺跡 II	2008	(株)武蔵文化財研究所	〔備中松山藩(岡山県)〕水谷家，〔肥前佐賀藩(佐賀県)〕鍋島家，〔肥後新田藩(熊本県)〕細川家，〔筑前秋月藩(福岡県)〕黒田家(上)

区名	書名・報告書名	刊年	編集機関	〔藩名（県名）〕大名家
港	石見津和野藩亀井家屋敷跡遺跡 II	2009	港区教育委員会・共和開発（株）	〔石見津和野藩（島根県）〕亀井家（中→下）
	肥後熊本藩細川家屋敷跡遺跡	2009	港区教育委員会	〔肥後熊本藩（熊本県）〕細川家（中→下）
	愛宕下遺跡 I	2009	東京都埋蔵文化財センター	〔肥後宇土藩（熊本県）〕細川家（上），〔丹波篠山藩（兵庫県）〕松平（形原）家（上），〔近江水口藩（滋賀県）〕加藤家，〔上総苅谷藩（千葉県）〕堀家，〔遠江掛川藩（静岡県）〕太田家（中），〔下総佐倉藩（千葉県）〕堀田家（中），〔備前岡山藩（岡山県）〕池田家（中），〔播磨赤穂藩（兵庫県）池田家，〔因幡鳥取藩（鳥取県）〕池田家（中），〔播磨山崎藩（兵庫県）〕池田家，〔播磨福本藩（兵庫県）〕池田家（上），〔陸奥岩沼藩（宮城県）・陸奥一関藩（岩手県）〕田村家（上），〔長門清末藩（山口県）〕毛利家（上），〔美濃苗木藩（岐阜県）〕遠山家（上）
新宿	市谷仲之町遺跡	1990	新宿区教育委員会	〔美濃高須藩（岐阜県）〕松平家（上）
	戸山遺跡	1991	新宿区戸山遺跡調査会	〔尾張藩（愛知県）〕徳川家（下〈中〉）
	市谷薬王寺町遺跡	1991	新宿区教育委員会	〔紀州田辺藩（和歌山県）〕安藤家（上）
	市谷仲之町遺跡 II	1992	新宿区市谷仲之町遺跡調査団	〔美濃高須藩（岐阜県）〕松平家（上）
	内藤町遺跡	1992	新宿区内藤町遺跡調査会	〔信濃高遠藩（長野県）〕内藤家（下〈中〉）
	尾張藩徳川家上屋敷跡―大蔵省印刷局市谷倉庫―	1993	新宿区市谷本村町遺跡調査団	〔尾張藩（愛知県）〕徳川家（上）
	下戸塚遺跡	1993	新宿区西早稲田地区遺跡調査会	御三卿清水徳川家（附・抱），〔水戸藩（茨城県）〕徳川家（抱）
	矢来町遺跡	1994	新宿区遺跡調査会	〔若狭小浜藩（福井県）〕酒井家（下）
	市谷本村町遺跡　徳川家上屋敷跡	1995	新宿区市谷本村町遺跡調査団	〔尾張藩（愛知県）〕徳川家（上）
	市谷仲之町西遺跡	1995	新宿区教育委員会	〔美濃高須藩（岐阜県）〕松平家（上）
	市谷本村町遺跡―徳川家上屋敷表御門東土手―	1995	新宿区教育委員会	〔尾張藩（愛知県）〕徳川家（上）
	尾張藩上屋敷跡遺跡 I	1996	東京都埋蔵文化財センター	〔尾張藩（愛知県）〕徳川家（上）
	尾張藩上屋敷跡遺跡 II	1997	東京都埋蔵文化財センター	下総関宿藩（千葉県）〕板倉家（下），〔出雲広瀬藩（島根県）〕松平（越前）家，〔尾張藩（愛知県）〕徳川家（上）
	下戸塚遺跡の調査　第4部　中近世編	1997	早稲田大学校地埋蔵文化財調査室	〔水戸藩（茨城県）〕徳川家（抱，付家老中山家へ貸地）
	市谷加賀町二丁目遺跡 I	1997	新宿区市谷加賀町二丁目遺跡調査団	〔加賀藩（石川県）〕前田家（中）

区名	書名・報告書名	刊年	編集機関	〔藩名(県名)〕大名家
新宿	内藤町遺跡 II	1997	新宿区内藤町遺跡調査団	〔信濃高遠藩(長野県)〕内藤家(下〈中〉)
	市谷仲之町西遺跡 II	1998	新宿区市谷仲之町西遺跡調査団	〔美濃高須藩(岐阜県)〕松平家(上)
	尾張藩上屋敷跡遺跡 III	1998	東京都埋蔵文化財センター	〔下総関宿藩(千葉県)〕板倉家(下), 〔出雲広瀬藩(島根県)〕松平(越前)家, 〔尾張藩(愛知県)〕徳川家(上)
	松平摂津守上屋敷跡下水暗渠	1998	新宿区 No. 102 遺跡調査団	〔美濃高須藩(岐阜県)〕松平家(上)
	市谷薬王寺町遺跡 II	1998	新宿区市谷薬王寺町遺跡調査団	〔紀州田辺藩(和歌山県)〕安藤家(上)
	住吉町南遺跡・市谷台町遺跡・住吉町西遺跡 II(市谷台町)	1998	放射第 6 号線遺跡調査団	〔下総関宿藩(千葉県)・伊勢亀山藩(三重県)・志摩鳥羽藩(三重県)・備中松山藩(岡山県)〕板倉家(下)
	住吉町南遺跡・市谷台町遺跡・住吉町西遺跡 II(住吉町西 2)	1998		〔備中松山藩(岡山県)〕板倉家(下), 〔武蔵金沢藩(神奈川県)〕米倉家(下)
	喜久井町遺跡	1998	新宿区喜久井町遺跡調査団	〔美作津山藩(岡山県)〕松平家(下)
	若宮町遺跡	1998	新宿区若宮町遺跡調査団	〔美濃大垣藩(岐阜県)〕戸田家(上), 〔信濃高島藩(長野県)〕諏訪家(上)
	市谷仲之町遺跡 IV	1998	新宿区王子不動産遺跡調査団	〔美濃高須藩(岐阜県)〕松平家(上)
	尾張藩上屋敷跡遺跡 IV	1999	東京都埋蔵文化財センター	〔下総関宿藩(千葉県)〕板倉家(下), 〔尾張藩(愛知県)〕徳川家(上)
	信濃町遺跡	1999	新宿区信濃町遺跡調査団	〔下総古河藩(茨城県)・山城淀藩(京都府)〕永井家(下), 〔丹後宮津藩(京都府)〕永井家(下)
	尾張徳川家下屋敷跡 III	1999	新宿区 No. 85 遺跡調査団	〔尾張藩(愛知県)〕徳川家(下〈中〉)
	市谷本村町遺跡 IV 尾張徳川家屋敷跡	1999	新宿区市谷本村町遺跡調査団	〔尾張藩(愛知県)〕徳川家(上)
	河田町遺跡	2000	新宿区河田町遺跡調査団	〔三河西尾藩(愛知県)・遠江浜松藩(静岡県)ほか〕太田家, 〔遠江横須賀藩(静岡県)〕本多家, 〔美濃青野藩(岐阜県)〕稲葉家, 〔丹後宮津藩(京都府)〕本庄→松平家(下), 〔出雲広瀬藩(島根県)〕松平家(下)
	稲荷前遺跡	2000	早稲田大学文化財整理室	〔近江彦根藩(滋賀県)〕井伊家(抱), 〔讃岐高松藩(香川県)〕松平家(下)
	尾張藩上屋敷跡遺跡 V	2000	東京都埋蔵文化財センター	〔出雲広瀬藩(島根県)〕松平(越前)家, 〔尾張藩(愛知県)〕徳川家(上)
	喜久井町遺跡 II	2000	財団法人新宿区生涯学習財団	〔美作津山藩(岡山県)〕松平家(下)
	尾張徳川家下屋敷跡遺跡	2001	財団法人新宿区生涯学習財団	〔尾張藩(愛知県)〕徳川家(下)

区名	書名・報告書名	刊年	編集機関	〔藩名（県名）〕大名家
新宿	内藤町遺跡 III	2001	財団法人新宿区生涯学習財団	〔信濃高遠藩（長野県）〕内藤家（下〈中〉）
	尾張藩上屋敷跡遺跡 VI	2001	東京都埋蔵文化財センター	下総関宿藩（千葉県）〕板倉家（下），〔出雲広瀬藩（島根県）〕松平（越前）家，〔尾張藩（愛知県）〕徳川家（上）
	尾張藩上屋敷跡遺跡 VII	2001	東京都埋蔵文化財センター	下総関宿藩（千葉県）〕板倉家（下），〔尾張藩（愛知県）〕徳川家（上）
	尾張藩上屋敷跡遺跡 VIII	2001	東京都埋蔵文化財センター	下総関宿藩（千葉県）〕板倉家（下），〔尾張藩（愛知県）〕徳川家（上）
	内藤町遺跡 IV	2001	共和開発（株）	〔信濃高遠藩（長野県）〕内藤家（下〈中〉）
	市谷加賀町二丁目遺跡 II	2001	加藤建設（株）埋蔵文化財調査部	〔加賀藩（石川県）〕前田家（中）
	市谷薬王寺町遺跡 III	2001	財団法人新宿区生涯学習財団	〔紀州田辺藩（和歌山県）〕安藤家（上）
	西早稲田三丁目遺跡 V	2001	リメックス（株）	〔信州飯田藩（長野県）〕堀家（抱），〔摂津尼崎藩（兵庫県）〕松平家（抱），〔美作津山藩（岡山県）〕松平家（抱）
	市谷本村町遺跡　尾張藩上屋敷跡―市ヶ谷北―	2002	東京都埋蔵文化財センター	〔尾張藩（愛知県）〕徳川家（上）
	市谷本村町遺跡　尾張藩上屋敷跡―市ヶ谷西―	2002	東京都埋蔵文化財センター	〔尾張藩（愛知県）〕徳川家（上）
	市谷仲之町西遺跡 III	2002	財団法人新宿区生涯学習財団	〔美濃高須藩（岐阜県）〕松平家（上）
	尾張藩上屋敷跡遺跡 IX	2002	東京都埋蔵文化財センター	下総関宿藩（千葉県）〕板倉家（下），〔尾張藩（愛知県）〕徳川家（上）
	尾張藩上屋敷跡遺跡 X	2002	東京都埋蔵文化財センター	〔出雲広瀬藩（島根県）〕松平（越前）家，〔尾張藩（愛知県）〕徳川家（上）
	内藤町遺跡―新宿高校―	2002	東京都埋蔵文化財センター	〔信濃高遠藩（長野県）〕内藤家（下〈中〉）
	尾張藩上屋敷跡遺跡 XI	2002	東京都埋蔵文化財センター	〔尾張藩（愛知県）〕徳川家（上）
	市谷砂土原町三丁目遺跡	2002	財団法人新宿区生涯学習財団	〔三河吉田藩（愛知県）〕小笠原家（下）
	信濃町南遺跡	2003	大成エンジニアリング（株）	〔下総古河藩（茨城県）・山城淀藩（京都府）・丹後宮津藩（京都府）〕永井家（下），〔大和新庄藩（奈良県）・大和櫛羅藩（奈良県）〕永井家（下）
	下戸塚遺跡第2·3次調査報告	2003	早稲田大学教務部本庄考古資料館	〔水戸藩（茨城県）〕徳川家（抱，付家老中山家へ貸地）
	水野原遺跡	2003	財団法人新宿区生涯学習財団	〔紀州藩（和歌山県）〕徳川家附家老水野家（下），〔尾張藩（愛知県）〕徳川家（下）

区名	書名・報告書名	刊年	編集機関	〔藩名(県名)〕大名家
新宿	信濃町南遺跡—環状３号線(信濃町地区)—	2003	東京都埋蔵文化財センター	〔下総古河藩(茨城県)・山城淀藩(京都府)・丹後宮津藩(京都府)〕永井家(下),〔大和新庄藩(奈良県)・大和櫛羅藩(奈良県)〕永井家(下)
	下戸塚遺跡 III	2003	新宿区生涯学習財団	〔尾張藩(愛知県)〕徳川家，御三卿清水徳川家(下)
	尾張徳川家下屋敷跡 II—早稲田大学—	2003	新宿区戸山遺跡調査会	〔尾張藩(愛知県)〕徳川家(下〈中〉)
	四谷四丁目遺跡	2004	共和開発(株)	〔駿河田中藩(静岡県)・三河吉田藩(愛知県)・三河岡崎藩(愛知県)〕水野家(下)，御三卿田安徳川家(下)
	原町二丁目遺跡	2004	財団法人新宿区生涯学習財団	〔紀州藩(和歌山県)〕徳川家附家老水野家(下)
	市谷薬王寺町遺跡 IV	2004	三井住友建設(株)	〔紀州田辺藩(和歌山県)〕安藤家(上)
	白銀町西遺跡・白銀町遺跡 II(白銀町西遺跡)	2004	テイケイトレード(株)	〔水戸藩(茨城県)〕徳川家附家老中山家(下)
	市谷本村町遺跡	2005	東京都埋蔵文化財センター	〔尾張藩(愛知県)〕徳川家(上)
	新宿六丁目遺跡	2005	東京都埋蔵文化財センター	〔出雲広瀬藩(島根県)〕松平家(下),〔近江山上藩(滋賀県)〕稲垣家(下)
	信濃町南遺跡 III	2005	加藤建設(株)	〔下総古河藩(茨城県)・山城淀藩(京都府)〕永井信濃守(下)
	若宮町遺跡 IV	2005	テイケイトレード(株)	〔信濃高島藩(長野県)〕諏訪家(上),〔近江三上藩(滋賀県)〕遠藤家(下)
	市谷加賀町二丁目遺跡 III	2005	東京都埋蔵文化財センター	〔加賀藩(石川県)〕前田家(中)
	若宮町遺跡 V	2006	加藤建設(株)	〔美濃大垣藩(岐阜県)〕戸田家(上)
	尾張藩上屋敷跡遺跡 XII	2006	東京都埋蔵文化財センター	〔出雲広瀬藩(鳥取県)〕松平家(上)・〔尾張藩(愛知県)〕徳川家(上)
	新宿区文化財調査年報１(矢来町遺跡)	2006	新宿区教育委員会	〔若狭小浜藩(福井県)〕酒井家(下)
	新宿区文化財調査年報１(松平摂津守上屋敷跡)	2006		〔美濃高須藩(岐阜県)〕松平家(上)
	四谷二丁目遺跡 II	2006	新宿区教育委員会	〔紀州藩(和歌山県)〕徳川家(下)
	内藤町遺跡—環状第５の１号線地区—	2007	東京都埋蔵文化財センター	〔信濃高遠藩(長野県)〕内藤家(下〈中〉)
	水野原遺跡 III	2007	共和開発(株)	〔紀州藩(和歌山県)〕徳川家附家老水野家(下)
	矢来町遺跡 II	2007	テイケイトレード(株)	〔若狭小浜藩(福井県)〕酒井家(下)
	若松町遺跡 II	2008	東京都埋蔵文化財センター	〔豊前小倉藩(福岡県)〕小笠原家(下)

区名	書名・報告書名	刊年	編集機関	〔藩名(県名)〕大名家
新宿	水野原遺跡 II	2008	テイケイトレード(株)	〔紀州藩(和歌山県)〕徳川家附家老水野家(下)
	尾張徳川家下屋敷跡 V	2008	東京都埋蔵文化財センター	〔尾張藩(愛知県)〕徳川家(下〈中〉)
	信濃町遺跡 II	2008	(株)ダイサン	〔下総古河藩(茨城県)・山城淀藩(京都府)〕永井家(下)
	新宿区文化財調査年報 3(白銀町西遺跡)	2008	新宿区教育委員会	〔水戸藩(茨城県)〕徳川家附家老中山家(下)
	新宿区文化財調査年報 3(矢来町遺跡)	2008		〔若狭小浜藩(福井県)〕酒井家(下・上)
	市谷甲良町遺跡 III	2009	大成エンジニアリング(株)	〔甲斐徳美藩(山梨県)〕伊丹家(下)
	千駄ヶ谷大谷戸・内藤町遺跡(内藤町遺跡)	2009	東京都埋蔵文化財センター	〔信濃高遠藩(長野県)〕内藤家(下〈中〉)
	水野原遺跡 IV	2009	共和開発(株)	〔紀州藩(和歌山県)〕徳川家附家老水野家(下)
	矢来町遺跡 III	2009	テイケイトレード(株)	〔若狭小浜藩(福井県)〕酒井家(下)
	市谷薬王寺町遺跡 VI	2009	テイケイトレード(株)	〔加賀藩(石川県)〕前田家(中)
	内藤町遺跡	2010	東京都埋蔵文化財センター	〔信濃高遠藩(長野県)〕内藤家(下〈中〉)
文京	向ヶ丘貝塚	1979	東京大学文学部考古学研究室	〔水戸藩(茨城県)〕徳川家(中)
	真砂遺跡	1987	真砂遺跡調査団	〔武蔵岩槻藩(埼玉県)・遠江掛川藩(静岡県)・陸奥棚倉藩(福島県)・肥前唐津藩(佐賀県)〕小笠原家(中),〔信濃上田藩(長野県)〕松平家(上→中)
	東京大学本郷構内の遺跡　理学部	1989	東京大学理学部遺跡調査室	〔加賀藩(石川県)〕前田家(上)
	東京大学本郷構内の遺跡　法文(法学部4号館)	1990	東京大学遺跡調査室	〔加賀藩(石川県)〕前田家(上)
	東京大学本郷構内の遺跡　法文(文学部3号館)	1990		〔加賀藩(石川県)〕前田家(上)
	東京大学本郷構内の遺跡　病院(中央診療棟)	1990	東京大学遺跡調査室	〔加賀藩(石川県)〕前田家(上),〔加賀大聖寺藩(石川県)〕前田家(上),〔越中富山藩(富山県)〕前田家(上)
	東京大学本郷構内の遺跡　病院(設備管理棟)	1990		〔越後高田藩(新潟県)〕榊原家(上)
	東京大学本郷構内の遺跡　病院(給水設備棟)	1990		〔越後高田藩(新潟県)〕榊原家(上)

区名	書名・報告書名	刊年	編集機関	〔藩名(県名)〕大名家
文京	東京大学本郷構内の遺跡　病院(共同溝ほか)	1990	東京大学遺跡調査室	〔加賀大聖寺藩(石川県)〕前田家(上)
	東京大学本郷構内の遺跡　山上・御殿下(山上)	1990	東京大学埋蔵文化財調査室	〔加賀藩(石川県)〕前田家(上)
	東京大学本郷構内の遺跡　山上・御殿下(御殿下)	1990		〔加賀藩(石川県)〕前田家(上)
	春日町遺跡 I	1991	文京区千川幹線遺跡調査会	〔水戸藩(茨城県)〕徳川家(上)
	本富士町遺跡	1992	文京区遺跡調査会	〔加賀藩(石川県)〕前田家(上)
	小石川町遺跡	1994	文京区遺跡調査会	〔水戸藩(茨城県)〕徳川家(上)
	本郷追分	1994	東京大学構内雨水調整池遺跡調査会	〔加賀藩(石川県)〕前田家(上)
	龍岡町遺跡	1995	文京区遺跡調査会	〔越後高田藩(新潟県)ほか〕榊原家(中・下)
	本郷元町	1995	都立学校遺跡調査会	〔紀州藩(和歌山県)〕松平家ほか
	原町遺跡	1996	文京区遺跡調査会	〔上野館林藩(群馬県)〕松平(大給)家→徳川家(下)
	諏訪町遺跡	1996	文京区遺跡調査会	〔水戸藩(茨城県)〕徳川家(上)
	春日町遺跡第 V 地点	1996	文京区遺跡調査会	〔水戸藩(茨城県)〕徳川家(上)
	春日町・菊坂下遺跡・駒込追分町遺跡・駒込浅嘉町遺跡・駒込富士前町遺跡(春日町)	1996	地下鉄7号線溜池・駒込間遺跡調査会	〔水戸藩(茨城県)〕徳川家(上),〔播磨安志藩(兵庫県)〕小笠原家
	弥生町遺跡	1996	文京区遺跡調査会	〔水戸藩(茨城県)〕徳川家(中)
	原町遺跡第 II 地点	1996	文京区遺跡調査会	〔上野館林藩(群馬県)〕松平(大給)家→徳川家(下)
	上富士前町遺跡第 II 地点	1997	文京区上富士前町遺跡調査会	〔越後村上藩(新潟県)〕堀家(抱),〔武蔵川越藩(埼玉県)〕松平(柳沢)家,〔上野高崎藩(群馬県)〕松平家
	讃岐高松藩・陸奥守山藩下屋敷跡	1997	東京学芸大学附属竹早中学校埋蔵文化財発掘調査団	〔讃岐高松藩(香川県)・陸奥守山藩(福島県)〕松平家(下)
	東京大学構内遺跡調査研究年報 1(農学部家畜病院)	1997	東京大学埋蔵文化財調査室	〔水戸藩(茨城県)〕徳川家(中)
	小石川 駕籠町遺跡(都立小石川高校地点)I・II	1997	都内遺跡調査会	〔越後椎谷藩(新潟県)〕堀家,〔常陸笠間藩(茨城県)〕牧野家,〔豊後杵築藩(大分県)〕松平家(下)
	真砂遺跡第 IV 地点	1998	文京区遺跡調査会	〔上野高崎藩(群馬県)〕松平(大河内)家(中)
	春日町遺跡第 VI 地点	1999	文京区遺跡調査会	〔水戸藩(茨城県)〕徳川家(上)

区名	書名・報告書名	刊年	編集機関	〔藩名（県名）〕大名家
文京	本郷元町 III	1999	都立学校遺跡調査会	〔紀州藩（和歌山県）〕松平家ほか
	本郷元町 IV	2000	都立学校遺跡調査会	〔紀州藩（和歌山県）〕松平家ほか
	春日町遺跡第 III・IV 地点（第 III 地点）	2000	文京区遺跡調査会	〔水戸藩（茨城県）〕徳川家（上），〔播磨安志藩（兵庫県）〕小笠原家
	春日町遺跡第 III・IV 地点（第 IV 地点）	2000		〔駿河小島藩（静岡県）〕松平（滝脇）家，〔播磨安志藩（兵庫県）〕小笠原家
	大塚町遺跡 2	2002	お茶の水女子大学埋蔵文化財発掘調査団	〔信濃上田藩（長野県）〕松平家（下）
	東京大学構内遺跡調査研究年報 3（総合研究棟）	2002	東京大学埋蔵文化財調査室	〔加賀藩（石川県）〕前田家（上）
	駒込西片町遺跡	2002	文京区遺跡調査会	〔備前福山藩（岡山県）〕阿部家（上）
	白山御殿跡ほか	2003	文京区遺跡調査会	〔上野館林藩（群馬県）〕松平（大給）家→徳川家（下）
	春日町遺跡―筑波大学付属大塚養護学校―	2003	筑波大学/加藤建設（株）	〔水戸藩（茨城県）〕徳川家（上）
	原町東遺跡	2004	学校法人東洋大学	〔三河刈谷藩（愛知県）〕土井家（抱）
	春日町遺跡第 VII 地点	2004	文京区遺跡調査会	〔水戸藩（茨城県）〕徳川家（上）
	東京大学構内遺跡調査研究年報 4（農学部図書館）	2004	東京大学埋蔵文化財調査室	〔水戸藩（茨城県）〕徳川家（中）
	東京大学構内遺跡調査研究年報 4（地震研）	2004		〔播磨安志藩（兵庫県）〕小笠原家（下），〔水戸藩（茨城県）〕徳川家（中）
	東京大学構内遺跡調査研究年報 4（龍岡門別館）	2004		〔加賀藩（石川県）〕前田家（下→上）
	東京大学構内遺跡調査研究年報 4（農学部 7 号館）	2004		〔水戸藩（茨城県）〕徳川家（中）
	大塚窪町遺跡	2005	加藤建設（株）	〔陸奥守山藩（福島県）〕松平家（上）
	金富町北遺跡	2005	岡三リビック（株）	〔越前丸岡藩（福井県）〕本田家（下→中），〔若狭小浜藩（福井県）〕酒井家（上），〔甲斐甲府藩（山梨県）〕柳沢家
	真砂町遺跡第 6 地点	2005	加藤建設（株）	〔武蔵岩槻藩（埼玉県）・遠江掛川藩（静岡県）・陸奥棚倉藩（福島県）・肥前唐津藩（佐賀県）〕小笠原家（中），〔信濃上田藩（長野県）〕松平家（上→中）
	東京大学本郷構内の遺跡―病院外来―	2005	東京大学埋蔵文化財調査室	〔相模小田原藩（神奈川県）〕大久保家，〔加賀藩（石川県）〕前田家（下→上），〔加賀大聖寺藩（石川県）〕前田家（上），〔越前富山藩（富山県）〕前田家（上）

区名	書名・報告書名	刊年	編集機関	〔藩名(県名)〕大名家
文京	東京大学本郷構内の遺跡　工1号館	2005	東京大学埋蔵文化財調査室	〔加賀藩(石川県)〕前田家(下→上)
	茅町二丁目遺跡(本郷台遺跡群)	2005	台東区文化財調査会	〔越中富山藩(富山県)〕前田家(上)
	戸崎町遺跡	2006	(株)武蔵文化財研究所	〔相模玉縄藩(神奈川県)・上総大多喜藩(千葉県)〕松平(大河内)家(中)
	三軒町遺跡	2006	大成エンジニアリング(株)	〔上野高崎藩(群馬県)・備中松山藩(岡山県)〕安藤家(下)
	春日町(小石川後楽園)遺跡第9地点	2006	共和開発(株)	〔水戸藩(茨城県)〕徳川家(上)
	本郷一丁目南遺跡	2006	加藤建設(株)	〔三河吉田藩(愛知県)〕小笠原家(下→上),〔丹波篠山藩(兵庫県)〕松平家(上),〔信州小諸藩(長野県)〕牧野家(上),〔越後長岡藩(新潟県)〕牧野家,〔美濃郡上藩(岐阜県)〕青山家(上),〔遠江横須賀藩(静岡県)〕西尾家
	東京大学構内遺跡調査研究年報5(附属植物園研究温室)	2006	東京大学埋蔵文化財調査室	〔上野館林藩(群馬県)〕松平(大給)家→徳川家(下)
	東京大学構内遺跡調査研究年報5(理学部1号館前)	2006		〔加賀藩(石川県)〕前田家(下→上)
	春日町(小石川後楽園)遺跡第10地点	2007	共和開発(株)	〔水戸藩(茨城県)〕徳川家(上)
	真砂町遺跡第7地点	2007	加藤建設(株)	〔越後春日山藩(新潟県)〕堀家,〔三河岡崎藩〕水野家(下),〔上野高崎藩〕松平(大河内)家(中)
	龍岡町遺跡第2地点	2007	大成エンジニアリング(株)	〔越後高田藩(新潟県)〕榊原家(中→下)
	大塚町遺跡第3地点	2007	テイケイトレード(株)	〔上野高崎藩(群馬県)・備中松山藩(岡山県)・美濃加納藩(岐阜県)・陸奥磐城平藩(福島県)〕安藤家(下)
	大塚町遺跡第5地点	2008	(株)武蔵文化財研究所	〔上野高崎藩(群馬県)・備中松山藩(岡山県)・美濃加納藩(岐阜県)・陸奥磐城平藩(福島県)〕安藤家(下)
	文京区文化財年報　平成18(2006)年度(龍岡町遺跡)	2008	文京区教育委員会	〔越後高田藩(新潟県)ほか〕榊原家(中・下)
	龍岡町遺跡第3地点	2008	大成エンジニアリング(株)	〔越後高田藩(新潟県)〕榊原家(中→下)
	大塚遺跡	2008	東京都埋蔵文化財センター	〔上野高崎藩(群馬県)・備中松山藩(岡山県)〕安藤家(下)
	本郷台遺跡群第1地点	2009	大成エンジニアリング(株)	〔加賀藩(石川県)〕前田家(上)

区名	書名・報告書名	刊年	編集機関	〔藩名(県名)〕大名家
文京	千駄木三丁目北遺跡	2009	東京都埋蔵文化財センター	〔信濃坂木藩(長野県)・陸奥福島藩(福島県)〕板倉家(下)
	文京区文化財年報　平成19(2007)年度(龍岡町遺跡第4地点)	2009	文京区教育委員会	〔越後高田藩(新潟県)ほか〕榊原家(中・下)
	小日向三丁目東遺跡	2009	大成エンジニアリング(株)	〔上野高崎藩(群馬県)〕安藤家(下),〔美濃大垣新田藩(愛知県・岐阜県)〕戸田家(下)
	東京大学本郷構内の遺跡　浅野地区1(情報基盤センター変電室)	2009	東京大学埋蔵文化財調査室	〔水戸藩(茨城県)〕徳川家(中)
	東京大学本郷構内の遺跡　浅野地区1(工学部風工学実験室)	2009		〔水戸藩(茨城県)〕徳川家(中)
	東京大学本郷構内の遺跡　浅野地区1(工学部風工学実験室支障ケーブル)	2009		〔水戸藩(茨城県)〕徳川家(中)
	東京大学本郷構内の遺跡　浅野地区1(工学部風環境シミュレーション風洞実験室)	2009		〔水戸藩(茨城県)〕徳川家(中)
	東京大学本郷構内の遺跡　浅野地区1(工学部武田先端知ビル)	2009		〔水戸藩(茨城県)〕徳川家(中)
	春日二丁目西遺跡	2009	東京都埋蔵文化財センター	〔越前丸岡藩(福井県)〕本多家(下→上→中),〔若狭小浜藩(福井県)〕酒井家(上→下),〔武蔵川越藩(埼玉県)・甲斐甲府(府中)藩(山梨県)〕松平(柳沢)家(下),〔豊後府内藩(大分県)〕松平(大給)家(下),〔駿河松永藩(静岡県)・相模荻野山中藩(神奈川県)〕大久保家(下→上),〔信濃飯山藩(長野県)〕本多家(下)
	後楽二丁目南遺跡	2010	東京都埋蔵文化財センター	〔讃岐高松藩(香川県)〕松平家(下),〔紀州藩(和歌山県)〕徳川家附家老水野家(下)
	大塚町・大塚・大塚二丁目北遺跡(大塚町遺跡)	2010	東京都埋蔵文化財センター	〔上野高崎藩(群馬県)・備中松山藩(岡山県)・美濃加納藩(岐阜県)・陸奥磐城平藩(福島県)〕安藤家(下)
	大塚町・大塚・大塚二丁目北遺跡(大塚遺跡)	2010		〔上野高崎藩(群馬県)・備中松山藩(岡山県)・美濃加納藩(岐阜県)・陸奥磐城平藩(福島県)〕安藤家(下)
	大塚町遺跡第6地点	2010	(株)武蔵文化財研究所	〔上野高崎藩(群馬県)・備中松山藩(岡山県)・美濃加納藩(岐阜県)・陸奥磐城平藩(福島県)〕安藤家(下)
	小日向三丁目東遺跡第2地点	2010	大成エンジニアリング(株)	〔上野高崎藩(群馬県)〕安藤家(下),大垣新田藩(愛知県・岐阜県)戸田家(下)
台東	白鴎─都立白鴎高校─	1990	都立学校遺跡調査会	〔陸奥淺川藩(福島県)・三河伊保藩(愛知県)・遠江相良藩(静岡県)・陸奥泉藩(福島県)〕本多家,〔出羽松山藩(山形県)〕酒井家

区名	書名・報告書名	刊年	編集機関	〔藩名(県名)〕大名家
台東	旧岩崎家住宅所在遺跡	1997	台東区湯島貝塚遺跡調査団	〔越後高田藩(新潟県)ほか〕榊原家(中)
	茅町遺跡	1999	台東区文化財調査会	〔越後高田藩(新潟県)榊原家〕(中)?
	向柳原町遺跡	2005	東京都埋蔵文化財センター	〔肥前平戸藩(佐賀県)〕松浦家(上)
	茅町二丁目遺跡	2005	台東区文化財調査会	〔越中富山藩(富山県)〕前田家(上)
	竜泉寺町遺跡	2008	台東区文化財調査会	〔美濃大垣藩(岐阜県)〕戸田家(下)
	向柳原町一丁目遺跡	2009	テイケイトレード(株)	〔伊予大洲藩(愛媛県)〕加藤家(下), 〔伊予新谷藩(愛媛県)〕加藤家
墨田	錦糸町駅北口遺跡 I	1996	墨田区錦糸町駅北口遺跡調査団	〔越後与板藩(新潟県)・信濃小諸藩(長野県)〕牧野家(下)
	錦糸町駅北口遺跡 II	1996	墨田区錦糸町駅北口遺跡調査団	〔越後与板藩(新潟県)・信濃小諸藩(長野県)〕牧野家(下)
	江東橋二丁目遺跡	1997	墨田区江東橋二丁目遺跡調査団	〔豊前杵築藩(大分県)〕松平(能見)家(下), 〔丹後田辺藩(京都府)〕牧野家, 〔上総鶴牧藩(千葉県)〕水野家(下)
	江東橋二丁目遺跡 II	2002	墨田区教育委員会	〔上総勝浦藩(千葉県)〕植村家(上)
	太平四丁目遺跡	2003	墨田区太平四丁目埋蔵文化財調査会	〔近江膳所藩(滋賀県)〕本多家(下)
	肥前平戸新田藩下屋敷跡	2007	東京簡裁墨田分室埋蔵文化財調査会	〔肥前平戸新田藩(長崎県)松浦家(下)
江東	千田遺跡	2010	江東区教育委員会	〔上野安中藩(群馬県)〕板倉家(抱), 〔薩摩藩(鹿児島県)〕島津家(抱), 御三卿一橋徳川家(抱)
品川	仙台坂遺跡	1990	品川区遺跡調査会	〔仙台藩(宮城県)〕伊達家(下)
	池田山北遺跡 2	1992	品川区遺跡調査会	〔備前岡山藩(岡山県)〕池田家(下)
	仙台坂遺跡(第 3 次)	1992	品川区遺跡調査会	〔仙台藩(宮城県)〕伊達家(下)
	池田山北遺跡 7	2004	大成エンジニアリング(株)	〔備前岡山藩(岡山県)〕池田家(下)
	池田山北遺跡 6	2006	池田山北遺跡第 6 次発掘調査団	〔備前岡山藩(岡山県)〕池田家(下)
	池田山北遺跡 8	2006	大成エンジニアリング(株)	〔備前岡山藩(岡山県)〕池田家(下)
渋谷	松平出羽守抱屋敷　初台遺跡	1993	初台遺跡調査会	〔出雲松江藩(島根県)〕松平家(抱)
	恵比寿	1993	恵比寿・三田埋蔵文化財調査団	〔陸奥一関藩(岩手県)〕田村家, 〔信濃高遠藩(長野県)〕内藤家(下)
	青山学院構内遺跡(青学会館増改築地点)	1994	青山学院構内遺跡調査室	〔伊予西条藩(愛媛県)〕松平家(上)

区名	書名・報告書名	刊年	編集機関	〔藩名(県名)〕大名家
渋谷	北青山遺跡	1997	北青山遺跡調査会	〔山城淀藩(京都府)〕稲葉家(下)
	千駄ヶ谷五丁目遺跡	1997	千駄ヶ谷五丁目遺跡調査会	〔出雲松江藩(島根県)〕松平家(下),〔下野宇都宮藩(栃木県)〕戸田家(下・抱)
	千駄ヶ谷五丁目遺跡２次調査	2002	渋谷区教育委員会	〔下野宇都宮藩(栃木県)〕戸田家(下)
	猿楽遺跡第３地点	2002	渋谷区教育委員会	〔豊後臼杵藩(大分県)〕稲葉家(抱)
	青山学院構内遺跡第２地点	2004	大成エンジニアリング(株)	〔伊予西条藩(愛媛県)〕松平家(上)
	羽沢貝塚	2005	テイケイトレード(株)	〔下総佐倉藩(千葉県)〕堀田家(下),〔常陸牛久藩(茨城県)〕山口家(下),〔出羽村山藩(山形県)・越後糸魚川藩(新潟県)〕本多家
	神宮前一丁目遺跡	2006	東京都埋蔵文化財センター	〔上野高崎藩(群馬県)〕松平(大河内)家(抱),〔石見津和野藩(島根県)〕亀井家(抱),〔因幡鳥取藩(鳥取県)〕池田家(抱)
	千駄ヶ谷大谷戸遺跡	2008	東京都埋蔵文化財センター	〔信濃高遠藩(長野県)〕内藤家(下〈中〉)
	青山学院構内遺跡第３地点	2009	大成エンジニアリング(株)	〔伊予西条藩(愛媛県)〕松平家(上)
	鶯谷遺跡	2009	大成エンジニアリング(株)	〔日向延岡藩(宮崎県)〕内藤家(抱)
	千駄ヶ谷大谷戸・内藤町遺跡(千駄ヶ谷大谷戸遺跡)	2009	東京都埋蔵文化財センター	〔信濃高遠藩(長野県)〕内藤家(下〈中〉)
	鶯谷遺跡第２地点	2009	共和開発(株)	〔日向延岡藩(宮崎県)〕内藤家(抱)
	青山学院構内遺跡第４地点	2010	大成エンジニアリング(株)	〔伊予西条藩(愛媛県)〕松平家(上)
豊島	染井 III	1991	染井遺跡(加賀美家地区)調査団	〔伊勢津藩(三重県)〕藤堂家(下)
	染井 IV	1991	染井遺跡(霊園事務所地区)調査団	〔播磨林田藩(兵庫県)〕建部家(下)
	巣鴨 I	1994	巣鴨遺跡中野組ビル地区埋蔵文化財発掘調査団	〔加賀藩(石川県)〕前田家(中),〔信濃松本藩(長野県)〕水野家(下),〔出羽庄内藩(秋田県)〕酒井家(中),御三卿一橋徳川家
	旧感應寺境内遺跡(徳川ドーミトリー西館部分)	1994	旧感應寺境内遺跡発掘調査団	〔上野高崎藩(群馬県)・備中松山藩(岡山県)・美濃加納藩(岐阜県)・陸奥磐城平藩(福島県)〕安藤家(下),〔丹波園部藩(京都府)〕小出家(抱)
	巣鴨 II	1997	巣鴨遺跡(警視庁巣鴨警察署巣鴨駅前派出所地区)発掘調査団	〔加賀藩(石川県)〕前田家(中),〔信濃松本藩(長野県)〕水野家(下),〔出羽庄内藩(秋田県)〕酒井家(中),御三卿一橋徳川家
	染井 V	1999	染井遺跡(三菱養和会地区)発掘調査団	〔伊勢津藩(三重県)〕藤堂家(下・抱)

区名	書名・報告書名	刊年	編集機関	〔藩名(県名)〕大名家
豊島	北大塚 I	2000	北大塚遺跡(仮称大塚台マンション地区)調査団	〔常陸府中藩(茨城県)〕松平家(下)
	染井 VI	2001	染井遺跡(三菱重工業染井アパート地区)調査団	〔伊勢津藩(三重県)〕藤堂家(抱),〔播磨林田藩(兵庫県)〕建部家(下)
	巣鴨 III	2004	巣鴨遺跡(都営三田線巣鴨駅エレベーター地区)調査団	〔加賀藩(石川県)〕前田家(中),〔信濃松本藩(長野県)〕水野家(下),〔出羽庄内藩(秋田県)〕酒井家(中)
	巣鴨 V(THE SKY TOWER 地区)	2004	巣鴨遺跡(都立大塚ろう学校仮設校舎地区・新校舎建設地区)調査団	〔加賀藩(石川県)〕前田家(中),〔信濃松本藩(長野県)〕水野家(下),御三卿一橋徳川家
	巣鴨 V(ヤマショービル地区)	2004		〔加賀藩(石川県)〕前田家(中),〔信濃松本藩(長野県)〕水野家(下),〔相模小田原藩(神奈川県)〕大久保家,御三卿一橋徳川家
	巣鴨 V(巣鴨 1—3—21 地区)	2004		〔加賀藩(石川県)〕前田家(中),〔信濃松本藩(長野県)〕水野家(下),〔相模小田原藩(神奈川県)〕大久保家,御三卿一橋徳川家
	巣鴨 V(アドニスアマノ地区)	2004		〔加賀藩(石川県)〕前田家(中),〔信濃松本藩(長野県)〕水野家(下),〔相模小田原藩(神奈川県)〕大久保家,御三卿一橋徳川家
	巣鴨 V(巣鴨 1—3—19 地区)	2004		〔加賀藩(石川県)〕前田家(中),〔信濃松本藩(長野県)〕水野家(下),〔相模小田原藩(神奈川県)〕大久保家,御三卿一橋徳川家
	染井 XI	2006	染井遺跡(プラウド駒込地区)発掘調査団	〔伊勢津藩(三重県)〕藤堂家(下・抱)
	染井 XII	2008	染井遺跡(野村第二マンション地区)発掘調査団	〔伊勢津藩(三重県)〕藤堂家(下)
	北大塚 II	2009	豊島区教育委員会	〔常陸府中藩(茨城県)〕松平家(下)
	染井遺跡 2	2010	東京都埋蔵文化財センター	〔伊勢津藩(三重県)〕藤堂家(下),〔越前福井藩(福井県)〕松平家(中)
荒川	道灌山遺跡 E 地点	1989	荒川区道潅山遺跡調査団	〔出羽久保田藩(秋田県)〕佐竹家(下)?
	道灌山遺跡 F 地点	1999	荒川区道潅山遺跡調査団	〔出羽久保田藩(秋田県)〕佐竹家(下)?
板橋	加賀一丁目(東京家政大学構内)遺跡発掘調査報告書	1995	加賀一丁目(東京家政大学構内)遺跡調査会	〔加賀藩(石川県)〕前田家(下)?
	板橋山之上遺跡発掘調査報告書	2000	板橋山之上遺跡調査団	〔加賀藩(石川県)〕前田家(下)